유럽 신화

European Mythology

재클린 심슨 지음 | 이석연 옮김

차 례

· 일러두기

외국어 고유명사 표기 원칙에 대하여 ——
역자는 현행 외래 고유명사 표기 규정에 따라 최대한 원천 발음,
즉 고유명사의 모국에서 사용하는 발음에 근접한 것을 원칙으로 삼
았음을 밝힌다. 따라서 동일한 인명도 국적에 따라 달리 표기하였
다. 영국인 Magnus는 매그너스로 발음되지만, 노르웨이인 Magnus
는 망누스가 정확한 발음에 가깝다. 또 영국식 표기법 조지George
가 독일인 Georg를 가리킬 경우 '게오르크'로 표기하였다.

 영국의 민속학자 재클린 심슨이 이 책에서 다루고 있는 영역은 '민속 안의 신화'라고 할 수 있다. 민담과 전설, 민간 신앙 등 유럽 민속의 한 영역을 신화라고 보는 것은 그의 학문적 주장에 해당한다. 그러나 이 책은 신화학과 민속학 전문가를 대상으로 학문적 논증에 집중하는 이론서라기보다는 독서 대중을 '민간 전승에 담긴 신화의 세계'로 이끄는 입문 교양서에 가깝다. 그 세계는 곧 지난 세월을 살아온 수많은 민중의 내면의 일부이기도 하다. 그 세계에서 우리는 무수한 판타지의 요소들을 접하게 된다.

 그곳은 요정과 엘프와 트롤, 골렘과 고블린 같은 초자연적 존재들이 살고 흡혈귀와 마녀, 혼령술사, 예언자가 활동하는 세계이다. 그곳의 광산에는 광산의 정령이 노닐고, 집집마다 가택 정령이 지키고 있고, 숲에는 나무의 정령이 잠을 자고 있다. 바다에는 인어가 헤엄친다. 밤에는 나이트메어가 잠자는 사람의 얼굴을 내려다보고 있고, 어딘가에서 늑대인간의 울음소리가 들려온다. 이러한 존재들은 그 세계의 여러 지역에 다양한 이름을 가지고 산다. 엘프, 트롤, 골렘, 고블린, 도모보이, 이엘레, 밴시, 체인즐링, 켈피, 코볼드 등 다 헤아리기가 어려울 정도이다.

우리는 저자가 민간 전승의 세계를 나누어 놓은 일곱 개 영역에서 그들을 만나게 된다. 이 책에서 각기 하나의 장으로 다루어지는 그 영역은 창조 신화, 요정과 그 하위범주와 관련된 민간 전승, 사자死者의 세계, 역사적 인물들과 관련된 신화적 세계, 성인과 현자와 마법사 등의 존재, 변신과 악한 마법, 그리고 민속 축제의 영역이다. 예를 들자면, 이브의 숨겨놓은 자식에 대한 이야기나 아틀란티스가 어떻게 바다 속에 가라앉게 되었는지, 또는 흑인의 피부는 어쩌다 까맣게 되었는지를 들을 수 있는 곳이 창조 신화라는 제목의 장이다.

이 책의 주된 내용은 진기하고도 다채로운 민간 전승의 모티프들과 이야기들이다. 관련된 유럽의 민속 유물과 유적, 그리고 그림 등이 담긴 풍부한 삽화와 사진 자료들이 적잖게 보는 재미를 준다. 우리는 그렇게 소개된 이야기들에 유럽의 역사적, 문학적, 종교적 차원들이 줄줄이 연관되어 있는 것을 보게 된다. 간단한 예를 들자면, 괴테의 작품《파우스트》의 원형이 된 민간 전승이 어떠한 내용이었는지를 우리는 이 책을 통해 알 수 있고, 중세에 무고한 인명을 앗아갔던 마녀 사냥에 있어 당시 민간에서는 마녀의 존재에 대해 어떻게 생각하였는지를 알 수 있고, 나중에 유대인에 대한 인종주의적 차별의 근거가 되는 민간 전승을 들을 수 있다.

그 이야기들은 때로는 섬뜩하고, 때로는 우습고, 때로는 슬프다. 유럽 신화라는 이름으로 유럽의 민담과 전설, 민간 관습 등이 설명되고 논리적으로 해석된 엄연한 학술 서적임에도 불구하고, 그리고 이 책의 언어가 기술적이며 설명적인 언어임에도 불구하고, 무수히 소개된 민간 전승들은 읽는 이의 상상을 자극하기에 부족함이 없다. 그러한 읽기 경험을 통해, 서구 문화 이해에 도움이 되는 비중 있는 계기들을 빈번히 접하게 되는 것이다. 따라서 이 책은 유럽의 문화를 이해할 수 있고 더 나아가 신화에 반영된 인간 내면을 이해할 수 있는 좋은 기회를 제공해준다.

옮긴이 이 석 연

유럽 신화

European Mythology

1장 민속:과거로 난 창문

민간 신앙 : 하위 문화의 신화

먼저 이 책의 제목에 대해 설명할 것이 있다. 저자보다 먼저 이 시리즈물 저술에 참가한 이들이 이미 그리스, 로마, 켈트, 스칸디나비아 신화를 다루었다. 그렇듯 주요 분야를 이미 다루고도 무엇이 더 남아 있기에 이 책의 제목을 '유럽 신화'라고 한 것인가? 아마 독자들이 그렇게 의아스러워 할 것 같다. 또한 본인이 이 책에서 민간 신앙과 관습, 민담 등과 관련한 주제들을 다루었다는 것까지 알게 되면, 독자들은 더욱 혼란스러워 할 것이다. 이는 일반적으로 '신화'와 '민속'이 서로 다른 배타적 범주로 간주되기 때문이다. 이 두 가지의 차이는 여러 차원에서 확인된다. 신화는 정의상 신과 반신성半神性의 영웅에 관한 것인 반면, 민담은 설혹 초자연적 힘을 부여받은 인간일지언정 주로 인간을 다룬다. 또한 신화는 보통 서로 연관되어 단일한 체계를 이루는 반면, 민속은 비교적 단편적이다. 신화 전승자들은 신화에 신성한 의미를 부여한다. 때론 신화에 종교적 의식이 결합되기까지 한다. 그러나 민담은 세속적이다. 신화는 사회적 지배 집단들(통치자들과 성직자들)로부터 승인받은

것이다. 하지만 '민속'이란 용어는 보통 엘리트 계층의 문화와
는 별개인, 심지어 그것과는 내용이 상반되는 하위 문화를 지
칭하여 사용된다. 또한, 사람들은 흔히 신화를 민담의 총체(그
중 많은 것이 진지한 신앙을 형상화한다)가 아니라 그중 특정 장
르하고만 비교한다. 오락적 재미만을 위해 들려주기가 일쑤고
오늘날엔 어린이들만이 듣는 경우가 대부분인 요정 이야기를
신화에 대비시키면, 민속과 신화의 차이는 훨씬 더 분명해진
다. 이렇게 보면 신화를 다루는 시리즈에 유럽의 민속에 관한
책을 끼워 넣는 것이 모순되지 않는가?

　하지만 양자는 얼핏 생각하는 만큼 칼로 베어낸 듯 분명하게
구별되지 않는다. 우선 많은 공통적 스토리 유형과 스토리 구
성 요소(모티프)가 민담과 신화에 두루 등장한다. 별세계[1]를 방
문한다거나, 마술을 이용해 변신한다거나, 또는 용을 살해한다
거나 하는 따위이다. 더 중요한 것은, 많은 민간 신앙에서도
신화와 똑같이 삶과 죽음과 우주의 신비를 진지하게 해명하려
한다는 점이다. 신화처럼 민속에서도 행운과 불행에 영향을 미
치고 축복이 되거나 질병과 죽음을 야기하는 초자연적 존재들
이 묘사된다. 민속은 또한 별세계와 유령을, 그리고 그것들과
의사소통하면서 그것들을 통제한다고 생각되는 인간들을 다룬
다. 또한 세계의 기원을 다루고, 각 생명체와 사물의 기원도
다룬다. 또 민속에서도 일부 신화처럼 초자연적 결과를 얻기
위해 종교적 의식을 벌이기도 하는데, 현재 유럽에서 그런 경
우가 드물기는 하다. 하지만 악한 요정에 사로잡힌 사람들을

---

1) Otherworld. 이 책에서는 이승에 대비되는 저승과, 이승에 있지만 초자연적 존재들이 사
　는 상상 속의 세계를 뜻한다 – 역주.

더비셔 주 율그리브에 있는 우물의 모습. 1982년 승천절 기간[2]에 제작된 것으로, 꽃잎으로 만든 그림이다. 이런 그림의 주제는 늘 기독교적 성격을 띠지만, (입증하기는 어렵다 하더라도) 기독교 이전 시대에 물의 원천을 숭배하던 관습에서 유래한 것일 수도 있다.

치료하려고 액막이굿을 하는 컬루샤리(Cǎlusari)라는 엄연한 사례가 루마니아에 전해온다(296~306쪽 참고). 지금은 모호하게 '행운을 가져다 준다'고만 하는 다른 관습들도 이처럼 분명한 목적이 있었을지 모른다. 심지어 어떤 관습의 주관자들은 '신성시'되기까지 한다. 그래서 흔히 치료와 액막이용 말과 행위가 비밀에 부쳐지고, 치료자들이 기예를 발휘하기 전에 자신을 정화할 목적으로 여러 금기와 의식을 준수하기도 한다. 아마 신화와 민속 사이에는 사회학적 구별만이 보편적 타당성이 있는 듯하다. 두 어휘 자체의 정의에 사회학적 구별이 약속되어 있기 때문이다.

그런 의미에서 이 책의 주제는 분명 '민속'이다. 민속은 주로 지위가 낮은 하위 집단(보통 농민 공동체)에서 생겼고, 교회, 지식인, 지배 계급으로부터 인정받지 못한 경우가 많았기 때문이다. 하지만 (요정 이야기나 우화 같은) 오락적, 혹은 교훈적인 내용의 판타지뿐만 아니라 일상 세계에서 간과할 수 없는 현실적 실체인 초자연적 힘도 등장한다는 점에서, 민속은 '신화'이다. 또 이 책에서 다루는 민속은 '유럽의' 민속이다. 이 책은 언어와 정치적 장벽에도 불구하고 유럽 전역에 걸쳐 매우 일관된, 민속의 주요 특질들을 논하고 있다. 예를 들어, 지역에 따라 요정을 어떻게 달리 부르건, 사람들이 생각하는 요정의 활동 영역은 지역을 막론하고 아주 비슷하다. 특정 시기의 특정한 장소만 선택해서 민간 신앙과 민간 풍습 전체를 총체적으로 연구할 수 없음은 물론이다. 19세기 이전까지의 기록들은 비체계적이기도 하다. 또 19세기와 20세기의 전통도 불균등한

---

2) 예수가 승천한 날부터 10일간의 기간을 말한다 - 역주.

1904년경 핀란드의 추수 모습. 사회적 변화가 별로 없었던 농촌 공동체에서는 그들 나름의 가치관을 반영하면서 일상생활과 밀접하게 결합된 민간 신앙과 관습이 몇 세기 동안 변하지 않고 유지될 수 있었다.

근대화 속도에 따라 어느 지역에서는 파괴되어 있는 것이 다른 곳에서는 여전히 번창했다. 그럼에도 불구하고 노르웨이냐 스위스냐, 러시아냐 프랑스냐에 상관없이 한 지역만 거론해도 논점을 훌륭하게 입증할 수 있는 사례들이 많이 있다. 따라서 독자들은 여기서 거명한 나라가 특정 스토리나 신앙이 존재하는 유일한 나라라고는 생각지 않기를 바란다. 유럽 민속의 분포 분석까지 하려면 이 책보다 몇 배나 많은 분량이 필요할 것이다. 나는 또, 의도적으로 영국이나 아일랜드의 예보다는 대륙의 사례를 고른 경우가 많았다. 신앙과 풍습들을 비교하고 싶은 사람이면 누구나 영국이나 아일랜드의 예를 더 쉽게 구할 수 있기 때문이다.

그런데 왜 유럽의 농민들은 초자연적 존재에 대한 관념을 표현하는 데 민속을 필요로 했을까? 세계의 기원으로부터 죽은 자의 향후 운명에 이르기까지, 기독교는 분명 모든 문제를 설명했다. 또 하나님, 예수, 마리아, 성인들, 천사와 악마 등이면 분명 삶의 축복과 불운을 죄다 해명하기에 모자람이 없지 않았을까? 기독교와 민속의 체계가 모든 점에서 늘 마찰을 일으키는 것은 아니었다(이후에 다른 장에서 설명하겠지만, 사실 양자는 서로 많이 의존하고 있다). 하지만 기독교 하위 관념들과 별개로 비기독교적 관념들이 존재했다는 점을 통해, 분명 기독교가 해결해주지 못한 일부 욕구들이 민속에 의해 충족되었음을 알 수 있다. 이 문제를 연구한 영국의 케이스 토머스(Keith Thomas), 프랑스의 르 로이 라뒤리(Le Roy Ladurie), 이탈리아의 에르네스토 데 마르티노(Erenesto de Martino) 등의 사회 사학자들은 특정 지역과 시기에 대한 적절한 고증 자료와 함께 풍성한 연구 성과를 얻었다. 나는 여기서 포괄적 견해 몇 가지를 일단 제기해 두고자 한다. 첫째, 기독교는 초자연적 존재를 선한 것과 악한 것으로 뚜렷이 구분한다. 하지만 민간 신앙에서는 모호한 것, 순식간에 변해버리는 것, '중립적'인 것이 추가되며, 이런 예측불가능한 존재의 활동은 실제 인간의 삶에서 벌어지는 행불행의 변덕에 더 부합한다. 둘째, 기독교는 죄다 체념해 버리고 그저 불운을 받아들이라고 가르치곤 한다. 하지만 사람들은 민속을 통해, 불운의 원인을 제공한 사악한 마녀나 요정을 물리치는 주술적 방법들을 제공받았고, 그렇게 자력으로 해결하는 방법은 아마 기도보다 더 큰 심리적 힘으로 작용했을 것이다. 셋째, 지방에 성인과 성지가 넘쳐나던 가톨릭 교회였지만 모든 마을과 시골 구석구석을 전부 중요하게 대우할 수는 없었다. 그러나 민담의 보편적 형태인 토착 전설을 통해 시골 사람들까지도 자신이 사는 지역이 독특한 중요성을 지니고 있다는 자존심을 드러낼 수 있었다.

민속 문화에 대한 엘리트들의 반응은 시기에 따라, 또 민속 문화의 어떤 측면이 논의되느냐에 따라 매우 다양하다. 어떤 시대에는 (가톨릭이건 신교이건) 교회 당국이 민간의 '미신들'을 매도하고, 민속 축제를 음란한 행위와 음주를 고무한다는 이유로 비난한다. 한편으로 다른 시대에는 신앙과 민속이 조화롭게 어우러짐에 따라 성인을 숭배하는 강력한 민속 신앙이 생기기도 하고, 반대로 마녀 사냥이 참혹한 결과를 낳기도 한다. 민속과 학문의 관계도 많은 변화를 겪기는 마찬가지였다. 17세기에는 사회 전반에 수용될 수 있었던 여러 가지 것들이 19세기에는 '할망구들의 터무니 없는 이야기'라는 조롱을 받았는가 하면, 오늘날엔 사람들이 민간 요법의 일부 전통적 항목들은 연구해볼 가치가 있다는 생각을 한다. 특정 시대에는, 특히 중세와 19세기에는 시인, 극작가, 소설가들이 민간 전승으로부터 아이디어를 얻고 그 속의 로맨틱하거나 이국적인, 혹은 무시무시한 특질을 차용하였다. 그들은 동시에 요정의 나라, 유령과 흡혈귀, 마법 등을, 혹은 아서왕이나 파우스트, 가르강튀아 같은 개별 인물들을 자기 식으로 변형하여 유럽 문학의 주류로 만들었다. 애석하게도 이러한 문학적 차용에는 흔히 왜곡이 따랐다. 이 왜곡은 (요정을 주제로 한 많은 작품이 그러하듯) 종종 향수나 미화의, (현재의 여러 소설과 영화에서 보듯) 때론 잔혹한 내용을 차용하는 상업적 선정주의의 형태를 띠곤 한다.

그러나 민속 문화에 정통한 식자층은 거의 언제나, 그것의 오랜 역사와 사람들 속에 내린 확고한 뿌리를 인식하고 있었다. 그들은 때론 그래서 더 민속 문화를 비난하였다. 중세 가톨릭 저술가들은 나무와 우물을 장식하는 관습 등을 다신교적 우상 숭배의 유물이라고 비난하였고, 요정이 곧 사탄이라고 주장하였다. 이후 신교 측도 가톨릭과 똑같은 노선을 취했다. 이후 이들은 한 발 더 나아가, 가톨릭의 모든 흔적을 근절해야 한다는 결단마저 내렸다. 일부 신교도들에게 가톨릭은 사실상 이교나 마찬가지였던 것이다. 헨리 본 목사는 《민중의 유물》(Antiquitates Vulgares, 1725)에서 우물 장식 관습에 대해 논하며 다음과 같이 지적하였다.

의심할 여지가 없지만, 이 관습은 사실상 이교적이다. 이 관습이 처음 생길 때부터 그랬을 것이다. 이교도들은 보통 냇물과 우물을 숭배했고, 님프를 물의 여신이라고 상상하면서 그들이 물을 관할한다고 생각했기 때문이다. 가톨릭 신도들은 바보스러운 미신적 제식을 이교에서 많이 빌려 왔다. 이 우둔하고, 멍청하고, 혐오스런 관습도 다른 데서 빌려 왔을 리가 없다. 하느님의 교회에 그런 관습이 있어본 적이 없고, 앞으로도 그럴 리가 없기 때문이다.

이와는 달리 오랜 농촌 문화를 비교적 공감하는 눈으로 바라본 유물 수집가들도 있었다. 자신의 관습과 전설에 대한 정보 수집벽을 다소 당혹스러워 하고 있기는 하지만, 다음과 같이 지적하는 존 오브리(John Aubrey, 1626~1697)도 그런 예이다.

할망구들이 들려주는 우화나 오랜 관습이 혐오스럽기는 하다. 하지만 그렇다고 그것들을 죄다 망각 속에 묻어 두어서는 안 된다. 거기서 다소나마 쓸모 있는 것과 진실한 것을 끄집어낼 수 있을 것이고, 게다가 이전 시대의 오류를 살펴보는 것도 (현재의

어느 시골 마을 재단사의 아내였던 카타리나 피만의 모습. 그림 형제는 뛰어난 이야기꾼이었던 그녀를 주요 원천으로 삼아 동화집을 저술하였다. 그들의 동생 루드비히가 그린 이 초상화는 《어린이와 가정을 위한 옛날이야기》(Kinder und Hausmärchen)에 표지 화보로 사용되었다.

오류를 살펴보는 것처럼) 즐거운 일이기 때문이다.[3]

기원 탐구

19세기에 이르러 민속학자들은 당시까지 기록된 자료가 거의 전무했던 유럽의 역사와 선사 시대를 해명해 줄 증거를 찾기

---

3) 위의 두 단락. R. M. Dorson, *The British Folklorists: A History*, London, 1968, p. 12.

위해 체계적 민속 자료 수집과 연구에 종사하게 되었다. 그들은 마치 과거로 난 창문을 열어 제치려는 듯, 먼 과거의 정신적 태도를 새롭게 발견하기 위해 농민 문화를 조사하고 거기서 가장 유서 깊은 특질의 유래를 추적하였다. 그들은 당대의 농촌 주민을 그 자체로 연구하지 않았다. 관심의 초점이 그들의 먼 조상에 있었던 것이다.

  이러한 작업은 종종 민족적 열정이 동기가 되었다. 18세기의 영향력 있는 사상가 요한 폰 헤르더(Johann von Herder)의 주장에 따르면, 모든 민족은 단일한 정체성, 즉 '민족혼'이 있다. 그리고 그는 문맹인 창작자들(무명 작곡가들과 서사시와 발라드, 민요 등을 전승한 이들)의 '자연스러운' 시들에서야말로 민족혼의 가장 순수한 형태가 발견된다고 주장하였다. 그의 이런 가르침은 여러 세대에 걸쳐 연구자들을 자극했다. 특히 통일을 이루려 한다거나, 외국의 지배로부터 독립하려는 정치적 투쟁으로 '민족혼'이 고무되었던 나라에서 특히 그러했다. 일례로 19세기에 그리스인들은 자신들이 고대 그리스인의 후손이 아니라 슬라브족과 레반트족이 뒤섞인 혼혈이라는 일부 독일인과 오스트리아인들의 주장에 분노했고, 그에 대한 반발로 니콜라스 폴리테스(Nicholas Polites, 1852~1921)와 스틸폰 키리아키데스(Stilpon Kyriakides, 1887~1964)를 선두로 한 애국적 학자들이 인종적·문화적 연속성의 증거를 찾아 민속에 눈을 돌렸다. 그들은 농촌에 전하는 이야기와 노래에서 얻은 근거로 다음과 같은 사항을 증명하였다. 첫째, 당시에 그리스인들이 죽음의 악마로 여기던 카로스는 고대 그리스의 신 카론의 이름과 속성을 보존하고 있다는 것. 둘째, 당시의 언덕의 요정, 냇물의 요정, 숲의 여자 요정 등(지금은 총칭하여 네라이데스[Neraides]라고 알려져 있다)이 고대 신화 속 님프의 여러 범주에 해당한다는 것. 셋째, 당시의 인어가 (혼란스럽게도 고르고나[Gorgona]라고 불리기는 하지만) 고대의 사이렌과 흡사하다는 것이다.

그림 형제도 그들처럼 먼 과거의 문화적 특질을 복구하는 작업에 착수했다. 그들이 목표로 삼은 것은, 문자 발생 이전 시대에 모든 게르만 어족 국가들이 공유했던 특질이었다. 야콥 그림(Jacob Grimm)을 필두로 한 이들은 게르만 후손들이 공유하는 어휘들을 비교함으로써 원시 게르만 어족과 인도-유럽 어족의 사어死語를 성공적으로 재구성하였다. 또 그림 형제는 중세가 시작될 때 서로 밀접한 관련을 맺고 있던 게르만 계열 종족들의 신앙과 관습을 재구성함으로써 게르만인만의 민족적 에토스를 파악하기를 갈구하였다. 《독일 신화지》(Deutsche Mythologie, 1835)는 야콥 그림의 주요한 학문적 성과중 하나였다. 그는 그 책에, 당대까지 고대 민간 신앙과 신화와 제식의 흔적을 지니고 있던 민속들에 대한 자료를 방대하게 수집해 놓았다. 그는 그 자료들과, '아이슬란드 에다' 같은 중세의 저작들에 보존되어 있고, 기독교 이전 시대 것임이 분명한 신화들을 서로 비교하였다. 이 영역에 관한 한 그의 작업은 대체로 오랜 세월에도 퇴색하지 않는 설득력을 지니고 있다. 한편 그의 동생 빌헬름 그림(Wilhelm Grimm)은 요정이 등장하는 동화들에도 '영적인 것들이 함축적으로 표현되어 있고', 그것들이 '훨씬 더 먼 고대 신앙의 흔적'이라고 열렬히 주장하였다. 그러나 형의 것보다 한 발 더 나아간 그의 주장은 오늘날 그만한 동의를 얻지 못하는 것으로 보인다.

한편, (오늘날 '진화론적' 혹은 '인류학적' 민속학자라고 불리는) 일단의 영국 학자들은 민속을 통하여 과거 게르만 종족들

'푸른 나무 옷 잭'. 1837년과 1847년 사이에 그려진 것으로 추정된다. 중앙에 보이는 것이 그 '잭'이다. '영주'와 그 '부인', 그리고 광대 등 화려한 의상으로 차려입은 일단의 굴뚝 청소부들이 나뭇잎 구조물 속의 '잭' 주변에서 춤을 춘다. 오른쪽 밑에 보면 '굴뚝 타는 아이' 한 명이 구경꾼에게서 돈을 걸고, 다른 한 명은 빗자루와 삽을 부딪쳐 소리를 내고 있다. 런던 박물관.

의 시대나 고대 그리스 시대보다 훨씬 앞선 과거를 파악할 수 있다고 주장하였다. 이들은 유럽에서 발견되는, 각기 고립되어 있고 아무런 의미가 없음이 분명한 비합리적 신앙이나 관습을 이른바 '야만인들'(아프리카, 오스트레일리아, 폴리네시아, 아메리카의 토착 원주민들)의 신앙이나 관습과 비교하는 방법을 이용했다. 물론 그 '야만인들'의 것은 그들 자신의 사회에서는 하나의 통합된 사고체계의 일부를 이루면서 고유한 의미가 있는 것들이다. 어쨌든 그들은 양자의 유사점을 발견함으로써, 유럽의 것이 유럽인들이 그 '야만인들'과 동일한 문화 수준에 있던 아주 오랜 과거로부터 당시까지 '생존한 적자'임을 증명하려고 했다. '생존한 적자'를 연구함으로써 유럽 역사의 가장 초기 단계를 이해할 수 있다고 생각한 것이다. 이러한 목적과 방법은 에드워드 B. 타일러가 《원시 문화》(Primitive Culture, 1871)에서 공식화하였고, 앤드류 랭(Andrew Lang), 에드워드 클로드(Edward Clodd), E. S. 하틀랜드(E. S. Hartland), 그 외에도 19세기 후반의 많은 영국 민속학자들에게 큰 영향을 끼쳤으며, 제임스 프레이저 경(Sir James Frazer)의 《황금 가지》(The Golden Bough)를 통해 널리 알려지게 되었다. 1890년에 처음 모습을 드러낸 이 유명한 책은 점차 열두 권짜리가 되었고, 1922년에 한 권짜리 요약본이 나왔다. 아직도 일반 대중이 그의 이론을 입증된 사실로 여기는 일이 많을 만큼, 이 책은 영향력이 크다. 풍작을 보장받기 위해 인간을 제물로 바치던 관습에서 현재의 추수 관습이 비롯되었다는 주장이나, 과거에는 늙어가는 왕의 힘이 다하기 전에 죽여 버리는 것이 정상적인 절차였다는 주장이 그런 예이다.

타일러, 프레이저, 그리고 그들의 동료들이 수행한 작업 전

'마인 리아' 라는 입석. 이 입석은 수탉이 우는 소리가 들릴 때마다 니스 강으로 물을 마시러 간다고 한다. 브레콘 비콘즈 소재(포우이스, 웨일스).

체는 모든 사회가 동일한 단계를 거쳐 진화한다는 근본적인 가정 한 가지를 전제로 하고 있다. 타일러는 야만, 미개, 문명 순의 과정을 강조했고, 프레이저는 마술, 종교, 과학의 순을 주장했다. 하지만 당시의 '야만인들'로부터 얻은 자료를 이용해서 유럽 민속의 유래를 설명하려 한 점은 두 사람 모두 마찬가지다. 그러나 오늘날 인류학자들은 그들이 설정한 단계를 부정한다. 사회들이 결코 똑같은 형태를 거쳐 발전하지 않는다는 것을, 또 외관상 비슷한 것들이 각기 처한 고유한 사회적 배경

1901년의 '켄 바비'. 크레이프 천을 이용해 만든 이 '밀 인형'은 1860년대 이래로
해마다 제작되어 추수 감사절 예배 때 전시되었다. 예배가 끝나면 다음 추수 때까
지 교회 내부나 그곳의 성구 보관 창고에 보존되었다. 더 먼 과거에는 이것을 쇠
사슬에 매달아서 들고 마을을 돌아다니는 퍼레이드 행사도 있었다. 노섬벌랜드 주
월튼에서 찍힌 사진이다.

속에서는 현저히 다른 의미를 지닐 수 있다는 것을 깨달았기 때문이다. 또한 겉으로 보기에는 가장 '원시적인' 사회조차 사실은 수세기에 걸친 진화의 결과이며, 먼 과거의 생활방식이 발전하지 않은 채 고스란히 유지되고 있는 것은 아니라는 점도 이제는 알고 있기 때문이다.

진화론적 민속학자들은 원시적 자료를 발견하는 데 다급했던 나머지, 어떤 관습이나 신념에서 중세나 중세 이후의 영향을 반영하는 요소들을 의도적으로 철저히 무시하곤 했다. 그런 요소들을 그저 원형이 불순하게 변질된 것에 지나지 않다거나 진지하게 연구할 가치가 없는 사소한 것들이라고 생각했기 때문이었다. 이 점은 심각한 왜곡을 낳을 가능성이 있었다. 민속 문화에는 다양한 유래와 시기로부터 비롯된 요소들이 밀접한 관련을 맺으며 뒤섞여 있고, 연구 대상을 파악하고자 하는 연구자는 그 모든 것에 주의를 기울여야만 한다. 현재의 민속학자들은 거의 누구나, 한참 먼 과거를 참조해야만 이해가 되는 '무의미하게 적자로서 생존한 것'이라는 타일러의 기본 개념에 반대할 것이다. 어떤 신앙이나 관습이 정말 모든 '의미'를 잃어버렸다면, 그리고 정말 어떤 필요를 충족하거나 즐거움을 주지 못한다면, 당시까지 절대 살아남지 못했을 것이다. 19세기 민속학자들은, 민속이 당시 사회에서 어떤 기능을 수행하는지 더 많은 관심을 가지지 않은 점을 오늘날 비판 받고 있다. 설사 당시에 조사한 신앙이나 관습에 그런 기능이 불분명하게 드러나 있고, 그런 기능이 생긴 지 얼마 되지 않았다 하더라도, 최소한 현장에서 직접 관찰할 수 있는 기능들이었다. 그러나 그들은 그렇게 하지 않았다. 그들이 그 대신 주장한 더 먼 기원에 대한 이론들은 그저 추정에 지나지 않는 유사성을 근거로

19세기 발칸 지역에서
발견된 밀 인형. 귀리에
리본과 레이스가 달린 옷
을 입혔다. 인간의 모습
을 한 밀의 정령을 나타
낸다. 동물 '인형'에 대
해서는 제8장 343쪽 참
조. 런던 소재 호르니먼
박물관.

삼았다는 점에서 억측에 지나지 않을 가능성이 크다.

이렇듯 새롭게 기능과 고유한 맥락을 강조하게 되자 자료 분류와 해석 방법에 변화가 필요하게 되었다. 가령 한 연구자료 제공자가 이렇게 말한다고 치자. '아버지는 제게 이렇게 말씀 하시곤 했어요. 그 오래 된 돌이 교회 시계가 열두 시를 치는 걸 들으면, 강가로 물을 마시러 내려간다고요.' 이것은 원시 애니미즘이 '적자로서 생존한' 아주 그럴 듯한 예처럼 보이고, 선사 시대의 거석 신앙을 추측하게 한다. 하지만 그 자료 제공자가 '몇 년이 지나고 나서야 그 허점을 알았죠'라고 덧붙인다면, 아버지의 말은 일정한 맥락 속에 놓이게 한다. 그리고 그 아버지의 말이 '그 돌이 … 들으면…'이란 구절에 초점을 맞춘 장난이고, 아들의 지능을 시험해 본 것임이 드러난다. 분명 기독교 이전 시대의 유럽에 애니미즘적인 신앙이 널리 존재했을 것이라는 사실을 부인하고 싶지는 않지만, 현대의 민속학자라면 위의 이야기의 기원을 추정하는 일에 관심을 가지기보다 그 이야기가 현재 농담과 시험의 기능을 지니고 있다는 점을 중시하여 자료를 분류한다.

그런 분류 방법은 '초목의 정령'과 '밀의 정령'을 해석할 때 더 큰 역할을 한다. 독일 학자 빌헬름 만하르트(Wilhelm Mannhardt)는 이 정령들이 원시적 신앙이 적자로서 생존한 주요한 사례라고 간주하며 많은 관심을 보였다. 밀의 정령은 동물이나 추한 노파의 모습으로 묘사되던 초자연적 존재이고, 그것들이 추수하는 농부들에게 잡혀 죽을 때까지 밭에 숨어 지내며 성장하는 밀을 지킨다는 이야기가 대다수의 나라에서 민속에 자주 언급된다. 프레이저와 만하르트가 이러한 신앙에 관심을 보인 것은 오직 그 안에 원시 관념들이 보존되어 있다고 생각하였기 때문이었다. 그러나 더 최근에 스웨덴의 학자 C. W. 폰 쉬도브(C. W. von Sydow)는, 밀의 정령이 사람들의 진지한 믿음이나 신앙을 전혀 수반하지 않고서 필수적인 사회적 기능을 수행했을 가능성이 높고, 또 실제로 그랬다는 것을 지적하였다.

민중이 밭에 마지막 남은 밀단을 늑대, 황소, 마녀 등 — 아이들로 하여금 밭을 밟아 망치지 못하도록 겁을 주는 데 이용되는 — 과 같은 존재로 여기는 것을 흔히 볼 수 있다. 이러한 동일시에는 아무런 신화적 요소가 없고, 그런 악마적 존재들이 실존한다고 믿고 있는 흔적도 전혀 없다. 민중이 아이들에게 겁을 주기위해 이용하는 그 모든 악귀들은, 어른들이 존재한다고 꾸며낼뿐 그들 자신은 믿지 않는 순전히 허구적인 존재들이다.[4]

또 한 가지 문제는, 중세와 르네상스 시대의 민간 풍습에 대한 역사적 증거가 산만하게 분포되어 있고, 표현이 모호하거나 불충분한 경우가 흔하다는 점이다. 중세의 자료에서 짤막하게 언급된 어떤 축제가 500년 후에 훌륭하게 분석된 축제와 동일한 축제인 것인지 아닌지 결정하기가 불가능한 경우가 그런 예이다. 때론 겉으로 보아서는 고대의 관습임직한 것이 그 역사를 확인해보면 어처구니없을 정도로 유래가 짧은 경우도 있다. 예를 들어 영국의 '푸른 나무 옷 잭'은 (1979년에 로이 저지[Roy Judge]가 철저하게 연구한 바에 따르면) 18세기 후반에 오월

---

4) C. W. von Sydow, 'The Mannhardtian Theories about the Last Sheaf and Fertility Demons from a Modern Critical Point of View', in *Selected Papers on Folklore*, ed. L. Bödker, Copenhagen, 1948, p. 101.

원시적 '컵과 반지' 모양이 있는 돌이다. 스코틀랜드의 서덜랜드 지역, 로크 하켈 소재.

제 때 도시 굴뚝 청소부들이 구걸하던 관습을 배경으로 등장한 것이고, 기원이 결코 그 이전이라고 생각할 수 없다. 그것이 18세기 후반 이전의 오월제 때 치러진 풍습과 연관이 있다는 가정은 그럴듯한 추론이지만 입증가능한 사실은 아니다. '과거로 난 창문'을 찾아냄에 있어, 우리는 그림 속 모든 부분이 먼 옛날의 유물이라고 주장하고 싶은 유혹에 맞서야 한다.

백 년 전에 민속 연구를 지배했던 순수한 인류학적 접근법은 그런 난점들을 고려하여 폐기되었다. 최근에 유일하게 그와 비슷한 가설을 사용한 학자 집단으로서 일부 마르크스주의자들이 있다. 그들 중 블라디미르 프로프(Vladimir Propp)는 《동화의 사적 기원》(The Historical Roots of the Wonder Tale, 1946)을 통해, 다른 종족과의 결혼이나 모계 상속과 같은 농경 시대 이전의 사회적 습성이 요정 이야기들에 담겨 있다고 주장하였다. 그는 또한 요정 이야기 같은 동화의 기본적 플롯 유형이 죽은 자가 떠나는 별세계 여행에 대한 신화적 설명과 고대의 성년 의식에서 비롯되었다고 하였다.

과거에 대한 통찰

그러나 민속학자들이 모은 자료를 합리적으로 사용하여, 고고학자들이 제공한 물질적 증거를 해석함으로써 과거에 대한 통찰을 얻을 수 있는 경우도 있는 것 같다. 오랜 시간적 격차가 있는 상태에서 민속은 증거를 제공하는 것이 아니라 그저 암시만 해준다는 점을 잊지만 않으면 된다. 그 한 가지 예가 선사 시대부터 내려오는 '컵 자국'이다. 이는 영국 본토와 스칸디나비아, 그리고 북유럽의 여러 지역의 바위들에 마치 사람의 얽은 얼굴처럼 패여 있는 홈들을 가리키는 것으로서, 그 기능과 상징적 의미는 아직까지 알려지지 않고 있다. 그런 바위는, 뒤늦게 14세기에야 기독교로 개종되었고 19세기 말까지도 오랜 관습들이 많이 보존되어 있던 리투아니아와 라트비아의 발트인들에게 현대에 이르러서까지 중요한 의미를 지녔다. 고고학자 마리아 김부타스(Marija Gimbutas)는 1963년에 쓴 글에서 이렇게 지적하였다. '바위에 둥근 홈을 파는 것은 돌 속에 산다는 대지의 힘을 강화하려는 행위였다. 그 홈으로 떨어지는 빗물은 신비한 성질을 띠게 되었다. 발트 해 연안의 여성들은 아주 최근까지도 일을 마치고 집으로 돌아오는 중에 그곳에 들러 상처와 고통을 치유하려고 그 물로 몸의 일부를 씻곤 했다.' 스칸디나비아와 스코틀랜드에는 적당히 평평한 표면 위의

호수 밑 신비로운 별세계로부터 팔 하나가 솟아 나와 있다. 죽어가는 아서왕으로부터 마법의 검을 돌려받으려는 것이다. 런던 소재 브리티시 라이브러리.

컵 자국에 누워 있는 '요정을 위하여' 제물을 바쳤다는 기록이
있다. 이상의 용도들이 전부일 리는 없을 것이다. 많은 선사
시대 컵 자국들이 경사가 가파르거나 수직인 바위 표면에 나
있고, 그래서 그 위에 빗물이나 제물이 놓일 수가 없기 때문이
다. 그러나 그런 용도가 부수적으로 생겨난 것이라고 하여도,
어쨌든 과거에 대한 우리의 시야는 더 풍요로워진다.

또 다른 인상적인 사례는 외딴 곳에 혼자 서 있는 선돌의 기
능이다. 현재 우리 자신의 문화적 전통의 관점에서 본다면, 그
럴듯한 용도를 다양하게 제기할 수 있을 것이다. 기념비, 경계
표시, 집회 장소, 우두머리가 지닌 권위의 상징, 남근의 상징,
혹은 (현재 일부에서 주장하듯) 천문학적 장치로까지 생각할 수
있다. 그러나 1605년에 리투아니아에서 일했던 한 예수회 선교
사는 그 모든 주장과 달리 이렇게 말했다. '표면이 평평한 거
대한 돌은 여신이라고 불렸다. 그런 돌들은 짚으로 포장되었고
곡물과 가축의 보호자로서 숭배받았다.' 이 정보는 브르타뉴에
입상 모양의 선돌이 있고, 프랑스의 건지 섬에 라 그랑메르 뒤
솅키레르(La Gran'mère du Chimquirère, '묘지 할머니' 라는 뜻)라는
선돌이 있다는 점을 생각하면 더 설득력을 얻는다. 두 선돌은
대충 얼굴과 가슴만 가진 인간의 형태로 조각되어 있으므로,
사람들이 인간 형상의 특징을 전혀 지니지 않은 돌조차도 마음
속에 인간으로 그리고 거기다 '옷을 입힐 수' 있었다는 것을
암시한다.

중세 초기 문학이 또 다른 유형의 '과거로 난 창문' 을 제공
한다. 중세 초기의 대부분의 시와 사가[5], 그리고 로맨스들이

---

5) 북유럽 설화 - 역주.

구전된 이야기들로부터 주제를 얻었다는 점, 그리고 어떤 경우에는 이런 문학으로부터 고대 신화 속의 영웅적 인물에 대한 윤곽과 기독교 이전 시대의 초자연적 테마에 대한 윤곽을 얻을 수 있다는 점을 일반적으로 인정받고 있기 때문이다. 유럽 대륙의 아서왕의 로맨스들이 켈트인의 구전 자료에 얼마나 많은 빚을 지고 있는지에 대해서는 한 세기가 넘도록 많은 연구와 논쟁이 있어 왔다. 그중에서 특히 그 로맨스들에 나오는 초자연적 경이들이 켈트인의 신화에서 기원한 것인지, 즉 그것들이 웨일스에서 비롯되어 콘월과 브르타뉴를 경유한 후 프랑스의 궁정 계층에 고용되어 있던 브르타뉴 출신의 시인들에게 전달된 것이었는지가 가장 큰 논쟁거리였다. 초기 아일랜드 문학은 초기 웨일스 문학보다 훨씬 더 풍성하였기 때문에, 학자들은 또한 아일랜드의 테마들과 아서왕 테마들 사이에 존재하는 유사점도 연구하였다. 어느 경우이든, 레이첼 브럼위치(Rachel Bromwich)는 최근에 다음과 같이 지적하였다.

이야기의 테마는 모든 켈트 종족들이 자유롭게 공유하고 그들 사이에서 자유롭게 이동하던 공동 자산이었다. 우리가 바로 그런 관점에서 더 많이 생각해야 한다는 점이 널리, 점점 더 많이 인정을 받고 있다. 테마들은 지역적이고 국가적인 관심에 따라 서로 다른 영웅들에 — 아일랜드에서는 킹 콩커버(King Conchobar mac Nessa), 쿠쿨린(Cu Chulainn), 핀 머쿨(Finn mac Cumhaill) 등과 그들 주변의 영웅들에, 반면에 영국 본토에서는 아서왕과 그의 수행 전사들에 — 맞추어 변형되었다.[6]

사실이 이러하다면, 우리는 14세기의 아서왕 관련 텍스트를

켈트인의 민간 전승에서는 잘린 목이 마력을 발휘한다고 믿는 경우가 흔하다. 즉 사람을 보호해준다거나 반대로 저주를 내릴 수도 있고, 훗날 일을 말해주기도 하고, 또는 원래 달려 있던 몸에 다시 붙기도 한다. 이 그림은 가웨인 경과 녹색 기사가 '목 자르기 게임'을 벌이는 모습이다. 가웨인 경은 녹색 기사의 허락에 따라 그의 목을 베었지만, 그가 죽지 않고 살아 있다. 이제 가웨인 경은 일 년 후에 녹색 기사가 자신의 머리를 자르도록 내버려 두어야 한다. 런던 소재 브리티시 라이브러리.

통해 로마 시대 이전의 켈트족에 대해 더 잘 이해할 수 있다. 아서왕 문학에서 다양하게 형태를 바꾸며 반복되는 고대의 신화적·영웅적 테마의 목록에 다음과 같은 것들을 포함시킬 수 있을 것이다. 풍요와 재생의 솥(이것이 성배가 지닌 기독교 성체 상징을 결여하고 있는 것은 분명하지만 부분적으로는 성배와 비슷하다), 별세계로의 여행, 마법의 물건이나 동물을 찾으러 가는 여행, 인간 주인공의 요정 아내, 마법의 힘으로 잘린 머리, 다리〔橋〕대신 놓인 칼, 호수나 우물을 수호하는 여자 마법사, 왕의 아내를 사랑하는 전사, 왕의 교사 역을 맡은 마법사, 왕위를 얻기 위해 체력을 시험받는 것, 주인공의 용기를 시험하는 초자연적 변신 존재 등. 이중 많은 테마들은 결코 켈트인만의 것이 아니기 때문에 더 넓은 유럽 민속의 맥락에서 다시 고찰할 수 있을 것이다.

민속의 신화적 측면을 다루는 책에서, 구전들 중 아서왕 등 전설에 등장함으로써 관심의 초점에 놓였던 역사적 인물에 관한 것들이 진짜 사실을 얼마나 포함하고 있는지를 꼭 연구할 필요는 없을 것이다. 구전된 역사, 특히 비교적 덜 변화하고 기억하기가 쉬운 운문이라는 매체를 통해 구전된 역사가 몇 세대가 지난 후에도 믿음직한 정보를 제공할 수도 있는 것은 분명하다. 그러나 우리는 허구적 창작물, 특히 지역적 혹은 국가적 구전들 중 사람을 실물보다 과장된 영웅이나 악한, 혹은 성인으로 바꾸는 초자연적 경이가 담긴 창작물에 더 관심을 기울일 것이다. 이러한 창작물들은 각기 해당하는 시기와 장소가

6) Rachel Bromwich, 'Celtic Elements in Arthurian Romance', in *The Legend of Arthur in the Middle Ages*, ed. P. B. Grout, R. A. Lodge, C. E. Pickford and E. K. Varty, Ipswich and Totowa, 1983, p. 51.

얼굴과 가슴 윤곽이 있는 입석상立石像. 1878년에 건지 섬의 케이틀 소재 교회의 마루 밑에 묻혀 있는 것이 발견되어 그곳의 묘지로 옮겨졌다. 같은 건지 섬 소재 세인트 마틴 교회의 마당에도 '할머니' 라는 비슷하게 생긴 돌이 있다. 그 지역 사람들은 과거에 그것을 신성시했고, 심지어 20세기에도 과일이나 꽃을 돌 옆에다 가져다 놓는 이들이 있었다. 프랑스와 코르시카 섬에도 입석상들이 있다. 모든 입석상이 다 여성으로 인식된 것은 아니고, 칼 등의 무기가 표시되어 있는 것도 많이 있다.

서로 다르면서도 유형은 아주 비슷한 경우가 많고, 기독교 이전 문화와 비기독교 문화에서도 그와 똑같은 유형들이 발견되기도 한다. 오디세우스, 페르세우스, 혹은 오이디푸스의 전설을 고대 그리스 신화에 포함시키는 것이 허용된다면, 유럽의 몇몇 주인공들에 대한 구전에 흡수되어 있는 초자연적 요소들도 그것들만큼 고찰할 가치가 있다.

성인 전설 또한 경이와 기적이 강조된 창작물이라는 성격 속에 역사적 사실이라는 핵심을 지니고 있지만, 분류상의 난점이 제기된다. 그것들의 내용은 과연 어디까지가 저술 관련 성직자들에 의해 창작된 것인가? 그 전설들 사이에 흔히 발견되는 유사점들은 그저 그들이 이전의 전설 모델을 문학적으로 모방하였기 때문에 생긴 것인가? 창작과 전승 방식이 정말 이러했다면, 그 전설들은 민속이 아니고 식자층 문화의 유사 허구적 산물일 뿐이다. 반대로 성인 전설들은 해당 성인에 대한 실제 기억과 평범한 사람들 사이에서 비정상적 경험들(예를 들어 예언과 기적)에 대해 구전으로 떠돌던 설명들을 이용한 것인가? 그렇다면 해당 성인 전설은 분명 민간 전승의 범주에 속한다. 제7장의 성인 전설에 대한 부분(195~206쪽)은 이 방대한 주제의 아주 간략한 개요로서 그 몇몇 측면만을 다룰 뿐이다.

독자들이 이 책을 읽으며 자주 접하게 될 '전설'이라는 말의 쓰임새가 한 가지 더 있다. 이 책에서 전설은 일반적으로 인상적인 사건이 짧막하게 기술된 구전된 이야기를 가리킨다. 그리고 이런 이야기의 전달자는 그 사건을 보통 자신의 거주 지역에서 자신의 공동체 주민들에게 실제로 일어났던 사건이라고 믿는다. 더군다나 이들 사건은 시기적으로는 이야기 전달자의 부모 대에나 심지어 전달자 자신이 살아 있던 때에 해당하는

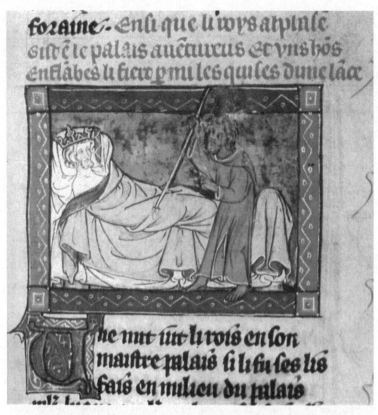

피셔킹이 부상을 입게 되는 모습. 이 유명한 일화는 성배聖杯 관련 로맨스들에 등장한다. 통치자의 남성적 정력이 얼마나 센가에 따라 한 나라의 번영이 결정된다는 고대의 믿음이 이 일화의 뿌리일 가능성이 있다. 피셔킹이 부상을 입은 후 그의 영토가 황무지가 되었다고 한다. 런던 소재 브리티시 라이브러리.

경우도 있다. 이러한 일화들은 유령이나 요정과의 만남과 마술에 걸려 겪게 된 불운 같은 초자연적 주제를 다루는 경우, 전통 신앙에 대해 얻을 수 있는 가장 귀중한 통찰을 제공한다. 지적인 적대감이나 종교적인 적대감, 혹은 감상적 향수의 형태를 띨 수도 있는 외부 관찰자들의 편견에 의해 왜곡되어 있지 않기 때문이다. 이 전설들은 동일한 스토리 유형이 반복해서 등장하면서 그 안에 담긴 개념의 견고함과 폭넓은 분포가 증명되는 경우에 가치가 더 커진다. 그런 식으로 이야기가 판에 박힌 듯한 형태로 반복된다고 해서 전승자들이 그 전설들을 덜 믿지는 않았다. 오히려 더 믿었을 것이다. 가령 오늘날 손금을 믿는 사람 두 명이 손금의 예언이 맞아떨어진 아주 비슷한 일화를 서로 이야기하면서 믿음이 더 굳어지는 것과 마찬가지이다. 민속자료 보관소가 유지되는 나라라면 어디나 그런 전설이 수천 개씩 수집되었고, 표준적 유형들 중 많은 부분이 중세의 텍스트에 이미 존재했음을 입증할 수 있다. 이 전설들은 그림 형제 등이 수집한 유형의 (예를 들어 '백설 공주'와 '신데렐라' 등과 같은) '요술 이야기'나 '요정 이야기'보다 이 책에서 진행하는 연구에 더 적합하다. 후자를 진지한 신앙의 표현으로 생각할 수 없기 때문이고, 또 거기에 등장하는 마법적 경이, 요정, 마녀와 오가[7] 등은 "옛날 옛적 동화 속 나라에서" 하는 식으로 재미나 주는 오락적 판타지들일 뿐이기 때문이다. 요정 이야기가 아니라 민간 전설이야말로 과거로 난 최고의 창문이자 유럽 신화의 주요한 저장고이다.

---

7) 오가(orge)는 전설과 요정 이야기에 등장하는 크고 잔인하고 무서운 사내로서 흔히 사람을 잡아먹는다 – 역주.

2장 세계의 형성

세계의 창조를 설명하는 개념들

세계가 어떻게 생겨났는가, 그 안의 존재들이 현재의 특성을 어떻게 얻었는가, 그리고 사회적 제도는 어떻게 발생하였는가 등을 설명하는 것은 신화의 주요 기능이다. 이러한 기능들을 수행하는 이야기는 각기 창조 신화(creation myth), 유래 전설 (aetiological legend), 형성 전설(foundation legend)이라고 알려져 있다. 한편, 형성 전설에 어떤 제도의 지속을 정당화하는 목적이 포함되어 있을 경우, 말리노프스키(Malinowski)의 용어에 따라 성문 신화(charter myth)라고 부른다. 이 모든 것이 기독교 이전 시대의 유럽 신화에서 발견된다. 그러나 그 이후의 (핀란드의 경우를 제외하고) 민간 전승에는 우주 창조 신화가 빠져 있다. 이는 당연히, 기독교가 하느님이 유일한 창조주라는 설명을 고수하였기 때문이다. 성경은 정말 수용될 만큼 충분히 수용되었다. 그러나 하느님이 아닌 누군가가(보통 남녀 거인, 혹은 악마가 등장하고 때론 인간 영웅이나 마술사가 등장하기도 한다) 어느 지형의 특징을 만들어냈다고 주장하는 방대한 이야기들은 성경과 더불어 어디서나 발견된다.

전형적인 예로 프랑스의 전설들에 전하는 가르강튀아 이야기가 있다. 이것은 라블레가 책을 통해 널리 알리기 전부터 민간 구전에 등장했고 지금도 그렇기는 마찬가지다. 이 이야기에서는 여러 곳의 지형적 특징이 가르강튀아의 행위에서 비롯된 것으로 설명된다. 몽생미셸 산과 통블렌느의 섬들은 가르강튀아가 바다로 던져 넣은 몇 줌의 흙이라고 한다. 그가 오줌을 누어서 강이 여러 개 만들어졌다고 하고, 제네바 호수의 바닥에서 흙을 퍼내 쌓은 것이 몽살레브 산이라고 한다. 또한 그의 신발에서 떨어진 돌 부스러기, 또는 고리 던지기 놀이를 하며 던진 고리들, 그리고 그가 토한 음식물 찌꺼기 등이 몇몇 거대한 바위가 되었다고 한다. 그가 흙으로 산을 높이거나 낮추려고 애쓰다가 우연히 떨어뜨린 흙더미로 만들어졌다는 언덕도 여러 개 있다.

사람들은 보통 거인들이 멍청하고 변변치 못한 존재라고 생각했지만, 1896년에 스웨덴에서 수집된 다음 이야기에서 보듯 악의로 가득한 거인들도 있다.

괴물 따위에 대해 말하자면, 등에 아주 큰 바위를 지고 프라스트베리에트의 스비스타 근처에 나타났다는 어느 거인 이야기가 생각난다. 그 거인은 감라 웁살라 교회를 부수러 가는 길이었다. 스비스타에서 거인은 낡은 신발들을 지고 가는 제화공 한 명을 만났다.

"감라 웁살라까지 얼마나 남았냐?"

거인이 물었다.

"엄청나게 멀어요."

제화공은 이렇게 말했던 것 같다.

"지금 거기서 오는 길이거든요. 알아두세요. 오면서 이 신발들이 다 닳았지요."

그래서 거인은 먼 길에 그 큰 돌을 가져갈 필요가 없다고 생각했다. 그가 들판에 던져버린 돌이 아직도 그곳에 있다.[8]

이 이야기와 아주 비슷한 것이 샬럿 번(Charlotte Burne)의 《슈롭셔의 민속》(The Folklore of Shropshire, 1883~1886)에 나온다. 이는 민담의 전세계적 보편성을 드러내는 예라 할 수 있다. 웨일스의 한 거인이 슈루즈베리를 묻어버리려고 흙 한 삽 가량을 가지고 가다가 앞의 이야기에서와 똑같이 거짓말을 한 제화공에게 속아서 흙을 떨쳐버렸고, 그것이 뢰킨이라는 언덕이 되었다는 이야기이다. 샬럿 번이 알고 있던 다른 몇몇 버전들에는 거인이 아니라 사탄이 언덕을 만들었다고도 되어 있고, 그 외에도 이러한 관념과 비슷한 예가 여럿이 있다. 독일에도 몇 가지가 있는데, 밑에 적은 것들은 모두 그림 형제의 모음집 《독일의 전설》(Deusche Sagen, 1816)에 나오는 이야기들이다.

(1) 론 산맥의 고지대에는 계곡 위로 검은 현무암 벼랑이 탑처럼 솟아 있다. 그 계곡에 사는 이들이 계곡에 교회를 지을 계획이라는 것을 안 사탄은 화가 나서 건축에 쓰일 돌을 죄다 가져가 버렸다. 사탄은 돌을 가지고 벼랑으로 올라가 그 꼭대기에 쌓았다. 지금까지 아무도 그 돌을 다시 가지고 내려올 수 없었다. 사람들이 말하기를, 사탄이 일단 어디엔가 돌을 갖다 놓으면 아무도 다시 그것을 움직일 수 없다고 한다. 그리고 설

---

8) John Lindow, *Swedish Legends and Folktales*, London and Berkeley, 1978, p. 85.

혹 누군가 가까스로 돌을 수레에 실어 옮길지라도, 사탄이 제 자리에다 다시 가져다 놓기 마련이다.

(2) 쾰른에 있는 교회 근처에서는 커다란 바위 하나를 볼 수 있다. 이 돌을 사탄의 바위라고 부르는데, 사탄이 신성한 왕 세 명[9]의 제단에 던지다가 생긴 발톱자국이 나 있기 때문이다. 사탄은 제단을 부수려고 했던 것이지만 실패하고 말았다.

(3) 오스나브뤼크 근처에는 오래 된 바위 하나가 지면에서 3.9m 높이로 돌출해 있다. 농부들은 이 돌을 쿽텔 바위라고 부르고 사탄이 그 돌을 가지고 하늘을 날아와 그곳에 떨어뜨렸다고 한다. 농부들은 또한 사탄이 돌을 끌려고 쇠사슬을 묶었던 부분이 어디인지 지적할 수 있을 정도였다.[10]

바위를 던지고 언덕을 만든다는 초자연적 존재는 처음에는 거인이었지만 중세를 거치면서 점차 사탄이 그 자리를 차지했다. 전부 다 그랬던 것은 아니었지만, 그런 사실이 일반적으로 인정되고 있다. 거인에 대한 진지한 신앙은 일찍 소멸해갔다. 하지만 사탄은 생생하게 살아 있는 관념이었다. 게다가 교회에서는 초자연적 사건이 일어났다고 추정되는 장소들을 성인이건 악마건 기독교적 존재들과 연관시키고 싶어했다.

일부 지형 관련 전설들에는 선한 창조자와 악한 창조자 사이의 갈등이 묘사되어 있다. 아이슬란드에 전하는 바에 따르면, 하느님이 태양을 만들자 화가 난 사탄은 거기에 오줌을 누어서 꺼 없애려고 했다고 한다. 하지만 그는 고작 뮈바튼 호수를 만

---

9) 쾰른을 지켜준다는 수호성인 세 명 - 역주.

10) Donald Ward, ed. and transl., *The German Legends of the Brothers Grimm*, London and New York, 1981, Vol. I, pp. 174-5.

들 수 있었을 뿐이었다. 이는 독일 농부들이 바이센베르크 근처에 있는 일부 바위들의 배치를 설명한 다음 이야기와도 비슷하다.

조금이나마 자신의 땅을 가지고 싶어했던 사탄은 하느님에게 땅을 요구했고, 하느님은 다음 조건을 전제로 승낙해 주었다. 사탄은 새벽이 올 때까지 벽을 쌓고 그 안에 가둔 만큼 땅을 받게 되었다. 하지만 사탄이 마지막 돌을 쌓고 벽을 완성할 찰나에 새벽닭이 울고 말았다. 희망이 날아 가버린 데 분노한 나머지, 사탄은 흥분해 자신이 만든 벽을 부수었고, 그 돌을 사방으로 흩뿌렸다. 그 흔적에는 아직도 혼령이 붙어 있다고 한다.[11]

오늘날 사람들은 이런 이야기들을 그저 가벼운 웃음거리 삼아 이야기한다. 하지만 과거에는 왜 그러지 않았을까? 그 부차적 창조자들은 기껏해야 행동이 우둔하고, 심지어 인간을 고의적으로 적대하는 일도 잦았는데, 왜 사람들은 그런 존재에 관심을 둘 수밖에 없었을까? 우리는 여기서 좀더 심오한 이유를 찾아볼 수도 있을 것이다. 목초지나 경작지, 그리고 쓸 만한 나무가 많은 숲 등이 아니라 돌투성이 땅, 깊은 협곡, 바위투성이 산, 농지에 불필요하게 솟아 있는 바위 덩어리 등 항상 해당 지역에서 비생산적인 곳과 관련되어 있다는 점이야말로, 그런 전설들의 중요한 특징이다. 농촌 공동체에서는 좋은 땅은 하느님이 인간이 쓰도록 만들어냈다는 생각을 기꺼이 받아들였다. 하지만 쓸모없거나 불편한 모든 것에는 성경에서 제공하지

---

11) Ibid., p. 172.

성자[12](말씀, 로고스)가 기하학적으로 조화로운 우주를 창조하고 있다. 사람들은 노아의 대홍수나 사탄의 사악한 행동 때문에 지구의 표면이 울퉁불퉁하게 되었다고 생각했고, 그런 모습을 지구가 지닌 불완전성의 표징으로 여겼다.

---

12) 삼위일체의 두 번째 – 역주.

않는 또 다른 설명이 필요하다고 느꼈던 것 같다. 그들은 또한, '아름다움'의 견지에서는 천연 그대로의 경관이 '좋다'는 생각에도 동의하지 않았을 것이다. 그림같이 멋있는 원시 들판에 대한 기호는 18세기 후반에야 지식 계층에서 발전하였고, 중세의 미학은 그와 달랐다. 당시의 미는 질서정연함이었고, 모든 자연을 경작해서 과실을 맺는 것이 이상이었다. 대부분의 신학자들은 바위투성이의 지형을 마치 동물의 야만성처럼 아담이 저지른 죄악의 결과라고 보았다. 1684년이 되어서도 토머스 버넷(Thomas Burnett)은 《대지의 신성 이론》(Sacred Theory of Earth)에서, 하느님은 분명 대지를 매끄러운 구형으로 만들었는데 죄악에 대한 처벌로 노아의 대홍수를 맞아 형태가 일그러진 후에야 산들이 생겼다고 주장하였다. 불만족스러운 지형적 특징을 부차적 창조자의 짓으로 설명했던 민담들은 그런 흠의 책임을 하느님에게 지우느니보다 사악하거나 우둔한 존재에게 덮어씌우려 했던 것이다. 또한 이 이야기들에서는 사탄(혹은 거인)의 음모가 항상 좌절되거나 재치가 없어서 실패하게 된다. 거기에 내포된 메시지는 이러하다. '그 바위는 추하고 쓸모없다. 하지만 바위를 거기에 놓은 것은 하느님이 아니라 사탄이다. 또 적어도 사탄이 바란 것보다는 바위가 우리에게 해를 덜 끼쳤다.'

어떤 지형의 유용한 특징이 부차적 창조자에게서 기인한다면, 그는 당연히 당연히 자비심 많은 인물일 것이고, 보통은 성자일 것이다. 그런 이야기는 무수히 많이 전해지고, 지역적으로도 가톨릭 지역에만 한정되지 않는다. 성인이 땅을 치거나 그의 말이 발로 찬 곳에서, 혹은 성인의 피가 흐른 곳에서 샘물이 솟으면 이 물에는 병을 치유하는 힘이 있다. 성인의 지팡

스톤헨지를 건축 중인 멀린. 14세기에 레이아몬(Layamon)의 시 〈브룻〉(Brut)에 게 재된 삽화이다. 이 시는 멀린이 아일랜드에서 돌을 가져다가 솔즈베리 평원에 스 톤헨지를 세웠다는, 제프리(Geoffrey of Monmouth)가 《역사》(History, 1147년경)에서 말한 내용을 그대로 따르고 있다. 런던 소재 브리티시 라이브러리.

이가 뿌리를 내린 곳에서는 신성한 나무들이 자란다. 엘리사 헹켄(Elissa Henken)이 지적하는 바에 따르면, 중세 웨일스의 지 역 성인들은 민간 영웅이 기독교화한 형태였다.

그들은 샘을 만들고 언덕을 높이고 강의 물길을 바꾸고 바다의 경계를 정하는 지형 건설자이다. 그리고 인간에게 식량, 의료,

법 등 물질적 · 문화적 필수품을 제공하는 은인이다. 그래서 성인
들은 자신들의 다른 모든 역할에 앞서 세계의 창조와 정의에 기
여하는 문화적 영웅들이다. 습지와 바다의 벌, 돌투성이 땅을 농
사짓기 좋은 땅으로 바꾸어 주고 적당한 강우를 보장함으로써 그
들은 결실이 풍부한 땅을 제공해준다.[13]

때로는 성인이 아닌, 기독교 이전 시대의 신화로부터 보존된
자비로운 부차적 창조자들을 접하게 된다. 12세기 아일랜드의
허구적 역사책 《아일랜드 정복의 기록》(The Book of the Conquest
of Ireland)에는 아마도 다신교적 신격들을 합리화한 것에 해당
할 몇몇 초기 정착자 집단들이 묘사되어 있다. 그들은 드넓은
평원을 개척하고, 호수를 파고, 많은 기술과 관습을 시행하였
다. 핀란드에 전해 내려오는 이야기들은 그보다 더 분명하게
신화적이며, 세계의 일부 특징뿐 아니라 세계 전체를 다룬다.
〈칼레발라〉(Kalevala)[14]에는 대영웅 베이네뫼이넨(혹은 일부 버전
에서는 그의 어머니인 루오노타르)이 원시 대양에 떠다니다가,
물새가 그의(혹은 그녀의) 구부린 무릎을 덤불로 잘못 알고 둥
지를 틀게 되었으며, 거기에 황금 알을 낳게 되었다는 이야기
가 나온다. 그 영웅이 무릎을 급히 움직이자 알이 떨어져 바다
에 부딪혔다.

    부서진 알껍데기의 밑부분 반쪽으로부터

---

13) Elissa R. Henken, 'The Saint as Folk Hero: Biographical Patterning in Welsh Hagiography,' in *Celtic Folklove and christianity*, ed. Patrick K. Ford, Santa Barbara, 1983, pp. 58, 70.
14) 핀란드의 국민 서사시 - 역주.

북 요크셔 소재 러드스톤 교회 묘지에 있는 거대한 비석. 사탄이 이 교회를 맞춰 부수려고 던진 돌이라는 이야기가 전해온다. 그런 식의 다른 이야기에서처럼, 사탄은 물론 목표물을 맞히지 못했다.

이제 굳은 대지가 생겨났고,
부서진 알껍데기의 윗부분 반쪽으로부터
드높은 하늘의 반구가 자라 올랐고,
노른자위의 윗부분에서
이제 태양의 빛나는 광채가 나타났고,
흰자위의 윗부분에서
그리도 밝게 빛나는 달이 솟아올랐고,
알 속에 점점이 있던 것은 무엇이나
이제 하늘의 별이 되었고,
알 속에 거무스름한 것은 무엇이나
허공에 구름조각이 되어 떠다녔다.[15]

또 다른 신기한 창조 신화로서 레트 지역과 라트비아에 전하
는 전설이 있다. 여기에는 스칸디나비아 신화 두 가지와 기독
교의 영향이 혼합되어 있는 것으로 보인다. 그중 한 가지 신화
는 신들이 원시 거인의 사지를 절단하는 이야기이고, 또 하나
는 날갯짓을 하면 세계에 바람이 이는 강력한 독수리에 대한
것이다.

창조에 임하여 하느님은 한줄기 몰아치는 바람으로 말씀을 내
뿜었고, 바람에 독수리 한 마리가 담겨 있었다. 하느님은 어둠과
빛을 만들고 독수리를 어둠 속으로 추방했다. 그 새는 반항하였
고, 하느님이 그의 사지를 잘랐다. 그의 피는 바다가 되었고 몸
은 진흙이 되었으며, 그의 몸 안에 있다가 반으로 나뉜 알에서

---

15) W. F. Kirby, transl., *Kalevala: The Land of Heroes*, Everyman edition, London, 1907, vol.
I, p. 7.

기이한 지형, 특히 커다란 원시 구조물은 태고의 거인이 만든 것으로 설명될 수 있다. 이 그림은 1660년에 네덜란드에서 출간된 책의 삽화로서, 거인과 인간이 함께 '거인의 무덤'이라는 회랑回廊식 묘지를 건설하는 모습이다.

각기 천국과 지옥이 생겨났다. 그 두개의 반 조각 알에 있던 끈적끈적한 흰색 덩어리와 검은색 덩어리는 천사와 악마가 되었고, 알의 밑부분 껍질 안에 진흙이 모여 대지를 이루었다.[16]

기독교가 이러한 이야기들에 미친 영향은 분명하다. 또 거기에 고대의 것이 얼마나 많이 포함되어 있는가는 상당한 논쟁거리가 되어 왔다. 〈칼레발라〉에서 보금자리를 찾던 새는 창세기에서 바다를 굽어보며 '비둘기처럼 알을 품은' 성령과 닮았고, 노아의 비둘기와도 닮았다. 또한 여러 변형들에서는 베이네뫼이넨이 마치 여호와처럼 말씀의 힘으로, 부서진 알을 우주로 바꾼다. 위의 레트 지역의 이야기도 창세기를 모방하고 있다. 그리고 사악한 것이 남긴 것으로부터 물질적 우주가 발생하였

16) Venetia Newall, *An Egg at Easter*, London, 1971, pp. 29-30.

다고 단언하는 점으로 보아, 아마 마니교적 이단의 흔적도 담겨 있는 것으로 보인다. 그럼에도 불구하고 알로부터의 창조라는 관념에 해당하는 비기독교적 이야기들이 너무도 많기 때문에, 핀란드와 레트 지역의 이야기들은 기독교적 테마들과 고대의 테마들이 융합된 것으로 보는 것이 가장 타당할 것이다.

최근에 카를로 긴츠부르그(Carlo Ginzburg) 교수는, 1584년 북이탈리아에서 메노키오라는 제분업자가 이단 혐의로 심문을 받으며 했던 이상한 말을 거론하여 저간의 관심을 모았다. 메노키오는 하느님이 무無로부터 세계를 만들어냈다는 것을 인정하지 않으려 했다. 그 대신 그는 무형의 혼돈이 이미 존재했으며 "그 거대한 것으로부터 마치 우유에서 치즈가 만들어지듯 덩어리 하나가 형성되었다. 그리고 그 안에 벌레들이 나타났다. 그것들이 천사였다"고 주장하였다. 목격자 한 명은 더 놀라운 것이라며 메노키오가 그전에 이렇게 말했다고 주장했다. 세계는 "거품 같은 바닷물에 부딪혀"서 "치즈처럼 응고하였고", 그 안에 있던 벌레들이 "사람이 되었으며, 그중 가장 지혜로운 이가 하느님이었다." 메노키오의 발언 중 여러 구절로 보아 그의 견해가 합리론에 입각해 있었다는 것이 분명하다. 그는 생물이 부패 중이거나 발효 중인 물질 안에서 '독자적으로 생성될 수 있다'는, 당시에 과학적으로는 꽤 수용할 만했던 가정을 차용하여 우주 생성을 유물론적 관점에서 설명하려 하였던 것 같다. 그러나 신들이 원시 바다를 응고할 때까지 '휘저어서' 이 세계를 만들었다는 먼 고대의 주장이 인도 신화에도 있다. 메노키오의 주장은 그 신화가 서쪽으로 전파된 결과인지도 모른다. 19세기 인종학자들의 기록을 보아도, 태초에 바다가 우유의 막 같은 '피부'를 형성하였고 거기서 식물과 동물, 그리고

사람들은 외딴 곳에 있는 커다란 돌덩이를 사탄이나 거인, 또는 영웅이 무기로 삼아 던진 것이라고 설명하기도 했다. 이 돌은 에스토니아의 영웅 칼레비포에크가 늑대에게 던진 것이라고 한다. 칼레비포에크는 엄청난 힘을 지녔고, 언제나 인간에게 관대했다. 그에 대한 민간 전승은 1850년대에 F. R. 크로이츠발트(F. R. Kreutzwald)가 수집하였다.

인간이 나타났다는 알타스 산맥 지역 칼미크인[17]들의 주장이 등장한다. 이러한 민간 전승이 농촌의 하위 문화를 통해 대략 2000년간 구전되면서, 그런 '지하' 통로를 통해 메노키오에게 도달하였다는 것이 긴츠부르그 교수의 주장이다. 이 주장이 맞을지도 모른다. 그러나 한편으로, 치즈를 제조하면서 구더기가 외관상 저절로 생겨나는 듯 보이는 것은 어디서나 있을 수 있는 현상이란 점도 고려해야 한다. 각기 고립되어 있는 문화와 개인들이 미지의 창조 과정을 얼마간 현실성 있게 설명하려고 할 때, 그들이 외부에서 전하는 것과 상관없이 자신들에게 익숙한 치즈의 비유를 자발적으로 사용한 것일 수도 있다.

17) 칼미크(Kalmy(u)k) 지역에 주로 살며 불교를 신봉하는 몽골인 - 역주.

우주를 설명하는 개념들

신화와 민속은 창조 이외에 우주의 구조도 다룬다. 민속에 투영되어 있는 고대의 믿음 한 가지에서는, 우주에 세 개의 영역이나 층(즉 하늘, 대지, 지하)이 있다는 것이다. 딱딱한 수직 축이 각각의 중심을 관통하면서 그 세 가지를 연결한다. 이 축을 '세계의 기둥'나 '세계수', 또는 금속이나 유리로 된 '세계의 산'이라고 부르는데, 거기에는 흔히 일곱 개의 테라스가 있다고 한다. 이러한 우주론은 비유럽 민족들, 특히 중앙아시아와 극지방의 민족들 사이에서만 완전한 형태로 발견된다. 하지만 기독교 이전 시대의 유럽에도 그 일부 요소가 존재했다는 징후들이 있다. 예를 들어 독일 작센 지방의 기독교 개종 시기인 772년에 샤를마뉴 대제는 이르민술이라는 신성한 기둥을 파괴하라고 명하였다. 그 지방 사람들은 이르민술이 세계의 축이라고 믿었다. 그리고 스칸디나비아 식 '세계수'로 유명한 물푸레나무 이그드러실도 있다. 이승의 중심을 뚫고 솟아 오른 이 나무의 뿌리는 저승에 닿아 있고, 어떤 식으로든 신들의 세계와 연결되어 있다. 이 나무에 대해 남아 있는 설명들은 다소 상충한다. 한 시인은, 아이슬란드의 프로우스 에다(Prose Edda)에서 묘사된 것보다 더 복잡한 '나무의 아홉 가지 세계'를 이야기한다. 자세한 내용은 어떻든 간에, 이그드러실의 우주론적 중요성은 명백하다.

위와 같은 관념의 흔적들은 요정 이야기들에서도 엿보인다. 하지만 거기서는 보통 진지한 신념 차원의 가치는 모두 사라진 채(잭의 콩 줄기가 우주의 나무라고 주장하는 사람은 아무도 없을 것이다. 잭이 그 나무를 올라 오가들의 세상에 이르기는 하지만 말

원시 바다에 떠 있는 루오노타르. 〈칼레발라〉의 삽화.

이다), 주인공들의 신비한 모험을 흥미롭게 꾸며주는 모티프
역할만을 한다. 그렇기는 하지만, 그것들과 비슷한 것들이 얼
마나 널리 퍼져 있고 얼마나 오랫동안 존재했는지 알게 되면
그것들의 유래가 놀라울 정도로 오래되었다는 것을 확인할 수
있다. 가령 프랑스에 전하는 〈푸른 산〉이라는 요정 이야기가
있다. 1950년에 브리에 지역의 한 이야기꾼으로부터 수집된 이
이야기에는 세계의 산에 대한 훌륭한 예가 담겨 있다. 이 이야
기에는 또한, 마법사가 자신을 해골로 바꾸어 그 뼈를 마법의
사다리로 사용할 수 있고, 다시 그 뼈로 자신을 만들어낼 수
있다는 믿음이 함축되어 있다. 이것은 시베리아와 중앙아시아
민족들의 샤머니즘 관습과 아시아와 티베트에서 볼 수 있는 믿
음이다. 그러나 현재 요정 이야기 장르가 일반적으로 그런 것
처럼, 그 요정 이야기의 용도도 순전히 오락적인 것이었다. 그

속의 주인공은, 육십여 미터의 높이로 온통 미끌미끌한 '푸른 산'을 오를 임무를 부여받았다. 그는 자신의 조력자 노릇을 하는 악마의 딸로부터 다음과 같은 충고를 듣는다.

여기 제가 당신에게 주려고 가져 온 스튜 단지가 있어요. 당신은 거기에 물을 채우고, 불을 잘 지피고, 저를 조금씩조금씩 넣어서 끓여야 해요. 제 뼈를 모두 꺼내다가 살을 발라내고, 푸른 산에 하나씩 박아서 당신을 위해 사다리로 써야 하거든요. 제 뼈를 모두 쓰면 꼭대기에 이를 수 있을 거예요 … 내려오면서 뼈를 모아 냅킨에 담으세요. 다시 푸른 산 밑에 내려오면 그 스튜 단지에다 그걸 넣고 끓여야 해요. 그러면 제가 다시 살아날 거예요.[18]

동유럽에는 함축된 의미가 이보다 더 깊고 수도 더 많은 고대 우주론들이 현재까지 전해온다. 루마니아인들이 이야기하는 '하늘의 기둥'도 그런 예이다. 리투아니아에 전하는, 사자死者의 세계를 설명한 이야기(94~95쪽 참조)에도 '우주수'와 '우주의 산'이 모두 등장한다. 그리스의 민속 신앙에서는 칼리칸차로이라고 불리는 고블린[19]들이 일년 중 대부분을 깊숙한 동굴에서 보내며, 대지와 하늘을 지탱하고 있는 한 나무의 뿌리 사이로 밖을 내다보려고 애를 쓴다. 그러나 나무뿌리는 고블린들이 파괴할 수 있는 것보다 더 빨리 자란다. 헝가리의 요정 이야기 〈하늘까지 뻗어 있던 나무〉에서는 주인공이 나무 한 그루를 오른다. 그가 첫번째 가지에 다다르기까지 열흘이 걸릴 정

---

18) 저자 번역, Michèle Simonsen, *Le Conte Populaire*, Vendôme, 1984, pp. 106~107.
19) 요정 이야기에 자주 등장하는 존재. 작고 추한 동물 모습을 하고 있고, 인간에게 말썽 피우기를 좋아한다 - 역주.

벨기에 에스 지역의 거인상. 벨기에와 네덜란드, 그리고 프랑스 북부의 여러 도
시에서는 자비로운 모습의 거인상을 도시의 마스코트로 삼고, 축제 행사 때 앞세
우고 퍼레이드를 한다. 영국에 현존하는 유일한 사례는 솔즈베리에 있다.

도로 큰 이 나무는 그에게 마치 세상 전체와 같고, 그의 다음
모험들이 모두 그곳을 배경으로 벌어진다. 헝가리의 이야기꾼
들은 아주 최근까지도 자기 지역에 전하는 요정 이야기들을 서
유럽인들이 일반적으로 구전을 받아들이는 것보다 더 진지하게
받아들였다. 1950년대에 요정 이야기를 조사한 헝가리의 학자
들은 여러 곳의 사람들이 이야기 속의 여러 환상적 요소들을
절대적인 사실로 받아들이고 있음을 발견했다. 유명한 이야기

꾼 러요시 어미는 한 현지 조사자에게 말하기를, 하늘이 딱딱하고 "텐트처럼 대지의 둘레에 고정되어 있다"고 했다. 천지창조 당시 하늘은 낮고 평평해서, '누군가 오 미터짜리 사다리가 있었다면 아마 하느님과 천국이 있는 윗세상으로 들어갈 수 있었을 것'이지만, 하느님은 새들이 날 공간을 더 마련해 주기 위해 지팡이로 하늘을 더 위로 밀쳤다. 그 하늘에는 아담과 이브가 죄를 지은 후 천국으로부터 내팽개쳐지며 지났던 문 하나가 있다. "어느 나라 위에 그 문이 있나요?" 하고 질문을 받은 러요시 어미는 이렇게 대답했다. "내가 그걸 대답해줄 수는 없지요. 하지만 아담과 이브가 빈과 부다 사이에 떨어졌다는 건 알아요. 그러니 그 문은 분명 그 위에 있을 거에요."

상징적 의미가 풍부한 중세 기독교 우주수 버전으로서 '십자가 전설[20]'이 있다. 간단히 요약해 보겠다. 아담이 죽을 때 그의 아들 셋[21]이 에덴동산 입구를 지키던 천사로부터 동산에 있던 나무의 씨앗 세 개를 얻는다. 셋은 그것을 아담의 입에 넣는다. 아담은 세계의 중심에 해당하는 어느 언덕에 묻히고, 그의 두개골 안에 있던 씨앗들에서 세 부분으로 된 나무 한 그루가 자라난다. 그 언덕이 '해골 모양의 언덕'이라는 뜻을 지닌 '골고다' 언덕이다. 후에 솔로몬이 그 나무를 베어서 신전 건립에 사용하려 했으나 실패했다. 몇 세기 후, 예수의 십자가가 그 나무로 만들어졌다. 예수의 십자가가 새로운 '생명의 나무'이며, 그것이 대지의 중심으로부터 천국을 향해 뻗어 있고, 또한 아담의 무덤이 있는 언덕에 박혔다는 이야기는 아주 상징적

---

20) Holy Cross. 예수가 십자가에 못 박힌 것을 상징하는 십자가 – 역주.
21) Seth. 아담의 셋째아들 – 역주.

서머싯 주 글래스턴베리 소재 '신성한 가시나무'. 아리마데의 성 요셉의 지팡이가 자란 것이라고 전해지는 나무의 자손이다. 그가 지팡이를 땅에 꽂자 기적같이 잎이 돋았다고 한다. 사진 속의 나무는 '예전의 크리스마스'[22]인 1월 6일이나 그즈음의 한겨울에 꽃이 핀다.

이다. 예수가 자신 안에 모든 세계를 융화시키면서, 우주의 수직축 위에서 죽었다는 것이다.

---

22) 354년경 로마 교회가 크리스마스를 공식적으로 12월 25일로 정하기 전에는 1월 6일이나 3월 21일(춘분), 12월 25일 중 하나가 크리스마스로 선택되었다 – 역주.

본보기 처벌

지형과 관련된 전설, 특히 물 속이나 지하로 가라앉은 장소나 죄를 저지르고 돌로 변한 사람에 대한 전설에는 기독교적 가르침과 고대의 테마들이 더욱 지역적인 차원에서 융합되어 있다. 이러한 모티프들은 기독교 발생 이전부터 존재했고 지금까지 도덕적 목적을 위해 사용되었다. 사람들의 오만과 야심 때문에 물에 잠긴 아틀란티스만 생각해 보아도 그 점을 알 수 있다. 니오베가 돌로 변했고 거기서부터 눈물의 강이 흐른다는 이야기, 그리고 (필레몬과 바우키스를 제외한) 주민들이 거지로 변장한 신들을 환대하지 않아 그 지역이 물에 잠겨 웅덩이가 생겼다고 기술한 오비디우스의 이야기도 마찬가지다. 성서에도 이러한 유형의 전설 두 가지가 나온다. 불충 때문에 소금 기둥으로 변했다는 롯[23]의 아내 이야기와, 소돔과 고모라가 파괴된 이야기이다. 훗날의 구전에 따르면, 소돔과 고모라의 폐허를 사해死海가 뒤덮었다고 한다. 따라서 물 속에 가라앉은 마을과 죄를 저지르고 돌이 된 사람들에 대한 민담이 먼저 존재하였고, 그것이 선례가 되어 성서에도 비슷한 이야기가 생겨났다고 주장할 수도 있을 것이다. 이러한 민담은 일차적으로 도덕적 경고로 사용되었고, 다음으로 지형적 특징의 유래를 설명하는 데 이용되었다.

여러 해안 지역에는 바다에 잠긴 곳을 다룬 전설이 전한다. 웨일스인들에게는 카디건 만이 생기기 전에 그곳의 대부분을 차지하던 비옥한 평원 이야기가 있다. 초기 전설에서는 그곳

---

23) 히브리 족장이었던 아브라함의 조카. 창세기에 등장한다 – 역주

고대 스칸디나비아인들이 믿었던 세계상世界像을 현대적으로 해석한 것. 이승이
바다로 둘러싸여 있고, 바다의 외곽을 두르고 있는 바위에는 거인들이 산다. 그리
고 그 위에 있는 '우주수' 이그드러실의 가지 속에 무지개가 있다. 가지와 뿌리에
서는 초자연적 동물들이 살고, 거대한 바다뱀이 대지를 빙 두르고 있다.

지배자의 오만함 때문에 하느님이 '그 위로 바다를 뒤엎었다'고 하는 반면, 더 훗날의 전설에서는 술에 취해 그곳의 수문을 열었다는 수문 관리인을 비난하고 있다. 콘월 주 인근의 바다에는 라이어니스라는 사라진 땅이 있었다고 한다. 이 땅에 대해서는 15세기에 우스터의 윌리엄(William of Worcester)이 처음으로 언급하였다. 이 이야기는 아마도 썰물이 실리 제도를 빠져 나갈 때 보이는 고대 석벽 때문에 생긴 것으로 보인다. 실리 제도 인근 지역은 침강을 겪은 곳이기 때문이다. 전설에서는 이 침강 과정이, 남자 한 명을 빼고는 모든 사람이 피하지 못한 엄청난 홍수로 극화되어 있다. 브르타뉴 지방에도 이런 스토리 유형이 아주 많아서, 열둘이나 되는 도시가 물에 잠겼다고 한다. 그중 가장 널리 알려진 것이 1637년에 처음으로 기록된 이즈의 전설이다. 이즈는 바다를 메워 그 위에 세운 장엄한 도시였다. 그러나 왕의 사악한 딸이 연인을 만나러 가면서 (어떤 버전에서는 그 연인도 악마로 되어 있다) 수문을 열었고, 바다가 밀려들었다. 생 주앙돌의 경고를 받은 왕은 말을 타고 도망쳤다. 그 말에 달라붙으려 했던 딸은 생 주앙돌이 밀쳐서 떨어져 익사하고 말았다.

호수가 갑자기 성 한 채나 도시 전체를 삼켜버리고 거기서 한 사람만이 도망친다는 비슷한 이야기들이 다른 곳에서도 회자된다. 웨일스 일부 지역에 전하는 예에서는 하느님이 어느 살인자와 그의 자손들에 대한 복수로 그런 재앙을 일으킨다. 반면에 이교도가 처벌받는 것도 있는데, 슈롭셔 주의 엘즈미어에서는 한 여자가 인색한 나머지 이웃이 자기 우물에서 물을 길어 쓰지 못하게 하였다는 이유만으로 처벌을 받았다고 한다.

산악지대에 있는 나라들에서는 산사태가 비슷한 역할을 한

동유럽의 민속 예술에 흔히 등장하는 식물 도안은 '우주수'를 연상시킨다. 19세기에 헝가리에서 뿔을 이용해 만들어진 이 박스는, 한 양치기가 가축에 바를 연고를 휴대하려고 쓰던 것이다. 네프러이지 박물관, 부다페스트.

다. 필레몬과 바우키스 전설과 유사한 스위스의 한 전설을 보면, 마을에 떠돌이 난쟁이가 찾아들자 한 가난한 부부만이 그를 보살펴 준다. 그러자 그린데발트 계곡에서 바위들이 굴러 떨어져서 그 부부만 빼고 마을 전체를 뒤덮어 버린다. 또 베른 근처의 빙하는 그 전에 비옥한 농장이 있던 자리를 뒤덮은 것이라고 한다. 거만한 농장 주인이 치즈를 써서 산으로 가는 부드러운 길을 만들고 기르는 개와 소에게는 맛있는 음식을 마구 주면서, 늙은 어머니에게는 먹을 것을 주지 않았기 때문이었다. 티롤의 인스브뤼크 근처에서는, 사람들이 탑처럼 솟아서 그곳의 계곡을 내려다보고 있는 프라우 휘트라는 벼랑을 아이들에게 보여주곤 빵을 낭비하지 않아야 한다고 경고했다. 아이들은 프라우 휘트가 빵으로 아들의 지저분한 얼굴을 닦아 주는 등 사악하게도 '하느님의 성스러운 선물'인 빵을 낭비한 여자 거인이라는 이야기를 들었다. 그런 낭비에 곧장 뇌우가 몰아쳤고, 이어서 산사태가 들이닥쳤다.

마침내 하늘이 개었다. 그 비옥한 전답, 푸른 목초지와 숲, 그리고 심지어 어머니 휘트의 집까지 모두 사라지고 없었다. 그 대신 사막에 돌덩이와 벼랑만이 가득했다. 한 가닥의 풀조차 자라지 않게 되었다. 이 폐허의 한복판에 어머니 휘트가 서 있었다. 돌로 변한 휘트는 최후의 심판의 날까지 거기에 서 있을 것이다.[24]

민간 전승에서 돌로 변하는 것은 일요일이나 성스러운 축일, 또는 교회 안이나 종교 행렬이 지나가고 있는 장소 등 적절치 않은 상황에서 불경하게 춤을 춘 것에 대한 처벌인 경우가 많다. 일요일에 운동경기를 하거나 들일을 해도 똑같은 운명에 이를 수 있다. 콘월 주의 메리 메이든즈, 프랑스 피니스테르 지역 퐁타방의 노스 드 피에르, 서머싯 주의 스탠턴 드루 서클즈 등 영국 남부와 프랑스 북부의 몇몇 입석들과 관련하여 그런 이야기들이 전한다. 근래에 일부 평자들은, 입석 근처에서 춤을 추는 원시 시대 제식에 대한 기억이 그 전설들로 이어져 내려온 것인지 모른다고 주장하기도 한다. 그러나 실질적으로 굳이 그렇게 생각해야 할 필요가 전혀 없다. 중세 성직자들은

---

24) Donald Ward, vol. I, p. 198.

1800년경 스웨덴 북부 라플란드 지역의 한 샤먼이 마술 의식에서 쓰던 북. 형체들
은 별세계의 피조물들을 나타내고, 맨 위의 두 별 사이에 있는 삼각형은 아마도
'우주의 산'일 것이다. 국립 인종학 박물관, 뮌헨.

아우터 헤브리데스 제도의 루이스 섬에 있는 캘러니시 스톤즈. 거인들이 성 키아란이 설교하던 기독교 신앙을 거부하기 위해 모여서 회의를 열었기 때문에 성 키아란이 이들을 돌로 만들었다고 한다.

춤이 죄악으로 이르는 관능적 쾌락이라는 주장을 끊임없이 반복했고, 또 신성한 장소에서 혹은 성스러운 기념일에 춤을 추는 것은 더욱 비난했다는 점만 생각해도 충분하기 때문이다. 이 점에 있어 프로테스탄트 성직자들은 더욱 엄격하였다. 따라서 이런 종류의 전설에 대한 가장 유력한 설명은, 중세에 널리 알려져 있던 '이그잼플럼(exemplum, 설교용의 도덕적 일화)'으로부터 그런 전설들이 생겨났고, 이야기꾼들이 자연스럽게 그 전설과 관련이 있음직한 어떤 인상적인 사물을 지적하여 자신의 이야기를 '입증'하고 싶어했던 나머지 그 전설을 원시 시대의 돌과 관련시켰다는 설명이다. 어쨌든 거석만이 아니라 천연 바위와 관련해서도, 안식일을 위반한 사람이 바위가 된 것이라는 이야기가 회자된다.

문제의 '이그잼플럼'으로서 1075년에 처음으로 기록된 '콜베크의 댄서들' 이야기는 1012년에 독일의 한 마을에서 생긴 기적을 있는 그대로 설명해주는 것이라고 한다. 농부 열여섯 명이 크리스마스이브에 미사를 드리는 대신 춤판을 벌였다. 그러다 신부가 그들에게 "신이시여, 그리고 성 매그너스여, 저들이 일년 내내 춤을 추게 하소서!" 하고 저주를 내렸는데도 춤을 멈추지 않았다. 그래서 그들은 정말 비와 서리, 더위와 굶주림과 갈증에도 불구하고 계속 춤을 추게 되었고, 끊임없이 추어도 그들의 신발은 결코 다 닳지 않았다. 한 아버지가 거기서 춤을 추던 딸을 끌어내리려고 하자 딸의 팔이 부러져버렸다. 그래도 딸은 계속 춤을 추었다. 그 해가 끝날 때 쾰른의 주교는 그들을 저주에서 풀어주었다. 네 명이 쓰러져 죽었고, 나머지는 거지가 되어 가는 곳마다 그 이야기를 전하며 유럽을 떠돌았다.

이 이야기의 가장 초기 버전에는 관련된 지형이 전혀 없는 것으로 되어 있지만, 이야기가 점차 퍼져가면서 그것을 '입증하고' 새로운 지역적 여건에 맞추어 사용하기 위해 지형을 연관시키는 이야기가 덧붙었다. 스웨덴에서는 이 이야기가 '하르가 댄스'라고 알려져 있는데, 여기서는 '잘 차려 입고 발에 말발굽을 한' 신사 한 명이 하르가 마을에서 댄서들을 끌고 나와 산꼭대기로 데려간다. 그들은 그곳에서 두개골만 남을 때까지 춤을 추었고, 바위에 원형의 홈이 새겨졌다. 그 홈이 지금까지 남아 있다면 그 이야기의 해당 지역을 파악하는 데 도움이 되었을 것이다. 하지만 현대에 그것을 발견하려 한 노력은 이제껏 소용없었다. 아이슬란드에는 교회 모양으로 움푹 파인 곳이 있는 루니 지역에 이런 이야기가 전한다. 오랜 옛날 한 신부가 있었다. 그는 크리스마스이브날이면 자신의 교회 안에서 교구민을 위해 '음주와 도박, 그 외에 다른 볼꼴 사나운 경기를 벌이면서 밤늦게까지' 춤판을 열었다고 한다. 그 결과, 어느 해 '교회와 교회 마당이 그 안의 사람들과 함께 가라앉았고, 구경꾼들은 땅 속 깊숙한 곳에서 들려오는 비명과 울부짖음 소리를 들었다.' 그 계곡의 더 아래쪽에 새 교회가 세워졌다. 하지만 아무도 크리스마스이브에 그 안에서 춤을 추지 않았다.

유래 이야기

동식물의 특징이 어떻게 생겨났는가를 말해주는 이야기들이 있다(키플링은 단편집 《유래 이야기》(Just So Stories)에서 그런 서사 방식을 모방했다). 기독교의 영향은 여기에도 두드러지게 나타나 있다. 이야기들이 보통 예수와 동정녀 마리아, 구약의 에피소드들, 혹은 성인들과 관련을 맺고 있기 때문이다. 그러나 이보다 옛날 것이면서 유형은 똑같고, 다신교적 신들이 등장하는 이야기들도 있다. 고대의 예로서 에코(Echo), 나르키서스(Narcissus), 미네르바와 아라크네, 그리고 아폴로와 히아킨투스(Hyacynthus)가 나오는 신화들이 있는데, 이들은 각기 메아리(echo), 수선화, 거미, 그리고 히아신스(hyacinths)의 특징을 설명하는 데 단초를 제공한다. 중세와 그 후 시기에 해당하는 예들은 아주 많기 때문에, 이 장르의 일반적 특징들을 보여주며 널리 전하는 예 몇 가지를 개괄하는 것으로 충분할 것이다.

개의 코가 차가운 것은, 노아가 방주에 난 구멍을 막는 데 개의 코를 사용하였기 때문이다.

사시나무가 부들부들 떠는 것은, 예수의 십자가에 재료로 쓰였던 나무이기 때문이다.

거미들이 행운을 가져다주는 것은, 거미 한 마리가 동굴 입구에 거미줄을 쳐서 마리아와 어린 예수를 헤롯 대왕의 군인으로부터 감추려 했기 때문이다.

버드나무가 흐느껴 울며 몸을 수그리고 있는 것은, 예수를 내리치는 채찍에 그 가지가 쓰였기 때문이다.

당나귀의 등에 십자가 모양이 있는 것은, 당나귀가 예수를 예루살렘으로 태워 갔기 때문이다.

새에 대한 이야기들은 특히 인상적이다. 체코슬로바키아에는, 예수가 지나가면서 자기에게 빵을 달라고 할까봐 집 속에 숨어 있던 한 여자가 뻐꾸기가 되었다는 이야기가 전한다. 예수가 지나가고 나서 그 여자는 창문으로 머리를 내밀며 "국쿡!"('봐라, 봐라!' 라고 하는 뜻으로) 하고 소리쳤고, 이내 뻐꾸기[25]로 변해버렸다. 노르웨이에 전하는 이야기에서는, 한 여자가 아주 야비했던 나머지 예수에게 예의를 갖추어 배넉[26], 혹은 케이크를 충분히 주지 않자, 예수가 "너는 새가 되어 나무껍질 속에서 먹을 것을 찾고, 비가 와도 결코 물 한 방울 마시지 못할 것"이라는 저주를 내렸다고 한다. 그 여자가 된 것은 딱따구리였다. 한편 프랑스와 독일, 그리고 에스토니아에서는 천지창조 때 하느님이 다른 새들의 도움을 받아 땅에 샘을 팔 때, 딱따구리 혼자 도와주길 거절했기 때문에 그때부터 목마르게 나무를 쪼아댈 운명에 처했다고 한다. 티롤 지방에서는 갈가마귀가 원래 하얀색이었는데 어린 예수가 마시는 물을 더럽혔다가 그의 저주를 받은 후 까맣게 되었다고 한다.

천지창조에는 인류를 창조하는 일과 사회의 인종적, 혹은 직업적 하위 집단들을 규정하는 일도 포함된다. 아담과 이브의 창조에 대한 성서의 설명은 만족스러운 것으로 간주되어 온 것 같고, 그래서인지 그 부분을 민속의 차원에서 정교화한 것은 몇 안 된다. 그중 하나가 헝가리의 이야기꾼 러요시 어미의 이야기이다. 그는, 아담과 이브가 처음에는 온몸이 털로 덮여 있었다고 한다. 그런데 에덴동산을 떠난 직후 마법의 식물에서 난 딸기 종류의 열매들을 먹고 머리와 겨드랑이, 그리고 음부를 제외한 온몸에서 털이 빠졌다는 것이다. 그러나 이 전설은 유럽이 아닌 근동近東 지역과 아시아에서 많이 발견된다.

인종 집단의 유래에 대한 이야기들이 각별히 관심을 끈다. 자기 집단의 정체성에 대해 자신감을 가지는 태도건 집단 상호 간의 적대감을 드러내는 태도건, 그런 이야기에는 사회적 태도가 함축되어 있기 때문이다. 그래서 노르웨이인들은 라플란드인들이 아담의 자손이 아니고 예수가 생명을 불어넣은 말똥 한 덩어리에서 생겨났거나 카인이 암캐와 교미하여서 생겨났다는 주장을 제기한다. 달리 말하면 라플란드인이 완전한 인간이 아

---

25) 뻐꾸기에 해당하는 영어 발음은 커쿠. '봐라, 봐라!'에 해당하는 영어 발음은 '룩, 룩!' 이 두 가지와 '국쿡!'의 발음이 유사함에 주의 – 역주.
26) 빵의 일종 – 역주.

글로스터셔의 세인트 브레블즈에서 벌어지는 '빵과 치즈' 의식. 처음에는 교회 안에서 사람들에게 음식을 던졌지만, 그것이 부적절하다고 생각해서 지금은 교회묘지 둘레의 담장에서 던진다.

니라는 것이다. 집시에 대한 여러 이야기 중에는 집시 스스로 하는 이야기들도 있고, 다른 사람들이 하는 이야기도 일부 있다. 어떤 이들은 집시들이 카인의 후손이기 때문에, 또는 한 집시 대장장이가 예수를 십자가에 박을 못을 만들었기 때문에 그들이 떠돌아다닐 운명에 놓이게 되었다고 이야기한다. 다른 이들은, 그 대장장이가 못을 작고 가늘게 만들어준 것을 고마워한 동정녀 마리아가 모든 집시들을 축복해주었고, 또 그들의 일이 수월하고 영원히 넉넉한 벌이가 될 것이라고 말해주었다고 반박한다. 집시의 자존심을 대변하는 또 다른 전설에서는 하느님이 처음으로 인간을 만들 때 솥에서 태워버린 것은 흑인으로 창조되었고, 다음으로 요리가 덜 된 것은 핏기 없는 백인이 되었고, 세 번째로 보기에 딱 좋은 갈색으로 만들어진 것이 최초의 집시였다고 설명하고 있다.

'이브의 숨겨놓은 자식들'이라는 기이한 전설은 다음과 같은 몇 가지 용도로 쓰였다. 먼저 그 전설에 입각해 요정의 기원을 설명함으로써 요정과 인간이 유사하다는 것을 암시할 수 있었다(118쪽 참조). 또 사회적 계급을 설명하는 데 쓰이기도 했고, 심지어 남동 유럽에서는 원숭이의 기원을 설명하는 데 쓰이기도 했다. 필리프 멜랑크톤(Philip Melancthon)[27]이 1539년에 어느 편지에서 제시한 버전 한 가지는 아래와 같이 요약된다.

어느 축제날 이브는 자식들을 씻기고 있었다. 창 밖을 내다본 그녀는 하느님이 다가오시는 것을 보았다. 아직 아이들을 다 씻기지 않았기 때문에, 그녀는 덜 씻은 아이들을 감추어 버렸다.

---

27) 1497~1560. 독일 학자이자 종교 개혁가 - 역주.

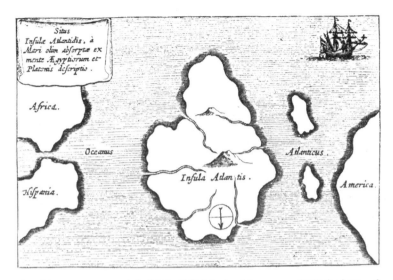

키르허(Athanasius Kircher)의 《지하 세계》(Mundus Subterraneus, 1665)에 나오는 아틀란티스 지도. 아래가 북쪽. 아프리카와 스페인, 지브롤터 해협 등이 왼쪽에 표시되어 있다.

아이들을 소개받던 하느님은 그들에게 사도신경에 대해 묻기 시작했다. 아벨과 셋, 그리고 나머지 자매는 잘 해냈지만, 카인을 포함하여 숨었던 아이들은 해답을 암송할 수 없었다.

그래서 하느님은 아벨을 성직자로, 셋은 왕으로, 그리고 카인과 숨었던 아이들을 노옛감으로 점지하였다.[28]

여기서 창조 전설은 말리노프스키의 '성문 신화'가 된다. 이것은 계급적 차이의 기원을 설명해줄 뿐 아니라, 신성한 권위로 계급적 지속성에 정당성을 부여해준다. 민속에는 역사로 위

---

28) Reider Th. Christiansen, 'Some Notes on the Fairies and the Fairy Faith', in *Hereditas*, ed. Bo Almquist, Breandán mac Aodha, and Gearóid mac Eoin, Dublin, 1975, p. 99.

장한 짤막한 '성문 신화'들, 즉 과거의 어떤 존경받는 인물을 인용함으로써 집단의 위신을 키우거나 관습에 권위를 부여하는 전설들이 무수하다. 그래서 영국의 대장장이들은 다른 모든 직업보다 대장장이 일이 우수하다고 주장했고, 대장장이들의 파업으로 왕국이 무기력한 혼란에 빠지고 나자 알프레드 대왕[29] 이 그 일의 우수성을 승인하였다는 이야기를 했다. 상류 계급의 일족들은 흔히, 자신들의 어느 조상이 용이나 괴물을 죽이고 그 대가로 귀족적 지위나 특정한 땅과 기득권의 보유권을 받았으며, 그것이 자신들에게 이어져 왔다고 주장했다. 스코틀랜드 린턴 지방의 남작 집안이며 가문家紋에 용이 등장하는 서머빌 일족은, 존 서머빌이 용 한 마리를 죽인 덕분으로 1174년에 남작 지위가 처음으로 만들어졌다고 이야기했다. 또 더럼주의 코니어 가문은, 자신들이 새 주교의 취임식마다 '수호자 코니어가 괴물을 죽였던 칼'을 보여준다는 것을 조건으로 더럼 주교로부터 삭번 장원을 받아 보유하게 되었다고 했다.

또한 글로스터셔 주의 세인트 브레블즈에는, 오래 전 헤리퍼드의 한 백작이 어느 잡목 숲의 목재 채취권을 마을 주민들에게 영구적으로 허용하였다는 이야기가 전한다. 백작의 아내가 벌거벗은 몸으로 말을 타고 그 잡목 숲 주변을 돌아다님으로써 남편에게서 양보를 얻어냈기 때문이었다. 교회에서는 해마다 한 번씩 빵과 치즈를 나누어 주어 이 사건을 기념한다. 이런 일이 지금 보면 아주 사소해 보이지만, 지난 세기 동안 가난한 이들에게 목재 채취권은 상당한 경제적 가치가 있었다. 그런데 지주가 공동 지대에 구획을 만들어 사유지로 삼게 되면서 농민

---

29) King Alfred(849~899). West Saxon 왕국의 왕 - 역주.

우주수로서의 예수의 십자가. 로마의 세인트 클레멘스 교회에 있는 이 모자이크에서는 예수의 십자가가 자연 세계를 관통하여 하느님의 손에 이르고 있다.

들이 목재 채취권을 잃을 위험에 빠졌다. 따라서 영웅적인 행위로 자비를 베풀었던 그 백작 부인을 거론하여 호소함으로써 지주와 법률가들의 냉혹한 법률 만능주의를 좌절시키려고 했던 것이다.

이러한 형성 전설들은 자연스럽게 역사적 사실로 제시되고 수용되었다. 심지어 오늘날에도 어떤 관습을 해당 공동체나 국가의 지난 과거에 관련짓는 생생한 이야기들은 그 이야기 덕분에 활동이 미화되는 집단으로부터 환영과 신봉을 받는다. 전문적인 역사가들의 의구심에도 불구하고 말이다. 어떤 대상의 유래가 오래 되었다는 것은 곧 그것의 항구성에 대한 보증이나 마찬가지다. 대장장이들의 지위의 유래이건 지형이 어떻게 형성되었는가를 설명하는 유래이건, 종교와 마찬가지로 민속에서도 다음 공식을 소중히 여기기 때문이다. '… 태초에 그러하였으므로, 지금도 그러하고, 앞으로도 그러할 것이다. 이 세계는 영원히. 아멘.'

3장 요정의 나라와 사자死者의 세계

신화와 민간 신앙에 나오는 별세계는 다양한 유형의 비인간 존재를 위한 별세계와 죽은 인간을 위한 별세계의 두 종류로 나뉜다. 별세계는 흔히 먼 나라로 묘사되지만, 또한 상호 교류가 아주 쉬울 정도로 정상적인 공간과 근접하여 있다고 그려지는 경우도 마찬가지로 흔하다. 특정 장소와 시간에는 그러한 교류가 더 쉬워진다. 즉 자정, 정오, 섣달그믐, 할로윈 데이, 오월제 전날 밤, 하지제[30] 전야 등 분기점 역할을 하는 시간에 초자연적 존재들이 정상적인 세계로 침입해 들어온다(그들이 그곳으로 호출되기도 한다). 공간의 경우에도 마찬가지여서, 언덕 위나 우물 아래와 나무 밑처럼 수직과 수평이 교차하는 곳, 지역적 경계, 문지방, 십자로, 강이나 냇물의 걸어서 건널 수 있는 여울, 다리 등이 별세계에 이를 수 있는 곳이다. 이 점에 대해 앨윈(Alwin)과 브린리 리즈(Brinley Rees)는 이렇게 적고 있다.

---

30) 하지夏至를 기념하는 날로서 6월 24일 – 역주.

'별세계는 어디 있는가?', '한 곳인가, 여러 곳인가?' 따위의 질문에 대해 신화가 제공하는 답변들은 서로 엇갈린다. 무덤 속이나 아일랜드 '아래에 있는' 부분, 즉 그곳의 지하일 수 있다. 또 '바다 밑의 땅'인 섬 하나거나 바다 밑의 일련의 섬 전체일 수도 있다. 그러나 다른 곳에서 그곳이 모습을 드러낼 수도 있다. 탁 트인 들판에서 안개가 우리를 덮치고, 아! 우리는 거기서 경이를 목격하게 된다 … 거리나 방향의 측면에서 그런 세계를 정의할 수는 없다. 그곳은 수평선 저 너머에 자리잡은 채, 세상에서 가장 위험한 여행의 목적지가 될 수도 있다. 반대로 우리 주변의 사방에 보이지 않고 존재하면서, '눈 깜짝할 사이에' 우리를 습격할 수도 있는 곳이 그곳이다.[31]

한 가지 열쇠는 모호성, 즉 두 곳에 다 있으며 두 곳 어느 곳에도 없다는 개념이다. 누군가가 자정을 알리는 종이 칠 때 세 개의 교구가 정확히 만나는 경계 지점에 서 있다면, 그는 어느 교구에 있는 것이며 그 순간은 며칠인가? 그는 정상적인 시공간으로부터 풀려나 있다. 그는 또한 밤에, 즉 초자연적인 것들은 활력을 얻지만 인간은 잠이 들어 있어야 하는 시간에 밖에 나옴으로써 인간의 정상적인 행동규범을 거스른 것이다. 그는 그런 상황에서 '별세계 존재'와의 접촉에 몸을 맡긴다. 그는 그렇게 요정이나 유령, 혹은 악마에게 도달할 수 있고, 그것들이 그에게 도달할 수도 있다.

---

31) Alwyn and Brinley Rees, *Celtic Heritage*, London, 1961, pp. 342-343.

요정의 나라로 가는 항해

하지만 그런 경우와는 달리 예외적인 영웅들이 예외적인 노력을 한 다음에야 발견할 수 있는, '수평선 저 너머에 있는' 별세계를 먼저 고찰해보기로 하겠다. 켈트족의 민간 전승에 등장하는 것이 대표적인 유형이다. 이 별세계는 보통 서쪽이나 북쪽 바다 너머에, 또는 바다 밑에 있는 별세계이다. 중세 아일랜드에서 인기를 끌었던 이 테마는 《피벌의 아들 브란의 항해》(The Voyage of Bran Son of Febal), 《맬뒨의 항해》(The Voyage of Maeldúin), 《브렌던의 항해》(Navigatio Sancti Brendani) 등의 문학으로 각색되어 아주 유명해졌고, 성직자들도 그 이야기들을 인정하고 보존하였다. 별세계를 찾는 탐색이 '약속의 땅'으로 가는, 즉 천국으로 가는 영혼의 여행과 유사하다고 보았기 때문이다. 맬뒨이 본 불가사의한 섬들 중 일부는 분명 상징들이다. 즉 '여자들의 섬'은 정욕에 대한 경고이고, '태곳적 독수리의 섬'은 영적 부활의 상징이다. 그러나 《브란의 항해》는 그런 식으로 기독교적 성격을 띠지 않는다. 그 주인공이 찾는 곳은 '여자와 달콤한 음악이 가득한 섬 백오십 개가 있는', 그리고 질병과 슬픔을 모르는 마법의 땅이다. 바다 밑바닥에는 브란이 모르고 지나친 또 다른 환희의 땅이 있다. 켈트족이 기독교 이전 시대에 믿었던 신들 중 하나인 마나난이 나타나 그에게 이렇게 이야기한다.

숲의 맨 윗부분을 따라서
숱한 파도를 넘어서 너의 코러클[32]이 항해해 왔다.
아름다운 열매를 맺는 숲이 하나 있으니

네 작은 배의 이물 밑이다.

《맬뒨의 항해》에서는 항해자들이 배를 타고 지중해의 어느 곳에 도달하는데, 그곳은 물이 옅은 구름처럼 투명해서, 작은 숲, 대저택, 풀을 뜯는 가축 무리들이 있는 아름다운 나라를 내려다볼 수 있다. 대양의 바닥에 또 하나의 세계가 있다는 이러한 믿음은 아일랜드의 구전에서부터 현대에 이르기까지 계속 전한다. 그곳에 사는 이들은 언어가 아니라 생활방식이 인간과 비슷하고 인간의 모습을 한 존재로 그려졌다. 바다에서 헤더[33]의 잔가지나 감자가 가득한 냄비처럼 편리한 물건들을, 그리고 심지어 어부가 그물로 바다 속 사람들의 아이를 끌어올렸다는 이야기들까지도 회자되었던 것이다. 어부들은 현명하게 그 즉시 아이를 놓아주었다고 한다.

아일랜드와 웨일스 지방에는 신비하게 나타났다가 사라지는 섬에 대한 전설도 있다. 이것은 분명 이따금 나타났다가 사라지곤 하는 신기루 때문에 사람들이 더 믿게 된 구전일 것이다. 콘네마라의 해안 근처에는 또한, 오브라질이라는 요정의 섬이 칠 년에 한 번씩 수평선 끝에서 바다 위로 솟아오른다는 이야기가 전한다. 그런데 누군가 그 섬이 가라앉기 전에 다가가서 그 위로 불을 던질 수 있다면, 섬이 영원히 멈춰 서게 될 것이라고 한다. 아마 이런 전설들도 사람들이 서쪽으로 탐험 항해를 떠나도록 북돋우는 역할을 하였을 것이다.

노르웨이의 전설들도 사실상 동일하다. 그곳에도 우트로스트

---

32) 나뭇가지로 짠 다음 밑에는 동물 가죽을 둘러 싼 작은 배 – 역주.
33) 관목의 일종 – 역주.

기사가 '사랑의 섬'을 찾아 출발하고 있다. 중세 후반의 사랑에 대한 한 우화에 나오는 이 장면은 별세계로의 신비한 여행이라는 오랜 테마를 끌어다 쓰고 있다. 빈 소재 오스트리아 국립 도서관.

라는 해저의 땅이 전한다(해안에서 가장 멀리 떨어진 실제 섬인 로스트 너머에 있다고 해서 그렇게 불리었다). 그 땅은 때때로 바다 표면에 아주 가까이 떠오르기 때문에, 어부들이 밀 줄기가 파도 위로 솟아 있는 것을 보기도 하고, 또 물고기의 뱃속에서 보리가 발견되기도 한다. 가라앉는 배에 타고 있던 사람들이 (그들이 그런 호의를 받을 가치가 있는 사람들이라면) 갑자기 배 아래에서 솟아오르는 우트로스트 때문에 목숨을 건지기도 한다. 그런 식으로 구출된 한 사내의 이야기가 전설에 나오는데, 우트로스트에 사는 이들은 그를 안전하게 집으로 데려다 주기 전에 자기들의 목초지와 밀밭을 보여주었다고 한다. 그들은 그에게 먹을 것과 담배, 그리고 영원히 많은 고기를 잡아 주는 마법의 낚시 바늘을 주었다.

내륙에는 호수와 강물에 잠긴 별세계가 있을 수 있다. 이 테마는 특히 아서왕 문학에서 랜슬롯[34] 관련 로맨스의 모티프로 등장한다. 랜슬롯의 별명인 '호수'도 그가 자란 물밑의 요정 나라를 뜻한다. 그러나 13세기에 틸베리의 저버스(Gervase of Tilbury)는 밑에서 보듯 아를의 사람들이 론 강에 있는 드라크라는 존재들을 얼마나 무서워하는지를 기술하면서 요정의 나라를 문학상의 모티프가 아닌 실존하는 믿음으로 여기고 있다.

이 드라크들은 강 밑의 동굴에 살고, 때때로 금반지나 컵의 모양을 이루어 강 위에 떠다니면서 강둑가에서 목욕하는 여자나 소년들을 유인한다고 한다. 그들이 그것들을 보고 붙잡으려고 하다가 갑자기 붙들려서 강바닥으로 끌려 내려가는 것이다 … 그 여자들은 그곳에서 칠 년을 보낸 다음에 우리 세계로 되돌아오기도 한다. 그들은 동굴과 강둑 속에 있는 거대한 궁전에서 드라크들과 그들의 아내들과 함께 살았다고 이야기한다.[35]

저버스는 납치를 당해 드라크의 포로로 살았다고 주장하는 한 여자와 직접 이야기를 나누기도 했다.

---

34) 아서왕 전설에서 원탁의 결사에 가담하는 한 기사. 그는 여왕 기네비어에 대한 사랑 때문에 아서왕과 전쟁을 벌이게 된다 - 역주.
35) K. M. Briggs, *The Vanishing People: A study of Traditional Fairy Beliefs*, London, 1978, p. 73에서 인용.

별세계 섬에 대한 전설들은 지도 제작자들에게도 영향을 미쳤다. 《동인도 항해》 (La Navigation de L' Inde Orientale, 1609)에 나오는 이 해도를 보면 '브란디온 (Brandion)'과 '브라질(Brasil)'이 아일랜드 서쪽에 표시되어 있다.

요정의 언덕

지하에 있는 별세계에 대해 말하자면, 해당 지역에서 어떤 이름으로 알려져 있건 그 초자연적 존재들(엘프, 드워프, 트롤, 지하인, 요정 등)이 사는 산, 언덕, 혹은 작은 둔덕에 대한 이야기가 유럽의 어느 나라에나 있다. 사라져버리는 섬들과는 달리 이 언덕이며 봉긋한 땅들은 실제로 존재하는 장소이고, 보통 사람이 있는 곳과 아주 가깝다. 하지만 금기들이 있어서 그

여자 엘프들이 한 여행자를 자신들의 빈 언덕으로 유혹하고 있다. 여기서 그들은 고대 그리스의 페이츠[36]나 님프들과 동일시되어 있다. 올라우스 망누스(Olaus Magnus)의 《북유럽인들의 역사》(Historia de Gentibus Septentrionalibus, 1555)에 나오는 삽화.

곳들은 일상적인 접근이 허용되지 않고, 저마다 신비로운 장소로서 그 위상이 보호되곤 한다. 예를 들어, 사람들이 그곳에서 쟁기질을 하거나 가축에게 풀을 먹이면 불운이 따를 것이라고 생각할 수 있다. 이 점은 고고학자들이 좋아할 일이다. 그런 금기들 때문에 실은 고대의 묘지인 많은 둔덕들이 파괴되지 않고 여태 보존되었기 때문이다. 심지어 현대에도 일부 지역에는 별세계를 함부로 침범해선 안 된다는 정서가 남아 있다. 1959년 4월 23일에 일간지 《데일리 메일》은 메이오 주에 건설 중인 어느 도로의 위치를 다시 잡아야 한다는 기사를 냈다. 인부들이 도로가 날 자리에 '요정의 궁전'이 있다면서 재앙이 찾아올까봐 그곳을 파괴하지 않겠다고 하였기 때문이었다.

---

36) 그리스 로마 신화에 등장하는 운명의 세 여신으로서, 클로토, 라케시스, 아트로포스 – 역주.

조지 크룩솅크(George Cruikshank)가 토머스 케이틀리(Thomas Keightley)의 《요정 신화》(The Fairy Mythology, 1850년도 판)에 그린 표지 그림. 하프를 켜는 물의 정령과 고블린 제화공들, 땅덩이를 받치고 있는 기둥들 사이로 먹고 마시며 노는 트롤들, 원을 이루어 춤을 추는 아주 작은 엘프들, 그리고 비스듬한 봉우리 위에 있는 날아다닐 수 있는 다른 엘프들이 보인다. 용과 거인, 그리고 날아다니는 한 무리의 마녀들도 보인다.

산과 언덕 속의 요정 세계는 보통 축제와 부, 환락이 넘치지만 그곳에 들어가는 인간에게는 위험한 곳으로 묘사된다. 그들은 포로로 갇힐 수도, 공격을 받아 죽을 수도 있다. 덴마크에는 트롤들의 흙무덤이 등장하는 한 구전이 있었다. 어느 날 밤에는 그 흙무덤이 금기둥 위에 버틴 채 솟아오르고, 거기서 먹고 마시며 노는 트롤들을 볼 수 있었다. 지역의 가문이나 교회 소유의 훌륭한 컵, 혹은 뿔로 된 술잔이 요정들의 언덕에서 훔쳐 온 것이라는 이야기도 여러 나라에 전한다. 스웨덴에 전하는 한 전형적인 이야기는 다음과 같이 시작된다.

룡비에는 트롤들이 사는 언덕 하나가 있었다. 그곳 사유지의 마부는 용감하게도 말을 타고 언덕으로 갔다. 그가 도착했을 때 언덕 윗부분이 위로 솟았고, 트롤들이 그 아래에서 춤을 추고 있었다. 그러더니 그중 하나가 나와서 마부에게 마실 것을 주었다. 마부는 그 뿔잔을 받아 말을 타고 가버렸다. 그런데 그가 어쩌다 몇 방울을 떨어뜨리자, 말의 살갗이 금방 타버렸다.[37]

여러 산악 지대에는 난쟁이 광부 이야기와 함께 엄청난 보물이 가득한 동굴 이야기도 전한다. 누군가 이 동굴을 언뜻 보기는 했지만 그후론 전혀 찾을 수가 없었다. 아래의 독일 전설에서도 마찬가지인데, 이 전설에는 '놀라운 산'이라는 뜻으로 운터스베르그라고 불리는 곳이 등장한다.

일찍이 나무꾼들 중 우두머리가 그 산에 있다가 날이 어두워져

---

37) John Lindow, p. 102.

서 어떤 동굴에서 밤을 지낼 수밖에 없었다. 아침에 그가 어느 벼랑 쪽으로 왔는데 거기서 모래알처럼 굵은 금가루가 흘러내렸다. 그리고는 문 하나가 생기더니 벼랑 안쪽으로 열렸다. 그가 그 안을 들여다보자, 그곳은 벼랑 속의 이상한 세계이지만 우리의 바깥 세상처럼 햇빛이 있어서 아주 그럴듯해 보였다. 그러나 아주 잠깐 동안 열려 있던 문이 쾅 하고 소리를 내며 닫혔고, 그가 마치 커다란 포도주 통 안에 있는 것처럼 산 속이 울렸다 … 그후로는 그 벼랑에 문이 생기는 것을 본 사람이 아무도 없었다.[38]

별세계에서 흐르는 시간은 인간 세계의 시간과 다르다. 아일랜드의 영웅 브란은 자신이 '여자들의 섬'에서 일 년을 보냈다고 생각했다. 그리고는 다시 고향을 보고 싶은 생각이 간절해졌다. 여자 요정들은 브란이 정말 아일랜드를 볼 수는 있지만 반드시 배에서 봐야 하고 해변에 발을 디뎌서는 안 된다고 경고하였다. 그래서 그는 그들의 말을 들었다. 하지만 일행 중 한 명이 그러지를 않았고, 브란도 따라서 땅을 밟고 말았다. 그 순간 그는 먼지가 되어 으스러졌다. 브란과 부하들이 '여자들의 섬'으로 와 있는 동안 속세의 시간으로 치면 수백 년이 흘렀고, 그래서 그들은 당연히 오래 전에 죽어야 했기 때문이다. 웨일스와 스코틀랜드의 민담에서는 이런 관념이 자주 발견된다.

신나는 요정의 나라가 죽은 인간이나 생과 사의 갈림길에 선 '잠이 든 영웅'을 위해 피난처 노릇도 할 수도 있다(167~174쪽 참조). 가장 유명한 예는 물론 아발론이다. 《멀린의 생애》(Vita

38) Donald Ward, vol. I, p. 153.

Merlini)를 쓴 제프리는 그 책에서, 아서가 심한 상처를 입고 '사과 섬', 혹은 '행운의 섬'으로 갔다고 했다.

그 섬에는 밭을 가는 농부가 하나도 필요없다. 자연이 모든 일을 하고 따로 그 땅을 경작하는 일이 전혀 없다. 거기는 밀이 풍부하게 생산되고, 아무런 도움도 받지 않고 포도가 생산되며, 숲속의 짧은 풀밭에서 사과나무가 자라난다. 그곳에서는 풀뿐 아니라 모든 식물이 저절로 자라고, 사람이 백년도 넘게 산다.

제프리는 아홉 자매가 이 섬을 다스리는데 그중에서 제일 만이고 가장 현명한 모건이 아서의 상처를 치료해주기로 약속했다고 한다. 그가 죽은 사람도 그 섬에 간다고 얘기한 것은 아니지만, 민속에는 요정의 나라와 사자死者의 세계가 뒤섞여 있는 경우가 꽤 흔하게 발견된다. 브르타뉴 지방의 발라드인 〈우유 형제〉(Le Frère de Lait)에도 사과나무가 가득한 사자의 섬이 등장한다. 죽은 사람은 거기에서 맑은 냇물을 마시고 기운을 되찾고, 웃고 노래하며 계속 거기에 산다.

그 두 가지 유형의 별세계가 완전히 동화되는 경우도 흔하다. 중세 영국의 (아마 지금은 전해내려오지 않는 브르타뉴 지방의 담시에서 유래한 것으로 보이는) '오르페오 왕'이라는 시에서는 오르페우스가 하데스가 아니라 요정의 나라에 가는 것으로 바뀌어 있다. 그 나라의 왕인 플루토가 낮에 사과나무 아래서 잠자던 에우리디케를 납치한 것이다. 플루토의 왕국은 아름답고 그의 궁전도 매혹적이지만, 오르페오는 심하게 다친 채 심각한 표정을 짓고 있는 인간의 유령들이 그곳에서 요정들과 뒤섞여 있는 것을 보게 된다. 19세기에 아일랜드에 전하던 이야

죽은 바이킹이 발할라[39]에 당도해서 발키리에[40]의 인사를 받는 모습. 그가 바이킹에게 마실 것을 주고 있다. 스웨덴의 고틀란드 섬에 있는 8세기 기념비이다. 스톡홀름 소재 국립 역사 박물관.

---

39) 전사한 전사들이 사후에 행복하게 산다는 집. 북유럽 신화에 등장한다 – 역주.
40) 발할라에 들어올 전사들을 고르는 소녀. 발할라에 산다 – 역주.

기도 비슷한데, 여기서는 한 남자가 할로윈 데이에 축제로 개최한 장터에 나가다가 즐겁게 노는 요정 무리에 끼게 된다. 요정들과 함께 춤을 추던 그가 감았던 눈을 뜨자, "춤꾼들이며 남녀노소 할 것 없이 모두가 기다란 수의를 입고 있는 죽은 사람으로 변해 있었다."

영혼의 여행

'사자死者의 세계'는 성서에서 표현된 이미지와 중세 가톨릭의 교의에다 약간의 비기독교적 요소마저 뒤섞여 있는 복잡한 개념이다. 그중 비기독교적 요소는 당연히 뒤늦게 기독교로 개종한 민족들에게서 가장 두드러지고, 특히 라트비아와 리투아니아, 구 프러시아의 발트인들 사이에서 현저하게 나타난다. 이 민족들은 한 인간이 죽으면 세 가지 요소로 갈라져서 육체, 그리고 두 가지 형태의 영혼으로 된다고 주장했다. 그중 정신 형태 한 가지인 시엘라(siela)는 나무나 새의 육체를 얻거나, 죽기 전의 가족에게 다시 아기로 태어난다. 다른 정신 형태인 벨레(vėlė)는 하늘 너머의 별세계로 오랜 여행을 떠난다. 그것은 말을 타고 하늘을 지나기도 하고, 새가 되어 날아서 가기도 하고, 시신을 태우는 장작불의 연기가 되어 떠오르기도 한다. 또 배를 타고 가기도 하는데, 사람들은 태양도 그렇게 별세계로 간다고 믿었다. 별세계에 당도하자마자 벨레는 하느님을 만나기 위해 순전히 돌로만 된 언덕을 동물의 발톱을 이용하거나 자신의 긴 손톱을 써서 올라가야 한다. 하지만 거기서도 더 가서, 나뭇잎은 은이고 가지는 청동이고 뿌리는 쇠로 된 나무가

중세에 지옥의 모습을 묘사한 가장 유명한 그림으로서 《턴데일의 꿈》이라고 불린다. 12세기에 히에로니무스 보쉬의 추종자 중 한 명이 그렸다. 꿈을 꾸는 턴데일이 안내자로 나선 천사 옆에 앉아 있는 것이 보이고, 그 앞에 지옥이 펼쳐져 있다. 오른쪽 위에 보이는 탑이 있는 다리는 아마도 전통적으로 등장하는 '최후의 심판의 다리'일 것이다. 마드리드 소재 라르사로 갈데아노 박물관.

서 있거나 거대한 쇠기둥이 서 있는 더 먼 곳에 도달해야 한다. 나무는 자작나무일 수도 있고, 사과나무일 때도 있다. 벨레들은 '세계의 축'인 그 나무의 가지 위에서 살게 되고, 밤이면 늘 태양이 찾아온다. 자신의 제삿날이나 사자의 시월 축제 동안에는 벨레들이 말을 타고 가족을 찾아 돌아온다. 그래서 17세기까지도 라트비아인들은 돌아오는 사자를 돕기 위해 무덤에 말가죽이나 내장을 놓아두곤 했다.

　이렇게 완전한 이야기가 다른 곳에는 전혀 없지만, 그저 비슷한 요소는 다른 문화에서도 찾아볼 수 있다. 예를 들어 나무로 다시 태어난다는 부분은 그림 형제가 '향나무'라고 제목을 붙인, 세계적으로 널리 알려진 요정 이야기의 주요한 모티프이다. 이별한 두 연인의 무덤에서 각기 식물이 자라난다는 민요의 상투적인 표현에도 이 모티프가 함축되어 있다. 밑에 적은 〈브란 백작〉의 한 구절도 마찬가지다.

한 명은 세인트 마리아즈 커크에 묻혔고,
다른 한 명은 세인트 마리아즈 콰이어에 묻혔다.
한 명은 매혹적인 덤불 싹이 되었고,
또 다른 한 명은 매혹적인 들장미 싹이 되었다.

이 둘이 자라고, 이 둘이 가지를 뻗었다.
꼭대기에 이를 때까지.
더 멀리 갈 수 없자
둘은 서로 가지를 뻗어 '연인의 매듭'[41]을 맺었다.

영적 세계에 대한 라트비아인들의 묘사에는 앞장에서 다루었던 오래된 우주론들이 반영되어 있다. 거기서 영적 세계에 도달했던 방법과 비슷한 방법들이 바이킹 시대의 스칸디나비아에서도 발견된다. 당시에 스칸디나비아에서는 흔히 시신과 함께 배나 말을 불태우거나 매장하곤 했고, 죽은 사람의 혼령이 연기가 되어 날아오른다고 믿었다. 11세기 고틀란드의 입석들에 조각되어 있는 배와 선원들의 모습도 아마 사자死者의 여행을 나타낸 것으로 보인다. 죽은 사람이 해마다 돌아오는 모습은 〈헌딘저의 살인자〉(The Lay of Helgi Hundingsbani)라는 10세기에

---

41) lovers's knot, 두 가닥의 끈을 잇는 한 방법이다 - 역주.

서 11세기경의 아이슬란드의 시에 뛰어나게 묘사되어 있다. 여기서 죽은 헬기는 발할라로부터 자신의 무덤으로 돌아오고, 거기서 생전의 아내를 만나 사랑을 나눈다. 날이 밝아오자 그가 그녀에게 이렇게 이별을 고한다.

이제 저 붉은 하늘 길을 가야겠소.
그 길이 붉어지면서 날이 밝으려는 것이오.
이제 내 창백한 말이 저 가파른 하늘 길을
달리도록 해야겠소.

바람을 맞는 하늘의 다리 너머로
서쪽으로 나는 가야만 하오.
세상 끝에서 수탉이 울어
전사들이 잠에서 깨어나기 전에 말이오.

스코틀랜드의 유명한 담시로 죽은 사람이 돌아온다는 내용인 〈어셔즈 웰의 아낙〉(The Wife of Usher' s Well)에는 별세계의 나무가 다음과 같이 신비롭게 언급되어 있다.

밤이 길고 어둠이 짙어지는
성 마르탱의 축일 즈음 어느 날이었다.
그 늙은 아낙의 세 아들이 집으로 돌아왔다.
그들의 모자는 자작나무였다.

그 나무는 냇물에서도, 도랑에서도,
밭고랑에서도 자라지 않는 나무였다.

오직 천국의 입구에서만
잘 자랄 수 있는 나무였다.

기독교적 관념 속에서도 사자의 길고 고통스런 여행은 눈에
띄게 많이 등장한다. 중세에 주로 7세기부터 13세기까지 쓰인
것으로 보이며 완벽한 시리즈를 이루고 있는 어느 텍스트에는
아마도 혼수상태에 빠졌던 사람들이 본 것임직한 사후 세계의
환영이 묘사되어 있다. 이 환영들에서는 지옥에서 연옥으로 이
르고 연옥에서 천국으로 이르는, 끔찍한 시련이 가득한 길들이
묘사된다. 그런 소름끼치는 이미지들이 가톨릭의 공식적인 교
의로 채택되지는 않았지만, 대중의 신앙심에는 큰 영향을 미쳤
다. 그 환영을 보았던 사람이 이야기한 바에 따르면, 이글거리
는 불덩이가 흐르는 강 위로 넓은 철제 다리가 나 있었다. 덕
을 쌓은 사람은 쉽게 다리를 건넜지만, 죄가 있는 이들이 발을
디디면 다리가 실처럼 가늘어져서 그들을 불덩이 속으로 떨어
뜨렸다. 그들은 거기서 기어 나와 다시 건너려 해보고, 또 해
보고 하다가 마침내 '온몸을 데고서야 죄를 씻어내고' 다리를
건너 천국으로 갈 수 있었다. 1206년에 혼수상태에 빠졌던, 에
식스 주의 서킬이라는 농부는 못이 가득 솟아 있지만 연옥에서
천국으로 가려면 밟고 건너야만 하는 긴 다리를 보았다. 혼령
들은 온몸에 피를 흘리며 그 위를 서서히 기어갔다. 환영으로
사다리를 보고 그것을 묘사했던 사람들도 있다. 사다리는 설교
나 종교 예술에서 아주 잘 쓰이는 이미지이다. 사자의 여행뿐
아니라 고생스럽게 덕을 쌓는 일도 상징할 수 있고, 야곱의 사
다리라는 선례가 성서에도 있기 때문이다.
아마 고트찰크라는 독일 농부가 1189년에 보았던 환영이야말

컴브리아 주 에덴홀 지역의 머스그레이브 집안에서 가보로 보존하고 있는 중세 시리아의 유리컵. '에덴홀의 행운'이라고 불린다. 1791년에 출판된 어떤 책의 설명에서는 이 컵이 요정에게서 훔친 것이라고 하지만, 그런 전설로 이 컵이 로마 가톨릭과 관련되어 있다는 점을 은폐했던 것인지도 모른다. 이 컵의 가죽 케이스에 쓰여 있는 IHS[42]라는 종교적 약자를 보면, 이 컵이 종교개혁 이전에 성배로 사용되었던 것이라고 생각할 수도 있기 때문이다. 빅토리아 앤 앨버트 박물관.

로 가장 기이할 것이다. 그는 앓아누워서 5일 동안 혼수상태에
빠졌다. 천사들이 그를 사자의 세계로 이끌고 갔다. 여느 것보
다 훨씬 크고 가지마다 신발이 걸려 있는 린덴 나무가 그가 그
곳에서 맨 처음에 본 것이었다. 그 너머로 펼쳐진 넓은 황무지
에는 날카로운 가시들이 무성하게 자라 있었다. 그곳으로 죽은
혼령들이 모여들었다. 생전에 자비를 베푼 이들은 나무에서 신
발을 얻어 신고 걸었지만, 나머지는 맨발로 가며 더할 나위 없
이 고통스러워했다. 그 가시밭 너머에도 또 다른 고통이 그들
을 기다리고 있었다. 칼날이 빽빽이 들어찬 강이었다.

　중세의 이런 이미지들은 16세기에 영국 북부에서 생겨 유명
해진 〈라이크 웨이크 장송곡〉(Lyke Wake Dirge)에서도 모습을
드러낸다. 여기서 사자는 '휘니 뮈어('가시나무 황무지'라는
뜻)'와 '공포의 다리'를 건너 연옥의 불길에 당도하여야 한다.
그런데 동정을 받아 신발을 얻어 신지 못하면 '가시가 살을 뚫
고 뼈에 와 닿는다.' 그 시대의 한 주석자는, 여자들이 시신을
지키며 그 애도가를 부르곤 했다고 사뭇 경멸하는 투로 지적하
기도 했다. 즉 그 여자들은 새 신발을 가난한 사람에게 주는
지혜로운 선행을 살아 생전에 한 번은 해야 한다고 정말로 믿
었다고 한다. 자신들이 죽은 후에 생전에 그 신발을 받았던 늙
은이를 만나지 못하면, 그들도 '가시나무와 가시금작화가 빽빽
이 들어찬 넓은 풀밭'을 맨발로 지나야만 하기 때문이다.

　19세기에 브르타뉴 지방에 전하던 유령이 끄는 죽음의 수레
이야기도 중세 가톨릭에서 비롯되어 민간에서 확고히 믿었던
것이다. 이 수레는 밤에 죽어가고 있는 사람을 데리러 온다.

---

42) 예수를 그리스어로 쓸 때 앞에 나오는 세 글자를 로마자로 쓰면 IHS가 된다 – 역주.

'훔쳐온 술잔' 이야기의 스칸디나비아 버전들에서는, 쫓는 트롤들이 밭이랑을 넘지 못하여 술잔을 되찾지 못한다. 토머스 케이틀리의 《요정 신화》(1828년 판)에 나오는 삽화로서, W. H. 브룩(W. H. Brooke)이 그린 것이다.

해골만 남은 말들이 수레를 끌고, 앙쿠가 마부를 맡는다. 앙쿠는 죽음이 의인화된 유령이고, 키가 크고 몹시 마른 모습이거나 커다란 낫을 든 해골의 모습이다. 보통 교구 하나에서 매해 마지막으로 죽는 사람이 다음해 내내 앙쿠 역을 맡아야 한다고 전했다. 죽음을 이런 식으로 의인화하는 것은 틀림없이 중세 후반의 예술에서 비롯된 것으로 보인다. 앙쿠의 수레는 역병이 돌던 중세에 시체를 가득 싣고 다니던 수레에서 비롯되었을 가능성이 높기 때문이다. 앙쿠가 사자를 바다 너머에 있는 곳으로 데리고 간다고 한 사람들도 있었고, 혹은 교회 마당, 또는 지옥의 입구인 부아 드 위엘고아의 구덩이로 데려간다는 사람들도 있었다.

 이처럼 사자의 세계가 꼭 멀리 있을 필요는 없다. 요정의 별세계처럼 바로 근처에 있을 수도 있다. 에트나 산과 베수비오 화산과 아이슬란드의 헤클라 화산은 모두 이제껏 지옥이나 연옥의 입구라고 해서 유명했다. 아일랜드 더그 호 지역의 한 섬에 있는 '성 패트릭의 연옥'이란 곳도 비슷하다. 이곳은 밤에 경계를 서던 사람들이 사후 세계의 고통을 미리 맛보고 속죄한다는 곳으로 12세기부터 유명해졌고, 지금도 여러 교회 종파 당국들이 참회를 위한 순례 여행지로 권장하는 인기 있는 곳이다.

유령들이 생전에 죄를 저질렀던 지상에서 비참하게 처벌을 받는다는 이야기는 가톨릭 국가와 신교 국가를 막론하고 유럽의 여러 나라에 무수히 등장한다. 그레고리우스나 위그 같은 중세 초기의 일부 신학자들도 그런 처벌을 믿었다. 하지만 그러한 견해는 연옥이라는 별세계적인 개념이 지지를 받자 곧 공식적으로 폐기되었다. 그러나 민속에서는 지상에서 참회하는 유령이란 관념이 보존되었다. 모래로 밧줄을 만들려고 헛되이 고생한다는 이야기도 그런 맥락의 이야기이다. 살아서 이웃들에게 땅으로 사기를 치고 죽어서 땅의 경계를 표시하는 무거운 돌을 나르기도 한다. 낙태를 하거나 아이를 죽인 죄가 있는 여자들은 사후에 피가 묻은 린넨 천을 끝없이 빨아댄다. 수전노들은 자신이 돈을 어디 감추었는지를 누군가에게 들려줄 수 있을 때까지 정처 없이 떠돌아다닌다. 범죄자들은 교수대가 있는 곳을 떠돌고, 자살한 자들은 신성치 못한 자신들의 무덤 주위를 맴돈다. 세례를 받지 못한 아기들은 누군가 의도적으로든 무심코든 세례명을 붙여주지 않으면 쉬지를 못한다. 이런 전설들은 어디에나 널려 있다. 이것들이 사후 세계에 대한 정통 교의와는 맞지 않지만, 그 덕분에 해당 사회의 도덕적 규약을 어기는 행위에 대한 사회적 비난이 아주 극적으로 표현되고 더 강력한 힘을 얻었다.

괴롭힘을 당하는 혼령이 어떤 지역에서 실제로 소문이 안 좋게 났던 인물의 유령인 경우도 많다. 이 점은 데번 주에 살던 태비스톡의 하워드 부인(1596~1671)의 혼령만 예로 들어도 충분할 것이다. 대부분의 사람들은 네 번이나 결혼했던 그녀가 남편들을 모두 죽였을 거라고 잘못 알고 있었다.

뼈로 만든 마차의 네 귀퉁이를 남편 네 명의 머리뼈로 장식하고 머리가 없는 말들에게 마차를 끌게 한 채 하워드 부인은 밤마다 오래 된 (그녀가 사는 피츠포드 저택의) 성곽 대문을 나선다고 한다. 이 끔찍한 사륜마차 앞에는 이마 한복판에 눈이 한 개만 달린 시꺼먼 개 한 마리가 달린다. 이 모든 것이 다트무어 지역을 빙 둘러싼 오래 된 길을 따라 가다가 그녀의 또 한 채의 저택인 오크햄프턴 성에 이르러 멈춘다. 그녀는 거기에 내려 성이 솟은 언덕에서 풀 한 조각을 뜯고, 다시 마차에 타고, 태비스톡으로 되돌아온다. 그 언덕에 풀 한 포기도 없을 때까지 이 모든 짓을 되풀이하는 것이 틀림없다.[43]

스칸디나비아와 독일과 저지대 삼국, 그리고 프랑스 북부에 널리 전하고 영국과 아일랜드에서도 간혹 발견되는 '잔인한 사냥꾼' 이야기도 아주 재미있는 모티프이다. 이 모티프는 유형이 두 가지인데 내용이 서로 많이 중복된다. 그중 하나에 등장하는 사냥꾼은 생전에 가난한 사람들의 밀을 짓밟거나 사냥이 좋아서 안식일을 어겼기 때문에, 죽어서 영원히 혼자 사냥을

---

43) Theo Brown, *The Fate of the Dead: Folk Eschatology in the West Country after the Reformation*, Ipswich and Totowa, 1979, p. 32.

죽음의 화신이 시체가 가
득한 수레를 끌고 가는 무
시무시한 모습이 중세 후
기 미술에 자주 등장했다.
이 그림은 브뢰겔(Breughel)
의 《죽음의 승리》(The
Triumph of Death, 1562년경)
의 일부이다. 마드리드 소
재 프라도 미술관.

다녀야만 하게 된 유령이다. 다른 유형에서는 사냥꾼이, 수레를 타고 저주받은 혼령 한 무리를 이끌고 하늘을 날아다니는 일종의 악마적 존재이다. 수레는 말과 사냥개의 유령들이 끌고, 때로는 사탄들도 함께 끈다. '잔인한 사냥꾼'은 주로 한겨울 밤에 나타나지만(노르웨이인들은 이를 '크리스마스의 주최자'라는 뜻으로 욜레레이[jolerei]라고 부른다) 다른 계절에도 나타날 수 있다. '잔인한 사냥꾼'은 때론 독일 튀링겐 주의 회르젤베르그 산 같은 산 속에서 나타난다고 하기도 한다. 이때 먼저 휩몰아치는 바람과 천둥 소리, 또 개의 모습을 한 사탄들이 으르렁거리는 소리가 들려서 '잔인한 사냥꾼'이 나타난다는 것을 알 수 있다. 그들이 지나가고 나면 모든 것이 짓밟혀서 납작해진다. 끌려가는 죄 많은 유령들은 사지가 절단된 채 형체가 일그러져 있고, 같이 가는 사탄과 개들이 이들을 잔인하게 괴롭힌다. '잔인한 사냥꾼'이 다가오는 것을 본 사람은 누구나 와락 바닥에 엎드려서, 땅을 보고 두 팔을 펼쳐 십자가 모양을 만들어야 한다. 무리에 휩쓸려 끌려가지 않기 위해서이다.

이러한 믿음을 논리적으로 해명하려는 주장이 여러 가지로 제기되어 왔다. 회오리바람이나 밤에 지나가는 철새의 울음소리, 혹은 환각 때문에 그런 믿음이 생겼다는 것이다. 오직 그런 이유만으로 그렇게 믿기 시작했을까는 아주 의심스럽지만, 그래도 그 덕분에 그 믿음이 지속될 수 있었던 것은 분명하다. 반면에 야콥 그림을 비롯한 많은 학자들은 이 믿음을 인도-유럽 어족의 신들, 특히 게르만 민족의 보탄/오딘과 힌두교의 루드라에 연관시켰다. 유틀란트와 남부 스웨덴의 몇몇 지역에서는 실제로 '잔인한 사냥꾼' 이야기의 사냥꾼을 오딘이라고 부른다. 하지만 오스트리아와 바이에른 지역에서 그 무리를 이끄는 것으로 되어 있는 페르히타라는 여성적 존재는 아마도 게르만 민족의 여신에서 유래한 것으로 보인다. 그러나 대부분의 지역에서 이야기 속 사냥꾼은 이름이 없고, 이름이 있다 해도 신성한 존재보다는 전설 속의 인간 영웅이나 역사적으로 유명한 인물의 것인 경우가 더 많다. 이를테면 노르웨이에서는 지크프리트와 구드룬, 덴마크에서는 발데마르 대왕, 독일에서는 샤를마뉴 대제와 디트리히 폰 베른이나 프리드리히 2세이다. 그리고 가장 많은 이름은 해당 지역에서 사악하게 살았다고 널리 알려져 있던 지주나 성직자의 이름이다. 따라서 '잔인한 사냥꾼'에 담긴 초자연성의 뿌리를 특정한 신 하나를 믿는 신앙에서 찾아서는 안 될 것 같다. 그보다는 발트해 연안의 여러 문화에 남아 있던 더 일반적인 관념에서 유래를 찾아야 할 것이다. 그곳에는 모든 사자들이 늦가을 날 폭풍이 몰아치는 밤하늘을 날아 지상으로 되돌아온다는 이야기가 전해졌다.

바다에 빠져 죽은 사람은 그 운명 때문에 사람들이 큰 두려움을 느꼈던 부류이다. 그들의 시신을 발견하지 못하면 그들이 아주 무서운 유령이 되어 땅에 묻히지 못하는 것에 대한 분노를 드러낸다. 그러나 설혹 그들의 시신을 찾아 해변에서 씻고 땅에 묻을지라도, 그 결과 자신의 권리를 빼앗긴 바다가 다른 사람을 물에 빠져 죽게 하거나 육지로 밀려들어 올 것이라는 두려움이 있었다. 유틀란트 지역의 한 전설에 보면 사람들이 자비를 베풀어 어느 익사한 외지인의 시체를 마을의 교회 묘지에 묻었다는 이야기가 나온다. 그날 밤 강풍이 불기 시작했고, 삼일 밤낮을 마치 전답들을 영영 폐허로 만들 것처럼 모래 바람이 불어왔다. 마을 주민들이 한 점쟁이에게 조언을 구하자 그는 교회 묘지에 만든 무덤을 다시 열라고 시켰다. 시신이 꿈

놈[44]이 아니라 진짜 광부들의 모습이다. 전통적으로 이들의 작업복과 봉긋하게 속은 모자가 지하의 난쟁이를 묘사하는 데 견본이 되어 주었다. 아그리콜라 (Georgius Agricola)의 《광물에 관하여》(De Re Metallica, 1556)에 실린 삽화.

짝도 하지 않았다면 아무 문제도 없지만, 입으로 집게손가락을 빨아먹기 시작했다면 인간이 아닌 남자 인어의 시체이므로, 해변에 밀물이 들어오면 잠기는 곳에 다시 묻어야 한다는 것이었다. 사람들은 그의 말을 따랐다. 그러자 폭풍이 멈추었다. 그래서 유틀란트인들은 결코 다시 신성한 땅에 모르는 사람의 시체를 묻지 않게 되었다(의도한 것은 아니겠지만, 손가락을 빨아먹는다는 이야기에는 널리 전하는 믿음 한 가지가 내포되어 있다. 흡혈귀나 다른 '몸은 죽었지만 혼령은 살아 있는 존재'들이 제 팔다리와 입고 있는 수의를 씹어 먹는다는 것이다).

스코틀랜드에서도 해변에서 씻은 시신을 때론 시신이 발견된 곳, 즉 밀물이 들어오면 잠길 곳에 묻곤 했다. 헤브리디스 제도에 전하는 금언에 따르면, 그렇게 하지 않으면 '바다가 제 자식들의 무덤을 찾으려고 천지의 적갈색 영역 네 곳을 들쑤시고 다닐 것'이라고 한다. 반면에 스웨덴 남부에서는 기독교식으로 매장해야 할 필요성을 강조하고 있다. 묻히지 못한 자들이 '길을 잃은 유령'이 되어 해안과 근처의 집들에 머물며 "우리가 신성한 땅으로 가도록 해줘!"라고 외치기 때문이다. 따라서 이들의 시신을 찾아내서 교회 묘지에 묻어야 하고, 그럴 수 없다면 신부가 바로 그 해안과 근처 바다에 축복을 내려야만 한다.

노르웨이에 구전되는 이야기에는 익사한 사람이 끝내 발견되지 못하면 어떻게 되는지가 나온다. 그는 얼굴이 엉킨 해초로 되어 있고, 소름이 끼칠 정도로 목소리가 날카로우며, 체구는 짜리몽땅하고 힘이 아주 센 드레우(draug)로 변한다. 돌풍이 불

---

44) 지하에 산다는 난쟁이 - 역주.

《최후의 심판의 사다리》(The Ladder of Judgement). 영혼들이 천국에 이르는 사다리를 오르고, 마귀들이 그들을 끄집어 내려서 지옥의 입구로 떨어뜨리고 있다. 클라이맥스의 성 존(St John of Climax)이 그린 그림으로 현재 시나이의 세인트 캐서린 수도원에 소장되어 있다.

고 구름이 몰려와 사방이 어두워질 때면 드레우의 소리가 들리거나 모습이 보이고, 그것이 나타난다는 것은 곧 죽음의 전조이다. 크리스마스이브가 되면 드레우들이 나타날 수 있다. 이때 교회 묘지에 기독교식으로 묻혀 있는 사자를 불러내서 이 신성치 못한 것들을 다시 바다로 유인하도록 하지 않으면, 드레우들을 만난 사람은 누구나 미쳐버리게 된다.

바다의 드레우라는 명칭은 고대 노르웨이어 드레우르(draugr)에서 비롯되었다. 드레우르는 무덤 속에서 '계속 살고' 거기서 아주 힘이 센 유령이 되어 나오기도 하는 시체를 가리킨다. 이것은 사자의 세계가 무엇이고 그것이 어디에 있는지에 관한 아주 오래 되고 매우 널리 전하는 단순한 관념이다. 중세 아이슬란드의 전설들은 기독교 시기에 기록되었음에도 불구하고 이 테마에 대한 이야기들이 많이 포함되어 있다. 거기서는 무덤 속이 이상적인 세계가 아니다. 그곳은 그저 사자가 함께 묻힌 무기를 지키고 앉아 있는 어둠침침한 방으로 묘사된다. 여기 사는 드레우르는 누구든 무덤을 파는 사람을 공격하고, 시골을 배회하다가 소 무리나 말과 인간들을 뒤에서 공격하기도 한다. 이때 드레우르를 이기려면 격투로 제압한 다음 목을 베어 불에 태워야 한다. 비슷한 이야기들이 12세기에 영국에서도 회자되었는데, 아마도 바이킹이 그곳에 소개한 것일지 모른다. 뉴버그의 윌리엄(William of Newburgh)이 지은 《영국 왕들의 역사》(History of the Kings of England)에도, 정말로 시체가 사람을 공격하기 위해 무덤을 떠난다고 믿고 설명한 이야기 네 가지가 나온다. 어떤 시체를 파내자 썩지 않고 있어서 태워가지고 재로 만들었다고도 한다.

또 애니크 성에서는 미심쩍게도 시체가 부어 있고 살갗의 빛

윌트셔 주에 있는 웨스트 케닛 롱 배로우의 내부. 사자의 집 구실을 하도록 이 육중한 구조물을 만들어 두었다. 수세기 동안 기독교가 세상을 지배했음에도 불구하고, 사자가 어떻게든 무덤 안에 살아 있다는 원초적인 생각을 완전히 뿌리 뽑을 수는 없었다.

깔이 붉어서 사람들이 삽으로 그것을 내리쳤는데, '그러자마자 따뜻한 핏덩이가 잔뜩 뿜어 나와서 사람들은 이 흡혈귀가 가난한 서민의 피를 엄청나게 빨아먹었다는 것을 깨달았다'고 한다. 이렇듯 상세한 이야기를 보면, 그리스와 발칸 지역의 민속에서 악명이 높았던 흡혈귀와 비슷한 존재를 이 지역에서도 믿었음을 분명히 알 수 있다. 흡혈귀에 대한 믿음이 영국에도 존재했다는 사실은 당혹스러운 점이다. 고대 노르웨이의 드레우르는 피를 빨아먹지 않았고, 이 모티프가 19세기에 문학적 통로를 통해서 다시 소개될 때까지는 영국의 민간 전승에 다시 등장하지도 않았기 때문이다.

구 소련 그루지야 공화국의 아그카지츠에 있는 묘지. 1986년에 찍은 사진이다. 과일과 와인이 놓인 테이블이 있다. 그리스와 러시아 정교회에는 주요 축제일이나 고인의 기일에 묘비 위에 음식을 올려놓는 관습이 있다. 이것은 "선한 사람의 묘지 위에 빵과 와인을 놓아 두어라"[45]라는 성서의 가르침을 따른 것이다. 중세에 서부 유럽의 일부 지역에도 이 관습이 전했고, 라블레도 당시 프랑스에서 행하던 그런 관습을 언급하였다.

자비로운 사자死者

무덤에 계속 살고 있는 사자가 산 사람들에게 늘 적대적이었다고 생각할 일은 아니다. 오히려 많은 사자들이 은혜로운 이득을 베풀었다. 앞서 리투아니아인들의 '이중의 혼령' 관념을

---

45) Apocrypha, *Book of Tobias*, 4:18.

오스트리아의 잘츠부르크에서 찍은 사진. '무서운 페르히타'로 차려 입은 일단의 크리스마스 광대들이다. 이들은 무서운 가면을 쓰고 시끄러운 소리가 나는 사슬과 종을 매달고 다님으로써, 한겨울에 나타난다는 악한 혼령들을 나타낸다. 그런 혼령들처럼 한겨울에 나타나지만 선한 행위를 하는 존재들에 대해서는 제8장 307쪽 참조.

다루었지만, 그들도 역시 사자가 무덤 속에서 살고 있다고도 생각했다. 그들은 장례식 때 사자에게 음식과 술과 담배를 주고 교회의 축제일에 무덤에서 잔치를 열면, 그 사자가 자신의 가족과 농장을 번영케 해준다고 여겼다. 또 노르웨이의 민속에 등장하는 '무덤 거주자'라는 뜻의 헤우본데(haugbonde)도 예로 들 수 있다. 사람들은 농장의 첫 주인이 헤우본데가 되어 농장을 수호한다고 생각했다. 그리고 근처의 둔덕이 그의 무덤이라고 여기면서 거기다 우유나 맥주, 혹은 닭 따위의 날개 달린 가축을 제물로 바치곤 했다. 그러나 점차 헤우본데가 혼령이라기보다 영국의 브라우니처럼 집안을 지키는 일종의 수호 요정이라고 생각하게 되었다. 오크니 군도에서도 똑같은 일이 벌어졌다. 그곳에서 호그분(hogboon)이라고 알려진 것은 분명히 처음에는 이름 그대로 무덤에 사는 혼령이었다(호그분은 '무덤 거주자'라는 뜻의 고대 노르웨이어 헤우부이[haugbui]에서 유래한 말

18세기 동유럽에서는 흡혈귀에 대한 공포가 특히 두드러졌다. 그들의 악명은 바이런의 친구 펄리도리(Polidori)의 《흡혈귀》(The Vampyr, 1819) 같은 문학 작품을 통해 서유럽으로 확산되었고, 1847년에 출판된 이 책처럼 '싸구려 공포 소설(Penny Dreadfuls)' 작가들에게 인기 있는 소재가 되었다.

이다). 하지만 19세기에 이르러서 호그분은 때때로 짓궂긴 해도 인간에게 도움이 되는 브라우니 유형의 요정으로 변모해 있었다. 여기서도 요정의 세계와 사자의 세계가 결국에는 서로 상반되지 않고 연결되어 있다. 애초에는 혼령이었는데 이후 요정으로 발전하는 경우는 아마도 여러 문화에 있어 온 것으로 보인다. 민간에서 엘프와 요정과 그 외에 비슷한 존재를 신봉하게 된 것은 오직 그것들이 그렇게 변모하였기 때문이었다. 다음 장에서는 그 주제를 다루기로 한다.

4장 요정, 그리고 그와 유사한 신비한 존재

요정에 대한 두려움

기계화와 교육과 근대 의학이 도래하기 전에 요정에 대한 믿음이 농촌 공동체에서 어떤 역할을 했는지 파악하기란 어려운 일이다. 서유럽 지역 대부분에서는 19세기 작가와 화가들의 낭만주의와 예쁘장한 것을 추구하는 아동서, 거기다 여행업의 상업주의까지 함께 가담하여 요정, 픽시와 브라우니, 그리고 레프리콘과 난쟁이 등을 우스꽝스러운 상투적 모습으로 축소시켜 버렸다. 그러나 그 200년 전에 농부들은, 인간은 아니지만 육체가 있는 그런 존재가 실제로 한 가지(혹은 몇 가지)씩 존재한다고 보편적으로 믿고 있었다. 그들은 그런 존재가 제 마음대로 사람들 눈에 나타날 수도 있고 보이지 않게 할 수도 있다고 생각했다. 그들은 날 수도 있고 제 모습을 바꿀 수도 있었고, 사람에게 마법을 걸 수도 있었다. 그들은 수명이 아주 길었고, 아마 죽지 않는 것 같았다. 또 지하에서도 살고, 물 속에서도 살고, 숲에서도 살았다. 그들은 때론 번영을 가져다 주고 유용한 기술을 가르쳐 주는 등 우호적인 존재였지만, 한편으론 질병을 퍼뜨리고 아기를 훔치고 사람들을 유괴할 수도 있었다.

성직자들은 보통 그들이 기껏해야 악마일 뿐이라고 주장했다. 하지만 대중 문화에서 그런 존재들은 그 자체의 도덕적 모호성이 그대로 유지된 채 기독교적 세계상의 일부가 되었다. 널리 알려진 전설 하나에서는 그들이 '이브의 숨겨 놓은 자식들'(76~77쪽 참조)이라고 이해함으로써 그들을 인류의 먼 일가로 삼고 있다. 다른 전설에서는, 그들이 원래 천사였는데 사탄이 하느님에게 반기를 들었을 때 어느 편에 가담할지 망설였던 것이라고 되어 있다. 그래서 그들은 천국에서 추방되었지만 지옥에 갈 정도로 사악하지는 않았으므로 육지건 바다건 하늘이건 떨어진 자리에 그대로 머물게 되었다고 한다.

이러한 신념 체계는 아직까지도 동유럽의 몇몇 지역에서 영향력을 지니고 있다. 그 점은 아래에서 보듯 가일 클리그만(Gail Kligman)이 1975년부터 1976년까지 루마니아에서 행한 현장조사에서도 확인된다.

　　루살리이(rusalii)나 이엘레(iele)는 신화적 요정들이다. 사람들은 보통 그들이 흰 옷을 입은 아주 아름다운 처녀들이라고 믿는다. 그들은 셋이 함께 있을 수도 있고, 아홉이나 일곱, 혹은 열하나가 함께 있을 수도 있다 … 그들이 초자연적 질서의 일부인데다 신성한 질서의 일부라는 점도 암시되고 있으므로, 그에 합당한 대우를 해 주어야 한다. 그래서 바로 이 신화적 존재들의 이름에 말과 관련된 금기가 적용되게 되었다 … 이 여성 혼령들을 분류하는 용어는 삼인칭 복수 여성 대명사인 이엘레이고 … 말 그대로 '우리(we)'와 반대되는 의미로 '그들(they)'을 나타낸다 …

　　그래서 우리가 알다시피 이엘레는 호수이건 습지건 늪이건, 혹은 샘물이건, 아니면 그 모든 곳의 가장자리이건, 어쨌든 물에서 산다. 그런 곳이 아니라면 여태 인간의 발길이 닿아본 적이 없는 어느 숲, 십자로, 작은 언덕, 작은 둔덕 등의 장소에 거주한다. 사람들은 일반적으로 농토로 바뀌지 않은 땅, 인간 문명의 손길이 닿지 않은 곳, 마을 바깥의 지역에서 이엘레가 발견된다고 생각한다. 이엘레는 사람과는 달리 밤에 나다니며 춤을 추고 노래를 한다. 백파이프 연주자가 그들과 함께할 수도 있고 그렇지 않을 수도 있다. 그들이 춤을 춰서 (그러면 그들 밑의 풀밭이 불에 타버린다) 땅 위에 생긴 원 안에서는 아무 것도 자랄 수 없다. 그들은 아주 빠르고 복잡하고 미묘한 춤을 추기 때문에 마치 땅을 밟지도 않는 것 같아 보인다 …

사람들은 보통 그들이 인간에게 해롭다고 생각했다. 그들은 음악과 관련해서, 그리고 때론 치료와 관련해서 제한적으로 자비를 베푼다 … 그러나 그들의 악의 때문에 그런 우애가 빛을 잃는다. 누군가 의도하지 않고서라도 그 요정들의 금지 사항을 위반하면, 그들은 공격에 나선다. '붙잡혔다'거나 '홀렸다'는 사람이 있다 … 그들은 위반자의 신체를 마비시키거나 형체를 손상시킨다. '사람을 귀머거리로 만들고, 불구로 만들고, 눈이 멀게 한다. 심지어는 사람을 죽이기까지 한다.' '사람을 미치게 한다.' … 그들이 춤추는 것에 끼었다간 누구나 '한방 맞게' 되고, 사람의 노래와 비교할 수 없을 정도로 아름다운 그들의 노래를 들었다간 누구나 귀머거리가 되고, 그들이 부를 때 대답했다간 평생을 벙어리나 귀머거리로, 아니면 둘 다로 되어 살게 될 것이다 … 그들에게 가장 흔한 희생양은 젊은 사내이다. 이엘레가 젊은 사내의 근력을 훔치려 한다고 생각하는 것이다 …

사람들은 이엘레가 루살리이 기간(성령 강림절 주간)[46]에 가장 위험하다고 믿는다 … 그러나 많은 사람들은 그들이 봄과 여름 내내 왕성하게 활동한다거나 일년 중 어느 때나 해로울 수 있다고 주장한다 … 그들은 자정부터 동틀녘에 닭이 홰를 칠 때까지 가장 큰 힘을 낸다.[47]

이 설명은 아주 최근 것이지만, 그 안에 담긴 세부 묘사는 모두 몇 세기 전부터 19세기까지 유럽 전역에서 기록된 것들과 여러 면에서 일치한다는 점이 확인된다. 그래서 위에 나온, 인간에게 병을 안겨주는 그 무자비한 존재들의 어두운 모습은 요정에 대한 전통적인 민간 전승의 주요한 테마 하나를 보여주는 사례라 할 수 있다. 이엘레, 즉 '그들'이라는 명칭이 모호하다는 점도 주목할만한 가치가 있다. 왜냐하면 요정의 이름은 어디서나 ('좋은 사람들'이나 '좋은 이웃'처럼) 의도적으로 좋게 표현한 것이거나, ('작은 사람들'이나 '숨어 있는 사람들', 혹은 '지하의 사람들'이나 '나무로 된 여자들'처럼) 그저 일반적인 묘사이거나, ('푸른 이빨 제니'나 '빨간 모자'처럼) 외모를 가리켜 부른 별명이거나, ('니콜라스[Nicolas]'에서 유래된 이름으로 '니세[Nisse]'라고 부르듯이) 인간의 이름을 축약한 것이거나, ('퍽', '픽시', '트롤', '엘프', '닉스', '보가트', '보기'처럼) 겉으로 보아 아무런 뜻이 없고 학자들이나 어원을 알 수 있는 오래 된 말들이기 때문이다. '요정(Fairy)'이란 말은 '운명의 3여신(the Fates)'이란 뜻을 지닌 라틴어 파타(fata)에서 비롯되어 중세 프랑스어를 거쳐 생겨났다. 이 모든 것처럼 그들이 직접적이지

46) 성령 강림절로부터 1주간 – 역주.

47) Gail Kligman, *Căluş: Symbolic Transformation in Roumanian Ritual*, Chicago, 1981, pp. 49-51.

않고 에둘러 지칭한 이름으로 불리게 된 배경에는 사람들이 위험스런 초자연적 힘에 대해 느끼는 두려움과 불안이 작용하고 있다.

요정은 '신화적인' 존재였다. 그러나 그들은 상당히 실질적인 문제들 때문에 사람들에게서 비난을 받았다. 사람들은 근육의 경련, 몸이 쑤시는 것, 갑자기 현기증이 나거나 의식을 잃는 것, 류머티즘으로 인한 통증, 심장마비, 열사병과 일사병, 끔찍한 악몽 등이 그들 때문에 생긴다고 생각하였다. 요정의 나라에 들어간 사람에 대한 어떤 이야기들은 주인공이 반미치광이가 되어 돌아와서는 이내 죽어버렸다는 식으로 우울하게 끝이 난다. 이런 결말은 기억상실증이나 뇌졸중 환자들의 경험 때문에 생긴 것일지도 모른다. 스코틀랜드와 아일랜드에서는 '엘프가 쏜 것', 즉 요정이 희생양에게 던진 부싯돌 화살이나 날카로운 나무 조각을 맞아 소에 여러 가지 병이 생긴다는 이야기가 전했다. 그리고 관절이 류머티즘 때문에 아픈 것도 '엘프가 쏜 것' 때문이라고 했다. 마구간에서 땀을 흘리며 지쳐가고 있는 말은 '요정에게 시달리는' 것이거나 '마녀에게 시달리는' 것이었다.

사람들은 요정이 아기를 훔쳐가고 그 대신 '체인즐링(changeling)'을 데려다 놓는 것을 가장 나쁜 짓이라고 생각했다. 체인즐링이라 불리던 아기는 못생기고, 까다롭고, 늘 아파하고 배고파하였다. 사람들은 이러한 믿음을 수세기 동안 고수했다. 1215년경에도 자크 드 비르티(Jacques de Virty)는 샤미엄(chamium)을 '몸이 자라지 않고 위가 딱딱해서 먹어도 배가 부르지 않기 때문에 유모 몇 명의 젖을 다 먹어봐야 소용없는 아기'라고 정의하고 있다(샤미엄의 어원은 바뀐[changed]이란 뜻의 라틴어 캄비아투스[cambiatus]이다). 이런 식으로 여러 가지 선천적 기형과 정신적 결함, 그리고 기능이 불충분하여 생기는 질병들이 손쉽게 설명되었다. 부모들에게는 자신의 죄 때문에 하느님이 처벌을 내리고 있는 것이 아닐까 하고 생각하느니 요정의 학대를 받고 있다고 생각하는 편이 마음에 더 편했을 것이다. 또 이러한 믿음 덕분에 아이를 잘 돌보아야 한다는 규율이 더 힘을 얻었다. 아기를 혼자 내버려두지 않으면 요정들이 아기를 훔칠 수 없다고 믿었기 때문이다. 그러나 애석하게도 그보다 어두운 측면도 있었다. 어떤 아기가 일단 체인즐링이라고 판단되면, 그 아기를 매질하거나, 태워버리거나, 똥더미 위에 올려놓는 등 전통적 방법으로 아기를 학대하여야 한다고 권장받았던 것이다. 그렇게 해서 아기의 요정 엄마가 울음소리를 듣고 아기를 가져가고 그 대신 전에 훔친 진짜 아기를 데려다 놓기를 원했다. 실제로 어떤 체인즐링이 놀란 나머지 자신의 진짜 본성을 드러냈고, 그후 방금 얘기한 식으로 다시 맞교환되었다는 이야기가 널리 알려지기도 했다. 그런데 흥미롭게도 과거 아일랜드의 버전들에서는 불에 태우거나 매질한다는 전통적인 부분이 빠져 있다. 그 대신 요정들이 납치한 아기를 따뜻하게 다루도록 하려면 사람도 체인즐링을 따뜻하게 대해야 한다는 점이 강조되어 있다.

집과 농장의 수호신

인간에 대한 요정의 태도는, 호의에서 악의로의 단계적 수준과 변화가 표시된 잣대와 (부분적으로 이러한 기준에 상응하는)

친근감에서 거리감으로의 단계적 수준을 나타내는 변화표를 이용하여 분류할 수 있다. 이 두 기준의 '가장 우호적인' 끝에 해당하는 것이 영국의 브라우니, 독일의 코볼드, 러시아의 도모보이, 스칸디나비아의 니세나 톰프테 등과 같은 '가택 정령'이다. 대체로 농장마다 딱 하나만 있는 그들은 그곳의 행운을 실현해 주는 존재다. 그들은 빵과 우유나 오트밀 수프 같은 자그마한 제물에 대한 보답으로 밤에 가사나 농사일을 해준다. 그림 형제도 이렇게 적고 있다.

어떤 마을에서는 농부마다 각기 아내, 아들딸과 더불어 코볼드가 딸려 있다. 이 요정은 집안의 갖은 허드렛일을 한다. 부엌으로 물을 나르고, 장작을 패고, 지하 창고에서 맥주를 내오고, 요리를 하고, 마구간에서 솔로 말의 털을 쓸어 주고, 그곳에서 거름을 바깥으로 치우는 따위의 일을 해준다. 코볼드가 있는 곳에서는, 가축수가 불고 농장이 모두 수확이 좋으며 날로 번창한다. 심지어 오늘날에도 하녀가 신속하게 할 일을 마치면 "그 여자에겐 코볼드가 있다!"고 속담을 말한다. 그러나 누구든 코볼드를 괴롭히고 나서는 몸조심하는 편이 낫다.[48]

중세 독일인들은 때론 화로 옆에 작은 입상들을 세워 놓고 그것들을 자신의 집에 사는 코볼드와 동일시하기도 했다. 이 입상은 나무나 밀랍이나 천으로 약 육십 센티미터의 높이로 만들었고, 때론 박스 안에 보관하기도 했다. 이와는 달리 코볼드는 어린아이 크기의 고블린이라거나 혹은 고양이 같다고 묘사

---

48) Donald Ward, vol. I, pp. 68-69.

되기도 했다. 1580년대에는 뤼네베르크 근처의 성에 산다고 전하는 (어느 고양이의 이름인 힌체[hinze]에서 유래한) 힌첼만(Hinzelmann)이란 유명한 코볼드가 있었다. 그의 유익한 행동과 짓궂은 장난들에 대한 구전은 행상인들이 팔고 다닌 한 책자의 토대가 되었고, 이후 다양한 이야기들로 쓰이게 됨으로써 코볼드가 명성을 얻게 되었다.

폴란드와 러시아의 민간 전승에는 각기 특정 영역을 담당하는 가택 정령들이 한 그룹을 이루어 통째로 등장한다. 그중 가장 중요한 ('집'이란 뜻의 어원인 돔에서 비롯된) 도모보이는 화로 뒤나 문지방 밑에서 살고, 다른 정령들은 지하 창고, 헛간, 마구간, 사우나, 마당, 닭장 등에 살면서 그곳을 수호한다. 사람들은 도모보이에게 존경을 담아 '할아버지'라고 불러야 한다고 생각했다. 그는 행운을 가져다주고, 사람 몰래 농장 일을 해주고, 사람이 죽을 때는 낮게 신음하거나 높은 소리로 울부짖어서 경고를 해주기 때문이다. 사람들은 이사를 할 때면 도모보이가 따라 오도록 설득하기 위해 그때까지 쓰던 화로에서 타다 남은 불씨를 꺼내 새 화로로 옮기기도 했다. 그리고는 그를 환영하기 위해 빵과 소금을 내놓았다. 로마의 라레스와 페나테스에서부터 그후 모든 시기의 가택 정령에 이르도록, 그렇게 자그마한 음식을 제물로 바치는 것은 그들을 믿는 집단의 한 가지 특징이었다. 물론 그 음식들은 사라졌다. 쥐나 고양이, 혹은 고슴도치가 먹어버린 것이다.

가택 정령이 자신의 농장에 가지고 오는 행운이 누군가 다른 이웃의 농장에서 훔쳐온 것이라고 믿는 일도 많았다. 그리고 마음이 상하면 그 과정을 거꾸로 하게 된다는 것이다. 노르웨이에 널리 전해지는 다음 일화에서도 마찬가지다. 어느 날 부

콘월 주 메드론 소재의 '신성한 샘'. 이렇듯 신성시되는 나무와 샘이 함께 있는 경우가 흔히 발견된다. 또 그 근처에 천 조각 따위를 매달아 두는 관습도 여러 나라에 전한다. 그저 '행운을 기원하는' 의미에서 매달아 둘 수도 있고, 성인에 대한 감사의 표시로 그렇게 할 수도 있다. 가령 성인이 병을 치료해 주는 등의 역할을 한다고 보고 그를 기리기 위해 샘을 만든다.

유한 농부 한 명이, 투시가 보리 이삭 하나를 헛간으로 끌고 가면서 숨을 헐떡이며 신음하는 것을 보고서는 "왜 그렇게 헐떡이세요? 별로 큰 짐도 아닌데 말이에요." 하고 말했다. 그러자 "내가 지금 가져오고 있는 만큼 밖으로 내가면 이 짐이 얼마나 큰 것인지 네가 곧 알게 될 거다" 하고 대답한 투시는 그 이삭을 이웃 농가로 끌고 갔다. 그곳은 그때까지 한 번도 일이 잘 풀려 본 적이 없는 농가였다. 농부가 눈을 뜨고 보자, 투시가 이삭 하나를 끌고 간 자리에는 산더미 같은 보리가 비어 있었다. 그날부터 그 농부는 되는 일이 하나도 없었지만, 이웃은 하는 일이 번창하였다.

가택 정령을 비웃거나, 엿보거나, 그의 몫을 속이거나 하면 안 되고, 그렇게 했다간 다치게 된다. 그 예로 여러 가지 변형으로 기록된 다른 노르웨이 전설 하나는 이런 이야기이다. 집 주인이 크리스마스에 우유를 듬뿍 넣은 오트밀 수프를 니세가 먹도록 내놓았다. 그 이야기를 들은 하녀는 그것을 먹어버리고 그 대신 거친 오트밀 가루와 부패한 우유를 섞어서 여물통에 담아 내놓았다. 그러자 니세가 '뛰쳐나와 하녀를 붙들고는 함께 춤을 추기 시작했다. 니세는 하녀가 숨이 가빠 헐떡이며 드러누울 때까지 춤을 추었고, 아침이 되어 사람들이 그 헛간으로 나왔을 때 그 하녀는 거의 죽어가고 있었다.' 19세기에 영국의 서식스 주에 전하던 이야기에서는, 한 농부가 일하고 있는 요정들을 엿보다가 한 요정이 다른 요정에게 "퍽, 나 땀이 난다니까. 너도 땀 나니?" 하고 말하는 소리를 듣고서 소리 내어 웃었다. 그러자 요정들이 격분해서 그에게 돌진하여 머리를 호되게 쳤고, 그는 바닥에 떨어져 의식을 잃었다. 일년 후 그는 '자신과 무관한 일에 참견한 것을 꽤나 아쉬워하면서' 죽고

요정이 원을 이루어 춤을 추고 있는 곳에 끼어드는 사람은 너나 할 것 없이 몇 년 동안이나 아니면 영원히 사라져서 요정의 나라에서 지내게 된다. 와이어트 사이크스(Wyrt Sykes)의 《영국의 고블린들》(British Goblins, 1880)에 수록된 웨일스 지방의 전설에 관한 삽화이다.

말았다.

어디서나 가택 정령하고만 관련이 있고 다른 요정들하고는 상관이 없는 것으로 되어 있는 기이한 금기 하나는, 옷을 주면 그들이 달아나버린다는 것이다. 여러 이야기에서 그 이유는 설명되지 않고 있고, 설명을 제시하는 이야기들도 가지각색이다. 몇몇 이야기에서는 옷이 너무 나빠서 요정이 기분이 상했다고 하는 반면, 요정이 자만하고 일을 하지 않게 되었다는 이야기들도 있다. 아일랜드의 어느 버전에서도 푸카(Púca) 하나가 이렇게 선언한다. "이렇게 좋은 옷을 입고 일을 할 수는 없지. 내가 얼마나 멋진 신사인지, 도시로 가서 보여줘야지."

사람들은 때론 가택 정령이 소리의 요정처럼 소란스럽고 버릇없다고 생각하기도 했다. 16세기 영국에 전하던 한 이야기에는, '호브고블린, 또는 로빈 굿펠로즈'가 사람의 집에 살면서 '해는 전혀 끼치지 않지만 잡다한 소음을 내고, 소문을 퍼뜨리고, 조롱을 일삼고, 감탄사를 연발하고, 농담도 즐긴다'고 하고, '사람들이 그들에 아주 익숙해져서 두려워하지 않는다'고 되어 있다. 프랑스의 뤼탕과 이탈리아의 모나치엘리도 그들과 비슷하게 그릇이나 컵을 깨고, 침대에서 침구를 벗기고, 물건을 감추고 이상한 소리를 낸다. 사람들은 그들을 성가셔했지만 두려워하지는 않았다.

집에 살지는 않지만 집이 잘 보존되고 있는지를 확인하기 위해 밤에 찾아오는 다른 종류의 요정들이 있다. 시칠리아 섬의 '밖에서 오는 아가씨들'이 그런 부류의 요정이다. 이들은 목요일 밤마다 이집 저집을 떠돌면서 단정하고 깨끗하고 자신들을 위해 밖에 음식과 마실 것을 놓아둔 집에다 축복을 내려준다. 그들이 꾀죄죄하거나 무례해 보이는 곳을 발견하는 경우, 그곳 사람들이 그들을 얼른 진정시키지 않으면 그곳에 가난과 질병이 찾아온다. 시칠리아의 농부들은 1950년대가 되어서도 여전히 그것을 정말이라고 여겼다. 따라서 그 믿음이 청결함을 권장하는 가치가 있었다는 것은 분명하다.

집 밖의 다른 수호 요정들에게도 각기 다른 행동 영역이 있었다. 일부는 산울타리와 정원의 나무들을 지켰고, 그중 가장 흔한 것이 (아일랜드의) 산사나무와 (스칸디나비아와 영국의) 딱총나무였다. 이런 나무들은 가지를 하나라도 꺾어서는 안 되었다. 라트비아와 리투아니아에서는 다른 곳에서 가택 정령이 아주 중요했던 것처럼 농가의 행운을 지키는 데 딱총나무 관목 밑에 사는 난쟁이들이 중요했다. 마찬가지로 중요했던 것이 유럽 전역에 퍼져 있던 괴기한 모습의 '들판의 수호신'과 '밀의

작고 불가사의한 모양을 한 것은 무엇이나 요정의 물건이라고 생각할 수 있었다. 석기 시대의 돌화살촉에 대해서는, 요정이 인간이나 가축에게 질병을 일으키려고 사용하는 무기라는 이야기가 전했다. 또 몇몇 지역에서는 성게 화석을 '요정의 빵'이라고 불렀다. 그것이 가느다란 빵 덩어리들과 비슷해 보이기 때문이었다. 브라이턴 소재 로얄 퍼빌리언 박물관 겸 미술관.

정령'이었다. 남성의 모습을 하고 있건 여성의 모습을 하고 있건 아니면 동물같이 생겼건, 이들은 곡물을 해치는 사람을 죄다 처벌하는 무시무시한 보기(Bogy)로 묘사되었다. 그 예로 오스트리아와 독일의 '밀 아줌마'는 밀밭에서 야생화를 꺾는 아이들의 피를 빨아 먹었다. 이들은 검은 쇠로 된 길쭉한 젖가슴을 지닌 늙고 혐오스런 노파였다. 그리고 러시아에서는 곡물이 자라면서 함께 키가 크는 뽈레비끼가 그 곡물을 짓밟는 술주정꾼들을 낫으로 베어 죽였다. 이탈리아에서는 개의 머리에 이와 발톱이 쇠로 된 파바로가 콩밭을 수호하였다. 독일과 유고슬라비아와 스칸디나비아에 있던 염소 정령은 밀밭 속에 숨어서 침입자를 공격하였다.

슬라브인의 밭의 정령, 그중에서도 특히 러시아의 뽈루드니차는 정오에 인간에게 가장 위험했다. 정오는 시간상 중요한 분기점 중 하나이고, 〈시편 91〉에도 사람들에게 병을 안겨 주는 악귀들이 그때 배회하는 것으로 되어 있다. 밑에서 보듯이 뽈루드니차는 낮에 햇볕이 쬘 때 들판에서 일하는 사람이면 누구에게나 위험한 존재였다.

　야로슬라브 지역의 뽀섹소네에 전하는 '뽈루드니차'라는 특이한 정령이 있다. 이것은 온통 흰 옷만 입은 키가 크고 아름다운 소녀이다. 여름에 추수철이면, 그녀가 호밀밭 땅뙈기에서 걸어 다니다가 정오에 일하고 있는 사람의 머리를 붙잡고 비틀기 시작한다. 당하는 사람이 처절한 고통을 느낄 때까지 말이다 …
　그래서 정오에 일하면 안 되는 것이다 … 그런데 지금(1910년경)은 사람들이 이것을 믿지 않고 그저 할망구들의 쓸데 없는 이야기라고 생각한다.[49]

얼마나 많은 지역에서 얼마나 오랫동안 이런 존재들을 진짜로 믿었는지에 대해서는 많은 논쟁이 있었지만(31~32쪽 참조), 아이들에게 겁을 줘서 성장 중인 밀에서 떼어 놓기 위한 보기(Bogy)로서의 역할을 다했다는 점만은 더없이 분명하다.

---

49) Felix Oinas, 'Poludnica, the Russian Midday Spirit', *International Folklore Review 2*, 1982, p. 133.

물의 정령

 이제 다룰 유형인 물에 사는 요정들도 아주 비슷하다. 이들의 외모가 거주지를 반영하고 있기는 하지만, 아이들이나 그 외 다른 것들을 위험한 곳에 가지 못하도록 단념시켜준다는 점은 이들도 마찬가지다. 생생하게 묘사되어 있는 이 유형의 요정들은 세 가지 부류로 나뉜다. 첫째, 기괴하게 생긴 남녀 오가들이다. 둘째, 유혹적이지만 위험한 처녀들이다. 마지막으로 인간의 모습이 되었다가 동물의 모습이 되었다가 할 수 있는 형태 변신자들이다. 이들은 주로 말로 변한다.

 슬라브인의 민간 전승에는 물의 정령이 풍부하게 등장한다. 그중 남자 오가 유형인 보다노이는 흐르는 물이건 고여 있는 물이건 민물이면 어디에나 나타나고 특히 물레방아용의 연못에 가장 많이 나타난다. 그는 수영하는 사람들을 물 속으로 끌어당겨서 익사시키고 그 살을 먹는다고 한다. 이 정령은 몸의 반이 인간인 거대한 개구리, 머리칼이 푸른 늙은 사내, 거인 등 여러 가지 모습으로 묘사되었다. 또 보헤미아에서는 예쁜 수초한 무리가 되어서 물 속에 서 있는 아이들로 하여금 몸을 수면으로 지나치게 많이 숙이도록 유혹한다고 하였다. 그리고 그들이 겨울이면 얼음 밑에서 동면한다는 이야기도 전한다. 그러다 봄이 되면 화를 내며 깨어나는데, 돼지나 말 같은 제물을 바쳐서 진정시키지 않으면 홍수를 일으켜 막심한 피해를 낳는다고 한다.

 한편 여자 오가 유형인 루살카는 보다노이의 아내라고도 하고 어떤 지역에서는 물에 빠져 죽은 여자의 유령이라고도 한다. 러시아 북부의 루살카는 푸른 눈이 번뜩이는 파리한 시체

그림쇼(J.A.Grimshaw)의
《아이리스》(Iris, 1886). 이
그림에서는 빅토리아 시대
의 사람들이 생각하던 요
정의 모습을 볼 수 있다.
곤충 날개는 '문학적' 창조
이지만, 에로틱한 매력과
적요로운 숲 속 배경은 루
살카(Rusalka)나 파타 파도
우리(Fata Padourii)에 대한
실제의 민간 전설과 잘 부
합된다. 시티 오브 리즈 아
트 갤러리.

같아 보인다. 그보다 남부 지역, 특히 도나우 강 계곡에서는
그들이 청년들을 강 속으로 유혹하여 죽게 하는, 아름답지만
위험스런 존재이다. 그들은 물과 뭍을 왔다 갔다 한다. 겨울에
는 수면 아래에 머물면서 날씨가 따뜻할 때나 가끔 나타나곤
하다가, 성령 강림절이면 물가로 나와 숲 속으로 들어간다. 그
러나 여름에는 나뭇가지에 앉아 지내고, 나무를 베어낸 개척
지에서 춤을 추는 나무의 요정이 된다. 그들에게 경의를 표하
기 위해 그 나무에 헝겊 조각들을 매다는 관습도 있었다. 보다
노이와 루살카 모두 분명 계절의 순환을 상징하는 존재로 보
인다.

켈트족 나라들과 프랑스와 독일에 전하는 전설들에서는, 물
의 요정이 자연의 정령으로서 수행하는 역할보다 그들의 성적
매력과 인간과의 혼인을 더 많이 다루고 있다. 그 모든 혼인은
요정이 부가한 금기를 남자가 어기고 요정이 가져다 준 행운과
요정을 함께 잃음으로써 안타깝게 끝이 난다. 웨일스 지방의
어느 이야기에서는 한 남자가 호수의 요정 린 이 반 바크(Llyn
y Fan Fach)[50]와 결혼하게 된다. 요정은 그에게 자신을 결코 때
리지 말라고 경고한다. 그러나 장난으로 살짝 때린 것일 망정
남자는 요정에게 손을 대고, 그 요정은 호수 속으로 사라져버
린다. 그러나 요정의 세 아이가 남았고, 그들과 그들의 후손들
은 솜씨 좋은 의사가 된다. 요정이 그들에게 약초에 대한 민간
전승을 가르쳐 주었기 때문이다. 14세기에 프랑스에서 유명했
던 한 전설에서는 라몽 드 루지뇽 백작이 물의 요정인 멜루진
느와 결혼한다. 그러나 그는 그녀가 목욕하는 것을 엿보다가

---

50) 웨일스 지방의 호수 이름이기도 하다 - 역주.

《도모보이》. I. 빌리비네(I. Bilibine)의 1934년 작. 그림에서 보듯 러시아의 가택 정령 도모보이는 온몸이 털로 덮여 있고 체구가 작은 늙은이의 모습이었다. 다른 많은 가택 정령들이 그런 것처럼, 사람들은 흔히 첫 집주인의 혼령이 도모보이가 되어 그 집을 보호해준다고 생각했다.

그녀의 다리가 뱀으로 변하는 모습을 목격하고야 만다. 그녀는 날카로운 비명을 지르면서 달아난다. 그때부터 사람들은 루지뇽의 가족이 숨이 끊기기 전이면 그녀가 어김없이 아일랜드의 밴시[51]처럼 비명을 지르는 소리를 듣곤 했다. 영국에서는 그렇게 로맨틱한 이야기가 아니다. 그곳에서는 부모들이 아이들로 하여금 깊은 연못이나 우물에 가까이 가지 못하도록 겁을 주기 위해 여자 보기(Bogy)에 해당하는 것을 이야기한다. 사람들이 '푸른 이빨 제니'라고 부르는 그 식인 마녀는 랭커셔 주와 체

---

51) 통곡을 해서 앞으로 죽을 사람이 있음을 알린다는 요정 - 역주.

셔 주에 주로 알려져 있다. 사람들은 그녀를 생각하면 고여 있는 물 위에 양탄자처럼 깔려 있는 작은 잡초를 떠올리기도 하고, 심지어는 둘이 같은 것이라고도 생각한다.

물의 요정은 보통 말이나 황소로 변한다. 독일 북부와 스칸디나비아와 스코틀랜드 모두에 그렇게 변신하는 물의 요정이 있었다. 스코틀랜드에서 그 요정의 이름은 켈피[52]였다. 사람들이 이들에 대해 가장 많이 이야기하는 점은 이들이 강과 호수 근처의 물에 나타나고, 평범한 말과 똑같아 보이며, 꼭 길들인 말 같아서 지친 여행자들이 올라타고 싶은 유혹을 느낀다는 것이다. 그런데 돌연 그 말이 물 속으로 달려 들어가고, 여행객들은 익사하고 만다. 여기서 변형되어 덴마크에 널리 알려진 이야기에서는 일곱 명의 소년 중 여섯 명이 낯선 말에 올라탄다. 그 말의 잔등이 점점 길어져서 그들을 다 태울 수 있었다. 일곱번째 소년은 "십자가에 맹세코 이렇게 긴 말을 본 적이 없어!" 하고 외쳤고, 그 사악한 것이 그 말을 듣고 강으로 돌진해 들어가서 여섯 명이 죽었다. 스코틀랜드의 켈피들도 행동이 이와 비슷하고, 또 소녀들에게도 위험하다. 인간의 모습을 하고는 소녀들을 유혹하여 물에 빠뜨려 죽이기 때문이다.

인적이 드문 곳의 요정

지금까지 살펴 본 전설과 믿음에는 잘 모르는 것은 위험하다는 경고가 담겨 있다. 켈피도 다름 아닌 잘 모르는 말과 낯선

---

52) 물귀신이라는 뜻 – 역주.

인간에게 도움을 주는 고블린들이 새 옷을 보고 좋아하는 모습이다. 그들을 위해 옷을 놓아 둔 제화공과 그의 아내가 지켜보고 있다. 《그림 동화》의 영어판에 조지 크룩셍크가 그린 삽화.

젊은이의 모습을 하고 나타날 수 있다. 농부들은 고향땅에서 더 멀리 갈수록 더 위협적인 초자연적 존재들을 만날 것으로 생각하였다. 늪 위에서 윙윙거리고 날아다니는 윌 오 더 위스 프[53]가 그들을 잘못된 길로 인도하여 물에 빠져 죽게 할 수도

---

53) 늪지 위에서 희미하게 반짝이는 도깨비불을 육화한 존재. 이 불빛은 죽은 동식물이 분해할 때 생성되는 메탄가스가 자연 발화하여 생긴 것일 수도 있고, 인광에서 비롯된 것일 수도 있다 – 역주.

있었다. 사람들은 이것을 (특히 세례명을 받지 못한) 아기의 유령이라고 설명하기도 했고, 때론 등불을 가진 작은 엘프들이라고 여기기도 했다.

여러 가지 고블린들은 기괴한 모습을 하고 이상한 소리를 내며 마을 외곽에 있는 오솔길과 쓸모없는 땅에 자주 나타나 여행자들이 두려움에 떨었다. 이 고블린들 중에서 프랑스의 뤼탱과 파데와 영국의 픽시와 같은 것들은 무리지어 활동했다. 다른 것들은 혼자 다니며 특정한 장소 한 곳에만 관여했다. 사람들은 이들에게 독특한 이름 여러 가지를 붙였고(영어 이름으로는 바르게스트, 슈크, 코우, 기트래시 등이 있다), 이들이 보통 머리가 없고 눈이 번쩍이는 개나 말, 혹은 송아지의 모습을 하고 나타난다고 하였다. 때론 아일랜드의 푸카나 영국의 퍽처럼 유익한 가택 정령과 집 밖의 말썽 많은 고블린의 이름이 똑같기도 했다. 그래서 서식스 주에서는 퍽이라는 이름을 브라우니들에게 붙였다. 하지만 셰익스피어에게는 짜증나는 변신 요정의 전형이 퍽이었다.

너를 데리고 사방을 돌아다니마.
늪을 지나고, 관목을 지나고,
덤불을 지나고, 찔레나무를 지날 테다.
나는 때론 말이 되고, 때론 사냥개가 될 테다.
돼지가 되고, 머리 없는 곰이 되고, 때론 불길이 될 테다.

여기서 보듯 보편적으로 요정에게는 사람들로 하여금 길을 잃게 하는 힘이 있었다. 빛을 가지고 속이거나, 인간의 목소리를 흉내내거나, 마법을 걸어서 길과 경계표지를 혼란스럽고 알아

《뽈레비끄》(Polevik). 1934년 I. 빌리비네 작. 러시아에 전하던 이 밀의 정령은 밭을 침범하는 사람들에게 현기증을 일으키거나 그들의 목을 졸라서 성장 중인 곡물을 지켰다. 그의 몸 색깔은 진흙빛이었고, 머리칼은 잡초처럼 생겼고, 두 눈의 색깔이 서로 달랐다.

볼 수 없게 만들었다. 이런 믿음이 영국처럼 농지가 많은 나라들에서는 콘월 지방의 픽시 이야기와 웨일스의 푸카 이야기처럼 웃음거리일 뿐 믿음은 가지 않는 이야기가 되어 버렸다. 그러나 길을 잃으면 곧 죽게 될지도 모르는 산악지대와 깊은 숲속에서는 문제가 다르다. 그런 두려움이 나무의 정령에 대한 전설과 그들의 심기를 건드리지 않으려면 지켜야 할 규칙들에 표현되고 있다. 러시아와 체코의 민간 전승에서는 사냥을 하거나 버섯을 캐거나 나무를 하러 숲에 들어가는 사람들은 길을

벗어나 숲 깊숙이 들어서는 안 되고, 그랬다간 화가 난 레쉬
(피부가 파랗고 눈과 머리칼과 턱수염은 푸른 거대한 괴물)가 그들
이 점점 더 숲 속으로 들어가게 유혹해서, 마침내 길을 잃고
지치게 만든다고 한다. 신기하게도 '픽시에게 끌려가는' 것을
막기 위해 사람들이 할 일은 유럽 어디서나 똑같다. 즉 옷과
신발을 벗어서 옷은 뒤집어 입고, 신발은 양발을 서로 바꿔 신
어야 한다.

사냥꾼과 숯 굽는 사람, 목동과 양치기처럼 설사 위험하다고
하더라도 일 때문에 산이나 숲 속에 들어갈 수밖에 없는 사람
들이 많이 있다. 과거에 이들이 초자연적 존재를 만났다는 내
용의 전설이 흔했고, 지금도 어떤 지역에서는 그런 일이 벌어
진다고 한다. 1972년에 밑의 이야기가 수집된 루마니아 북서부
산간지방을 예로 들어 보자.

가장 흔한 것이 양치기들이 밤에 경비를 서다가 파타 파도우리
를 보는 경우이다. 보통 바람이 일고, 양들은 두려움에 떨고, 그
러다 마침내 그녀가 나타난다. 그녀는 흔히 사랑스런 소녀의 얼
굴을 하고 있다. 어느 늙은 남자는 그녀를 봤을 때 그녀가 수를
놓은 헝가리 블라우스 하나만 입고 있었다고 주장했다. 그는 소
리쳐 불렀지만 그녀는 대답하지 않았고, 그가 쫓아가서 거의 다
다르자 그녀는 나무가 되어 버렸다. 다른 양치기 한 명이 그녀를
쫓아갔을 때는 한 줄기의 연기가 되어 스러졌고, 또 다른 양치기
가 쫓아갔을 때는 그의 눈앞에서 그냥 없어졌다. 또 다른 남자는
힘든 도보여행을 마치고 차가운 겨울밤에 숲을 통해 돌아오다가
마을 언저리에 '산더미 같은 눈'이 쌓인 것과 마주쳤다. 그가 그
것을 만져보니 실제 눈은 하나도 없었지만, 그는 결코 그것을 통

'나무에 있는 루살카'. 1934년 I. 빌리비네 작. 자연과 연관된 다른 여성 정령들처럼 루살카의 힘도 관능적 매력이었다. 그는 남자들을 유혹해서 숲이나 호수로 끌어들여서는, 거기서 그들을 죽였다.

과할 수가 없었다. 그런데 갑자기 그것이 사라졌다. 그리고 그는 그것이 파타 파도우리였다는 것을 알았다. 그녀를 본 사람이면 누구나 그녀가 말은 못 하지만 자주 날카로운 바람 같은 비명을 지르고 소녀의 모습을 하고 있을 때는 때때로 노래를 부르기도 한다는 점에 생각을 같이 한다.[54]

인적이 드문 곳에 사는 요정들이 나오는 민간 전승마다 에로틱한 판타지의 요소가 두루 등장한다. 스웨덴의 민간 전승에 나오는 스콕스라는 사냥꾼의 총에 입김을 불어서 행운을 가져 다주기도 하고, 어느 숯 굽는 사람이 피우고 자는 모닥불 옆에서 그를 지켜주기도 한다. 그녀는 그 보답으로 그들이 자신과 사랑을 나누어줄 것이라고 기대한다. 그녀의 몸 앞부분은 아름답다. 하지만 등은 마치 속이 텅 빈 나무처럼 생겼다. 남자들은 그것을 알고 달아나버린다. 노르웨이에 전해 오는 이야기들에서는 남녀 트롤들이 산간의 목초지에서 소를 돌보는 남녀 목동들과 성관계를 가지려고 한다. 총을 쏘거나 어느 약초들을 쓰거나 십자가 표시를 하든가 해서 그들을 쫓아버려야만 한다. 이렇게 에로틱한 만남을 이야기하는 전설들에는 늘 그들을 비난하는 뜻이 함축되어 있다.

땅 속에서 일하는 남자들, 특히 금속 광산의 광부들은 색다른 종류의 요정들을 접했다. 영국의 민간 전승에서는 낙커라고 했고 다른 곳에서는 어스마니킨[55]이나 드워프 등으로 알려져 있던 '광산의 정령'이다. 광부들과 그들의 관계는 농부들과 코

---

54) David Summers, 'Living Legends in Romania', *Folklore 83*, 1972, pp. 326-327.
55) 땅 속 난쟁이란 뜻이다 - 역주.

여행자들을 숲으로 끌어 들여 길을 잃게 한다는 러시아의 숲의 정령 레쉬. 폭풍이
몰아치는 날씨면 레쉬가 나무 꼭대기에서 울부짖는 소리가 들린다고 한다. 체코포
토츠카(Tcheko Potocka) 작.

볼드의 관계와 꽤 비슷했다. 예를 들어 드워프들은 자그마한 제물을 제공받은 보답으로 땅을 두드리는 소리를 내서 광부들을 좋은 광맥으로 인도하거나 위험을 알렸다. 그들은 또 장난을 칠 수도 있었고, 자신의 기분을 상하게 하는 사람들을 처벌하기도 했다. 덴마크나 저지대 삼국처럼 항해를 많이 하는 나라들에서도 마찬가지로, 배에 살면서 작은 행운을 가져다 주고 선장이 위험에 빠질 때 도와 주는 정령이 있다고 믿었다. 이러한 관념들에 두려움이라는 요소는 전혀 없었다. 가택 정령과 광산의 정령과 배의 정령에 대한 믿음은 전적으로 긍정적인 심리적 기능을 했고, 그래서 작업에 가담한 사람들의 자신감이 커지고 실제로 작업도 더 잘 하게 되었다. 그리고 이 요정들은 사람들의 일상적이고 실용적인 영역에서 행동했기 때문에 사람들이 그들을 접한 이야기에 무서운 요소가 전혀 없고, 에로틱한 유혹의 흔적도 없었다.

별세계의 존재와 인간의 사랑이라는 테마를 기이하고도 인상적으로 다룬 민간 전승 한 가지가 있다. 아일랜드, 스코틀랜드, 오크니 군도와 파로 군도, 아이슬란드 등에 알려져 있는 이 이야기에서는 회색 바다표범들이 인간의 모습을 하고서 인간 남녀와 성교를 한다. 이것은 바다표범의 눈을 보면 인간의 눈처럼 보이는 데서 알 수 있듯이, 그들이 실은 동물이 아니기 때문이라고 한다. 그들이 바다에 떨어진 '중립자적' 천사들 (118쪽 참조)이라는 사람들도 있고, 어떤 이들은 그들이 파라오의 군인들이었는데 홍해에 잠긴 것이라고 한다. 그들은 일년에 한 번씩 물가로 나와서 인간의 모습을 하고 춤을 추고 이때 표범 가죽은 옆에 벗어둔다. 누군가 남자 인간이 바다표범 소녀의 가죽을 훔치면 그녀는 어쩔 수 없이 남자의 아내가 되어야

쟁기질을 하던 남자가 해 저물녘에 뤼벵에게 붙들린 모습. 뤼벵은 노르망디의 민간전승에 등장하며 고블린 중 인간이 싫어할 말썽을 잘 일으키는 유형이다.

만 한다. 앞에서 나열한 지역 어디서나 전하는 한 이야기에서도 어떤 한 남자가 가죽을 훔쳐서 바다표범 여자를 얻고, 그둘이 몇 년간 함께 살게 된다. 그런데 어느 날 마침내 그녀가 감추어진 가죽을 발견하고, 남편과 아이들을 버리고 자신의 진정한 상대를 만나기 위해 바다로 뛰어든다. 아이슬란드에 전하는 한 버전에서는 그녀가 자신에게 강요된 선택을 이렇게 한탄한다.

　내 깊은 슬픔이여! 내 깊은 슬픔이여!
　뭍에 내 아이 일곱이 있고,
　바다에 또 일곱이 있구나.

아일랜드에는 조상이 이렇게 바다표범과 인간이 혼인해서 생겼다는 일족이 몇 있다. 그중에서 가장 유명한 것이 콘네마라의 코닐리 일족이다. 사람들은 그 일족이면 누구나 솜씨 좋은 어부라고 믿는다. 또 그 일족은 유전에 의해 손가락 사이에 물갈퀴가 있다거나 피부가 각질이라는 이야기가 전하고, 혹은 그들이 그 두 가지를 다 갖추고 있다고도 한다. 어니스트 머윅 (Earnest Marwick)은 오크니 제도와 셰틀랜드 제도의 민간 전승을 다루며 이렇게 적고 있다.

불만이 많은 인간 여자는 때론 연인으로 바다표범 남자를 원했다. 셀키와 접촉하고 싶은 여자는 바다가 만조일 때 거기다 눈물 일곱 방울을 흘려야 했다 … 스트론세이 지방의 한 여자가 사랑하는 바다표범 남자와 결혼하여 생긴 후손들의 손바닥과 발바닥에는 두터운 각질이 있었다. 그 일족 중 한 사람의 각질로서 현존하는 어느 작가가 알고 있는 것은 두께가 사분의 일 센티미터나 되고 여기저기 갈라져 있었으며 생선 냄새가 물씬 풍기는 푸른빛이 도는 흰색 표피였다. 오크니 제도의 발라드로서 버전이 여러 가지 있는 〈설리 섬의 매혹적인 셀키〉는 한 여자가 이치에 맞지 않게도 바다표범 남자와 혼인한다는 이야기이다.[56]

동물의 왕이나 여왕은 유럽의 신화에 가장 오래 전부터 등장하는 존재이다. 이 초자연적 존재는 자신이 각기 알고 있는 사냥감을 보호해준다. 그의 허락 없이는 어떤 사냥꾼도 사냥감을 죽일 수 없다. 그래서 사냥꾼들은 그 왕이나 여왕을 달래야만 하고, 잔인한 사냥꾼은 그 둘 중 하나의 처벌을 받는다. 이러

---

56) Earnest Marwick, *The Folklore of Orkney and Shetland*, London, 1974, p. 28.

헨리 퓨젤리(Henry Fuseli) 작, 《퍽(Puck)》. 영국의 농촌 지역에서 믿던 것들이야 말로 셰익스피어가 알고 있던 요정 관련 민간 전승의 확실한 뿌리였다. 그러나 그의 영향을 받아 이후에 문학과 미술에서 형상화된 요정은 감미롭고 섬세한 면모만이 일방적으로 강조되었다. 반면에 퓨젤리는 이 그림에서 그런 존재들의 애매한 본성에 잘 들어맞게, 퍽을 혐오스러울 정도로 악한 모습으로 그리고 있다.

한 관념이 유럽 사회의 가장 초기 단계이며 농경을 하지 않았던 수렵 단계의 공동체 시절부터 있어 왔다는 점에는 대부분의 학자들이 동의를 한다. 그런데 심지어 최근의 민속에도 그 흔적들이 강하게 남아 있다. 1815년에 스위스에서 채록된 한 전설에서도 그런 경고적 성격을 찾아볼 수 있다. 이 전설에서는 한 샤무아 사냥꾼이 머나먼 산봉우리를 오르다가, 화가 난 드워프 하나에게서 이런 협박을 받는다. "왜 그렇게 오랫동안 내 샤무아들을 죽인 거지? 네 피로 보상해야 할 거다!" 그러나 사냥꾼이 용서를 빌자 드워프가 받아들였고, 사냥꾼이 더 이상 짐승을 죽이지만 않는다면 그의 오두막 근처에 죽은 샤무아를 매주 한 마리씩 가져다 놓겠다고 약속하였다. 드워프는 약속을 지켰다. 그러나 기술을 써먹지 못하여 따분했던 사냥꾼은 다시 그 산에 올라갔다. 그가 멋진 수사슴 한 마리를 보고 총을 쏘려던 찰나에 그 드워프가 뒤에서 나타나서는, 깊은 골짜기 밑으로 그를 굴러 떨어뜨려 버렸다.

스코틀랜드에도 비슷한 이야기가 있다. 여기에 등장하는 머리칼이 빨갛고 짜리몽땅하게 생긴 '엘스던 무어즈의 갈색 남자'라는 드워프는 자신이 보호하는 사냥감을 소년 두 명이 쏘려 하자 그들을 꾸짖는다. 한 명은 경고에 귀를 기울였지만 그러지 않고 비웃었던 나머지 한 명은 갑자기 병이 들어 일년도 못 되어 죽어 버렸다. 스코틀랜드의 민간 전승 또 하나에는 카이아치 베어라고 하는 키가 크고 얼굴이 파랗고 못생긴 노파가 등장한다. 그녀는 야생 염소와 들소와 사슴을 위주로 한 야생 동물의 수호자이자 겨울의 화신이다. 또 《마비노기온》(The Mabinogion)에 기록되어 있는 중세 웨일스 지방의 로맨스 〈연못의 여왕〉에는 피부가 까맣고 눈이 하나뿐인 거인이 나온다.

이야기 속에서 그가 하는 역할이라곤 아서왕의 기사 한 명의 용기를 시험하는 것뿐이지만, 그는 '숲의 수호자'라고 불리고 야생 동물들에 둘러싸여 산다. 그 부분을 보자.

나는 그가 어떻게 동물들을 다스리는지 물어 보았다. 그러자 그가 이렇게 말했다. "보여주마. 이 귀여운 것." 그리고는 몽둥이를 쥐고 다 큰 수사슴 한 마리가 크디큰 울음소리를 내지를 때까지 포악스럽게 패댔다. 그러자 수사슴들이 마치 하찮은 백성들이 왕 앞에 엎드리듯 바닥에 머리를 조아려 그에게 예의를 갖추었다. 이윽고 그가 내게 말했다. "이 귀여운 것, 이제 내가 이 동물들을 어떻게 다스리는지 알겠냐?"[57]

슬라브인들의 민속에는 이 오래 된 모티프의 상세한 버전이 빌리라는 요정의 형태로 보존되어 있다. 러시아 남부와 발칸제국들에서 발견되는 이 요정은 숲의 요정이고 여성이다. 빌리는 주로 나무의 정령 역할을 하지만, 모든 야생 동물도 지배하고 그중 특히 암사슴의 젖을 짜고 수사슴을 타고 다니는 등 사슴을 마치 가축처럼 다루면서 지배한다. 그들은 침입자를 공격한다. 그들의 주 공격 대상은 그들이 제일 좋아하는 짐승을 무기로 쏘는 침입자이다. 그들은 사람이 일사병, 류머티즘, 심장마비 등을 앓게 할 수 있고, 장님이 되거나 미치게 할 수도 있다. 그러나 그들은 때때로 사람의 친구가 되어 서로 같은 피로 맺어졌다고 선언하고, 그 사람이 사냥할 때 행운을 얻도록 해주고, 동물들에게 힘을 발휘하며 치료용 약초와 숨겨진 보물에

---

57) *The Mabinogion*, transl. G. Jones and T. Jones, London, 1949, p. 159.

대해 알 수 있도록 해주기도 한다. 이러한 호의를 얻기 위해 치르는 전통 제식 한 가지가 있었다. 원하는 당사자가 보름달이 뜨는 일요일 밤에 숲으로 가서 자작나무 빗자루로 자신의 둘레를 원 모양으로 쓸고, 그 안에 약간의 말똥과 말의 털 두세 개와 말발굽 하나를 놔두어야 한다. 그런 다음 오른쪽 발을 말발굽에 올려놓은 채 높고 긴 소리로 세 번 외치고, 다음엔 말발굽 주변을 세 번 돈 다음에 이렇게 말해야 한다. "오, 피로 맺은 나의 누이 빌리여, 나는 당신을 찾아 들판 아홉 곳과 목초지 아홉 곳, 호수 아홉 곳, 숲 아홉 곳, 산 아홉 곳, 바위투성이 봉우리 아홉 개, 허물어져가는 성 아홉 곳을 지났소. 내게로 와서 나의 친누이가 되어주오."

요정의 선물

민속에는 두려움뿐 아니라 바람도 반영되어 있는데, 그중에 하나가 노력하지 않고 부를 얻고 싶은 꿈이다. 어디서나 사람들은 요정이 보물을 가지고 있고 자신이 아주 운이 좋으면 그것을 얻을 수도 있다고 믿었지만, 한편으론 그런 시도가 거의 실패하기 마련이라고 생각했다. 이 테마는 아일랜드에 전하는 금단지를 지닌 제화공 요정 레프리콘에 대한 민간 전승들에서 훌륭한 예를 찾아 볼 수 있다. 윌리엄 와일드 경(Sir William Wilde)이 19세기에 기록한 다음 일화도 마찬가지다.

어느 날 아침 '뛰어 오르기의 명수 다니엘'이 라호나 늪에서 레프리콘을 만났다 … 그는 이 요정을 붙들고 보물을 포기할 때

스코틀랜드 록스버러의 에일던 힐즈. 15세기의 어느 유명한 로맨스와 발라드에는
어설둔의 토머스(Thomas of Erceldoune, Thomas the Rhymer)가 '요정의 여왕'을 만
나게 된다는 이야기가 나온다. 그녀는 그를 애인으로 만들어서 사진 속 언덕에 있
는 왕국으로 데리고 온다. 토머스는 삼 년 동안 그 왕국에 머무른 후 시와 예언의
힘을 발휘하는 재능을 얻고 고향으로 되돌아간다.

까지 절대 놓아주지 않겠다고 잘라 말했다. 그러자 "하하!" 하며 그 작은 요정이 이렇게 말했다. "보물을 가져야 무슨 소용이 있지? 네 뒤에 있는 녀석이 네게서 금방 빼앗아 버릴 텐데 말이야." 다니엘은 빙그르 회전하며 뛰어 오르기를 한 번 했다. 하지만 다시 그 작은 요정 쪽으로 돌아섰을 때 영원히 슬퍼할 일이 벌써 벌어진 것을 알게 되었다. 이미 근처 산울타리로 쪼르르 뛰어간 요정이 그곳의 찔레나무 꽃더미에 앉아 그를 보고 씩 웃고 있었던 것이다.[58]

'요정의 금'이 변형되는 이야기는 널리 발견되는 테마이다. 요정이 사람에게 나뭇잎이나 재나 독버섯처럼 겉으로 보아서는 쓸모없는 것들을 준다. 그 사람이 그것을 지니고 있을 정도로 예의가 바른 경우 하룻밤 사이에 금으로 변한다. 반대로 받을 만한 자격이 없는 사람이 분명히 금을 받은 경우에는 그것이 순식간에 나뭇잎이나 돌로 변해버린다. 아마도 이런 믿음은, 원시 시대의 무덤에서 화장한 뼈가 담긴 단지가 여러 개씩 발견되던 상황에서 비롯된 것으로 보인다. 사람들이 생각하기에 그 단지에 담긴 재는 요정이 속임수로 금을 쓸데없는 것으로 바꾸어 놓은 것이었다. 그것이 진짜 재에 불과하다면 아무도 그렇게 정성껏 묻어놓지는 않았으리라고 생각했기 때문이다.

킬케니의 토머스타운 근처에서 그런 일이 있었다는 보고가 1854년에 왕립 골동품 학회지에 실렸다. 그곳에서 무덤을 열었던 토머스 콘웨이라는 일꾼은 그 속의 납골 단지가 '금 항아리'라고

---

58) Quoted by Patrick Logan, *The Old Gods: The Facts about Irish Fairies*, Belfast, 1981, p. 69.

생각했다. 그는 '착한 사람들'이 단지에 걸린 마법을 깨버리도록 하려고 자정까지 그 단지를 지켜보았다. 자정이 되자 그는 까만 수탉 한 마리를 제물로 바쳤다. 그것은 최고의 '요정 치료사들'이 마법을 깨는 방법으로 추천해왔고 사람들도 인정하는 방법이었다. 그러나 그가 새벽에 금을 확인하려고 갔을 때도 단지에는 여전히 화장된 뼈가 들어 있었다. 실망한 그는 단지를 박살내고 안에 든 것을 흩뿌려 버렸다.[59]

요정에게 도움을 주고 예의바르게 대한 남자나 여자가 보상을 받은 반면 감사할 줄 모르고 불친절했던 사람들은 처벌을 받았다는 전설이 수없이 많다. 그것은 개인이 창작한 동화에서도 끊임없이 등장하는 테마이다. 우리가 앞에서 보았던 것처럼 요정들은 황금뿐 아니라 기술도 선사할 수 있고, 후손들이 그 기술을 물려받을 수도 있다. 그중에서 음악적인 기술이 가장 흔하다. 스칸디나비아의 민간 전승에서 폭포 속에 산다고 전하던 네크나 포세그림도 훌륭한 바이올린 연주자였고, 많은 인간 연주자들이 그에게서 기술을 배우거나 그의 곡 하나를 외웠다. 스코틀랜드에서 백파이프를 잘 불기로 가장 유명한 '스카이의 맥크리먼' 일족은 처음에 요정에게서 기술을 배웠다고 한다. 오래 전에 맥크리먼이라는 젊은이가 있었는데, 그의 형들은 그가 백파이프 배우는 것을 허락하지 않았다(일부 버전에서는 그가 너무 멍청해서 배우지 못한 것으로 되어 있다). 그런데 어느 요정이 그에게 멜로디 연주용 파이프가 은으로 만들어진 백파이프를 주며 '손가락 놀리기'라는 명곡을 가르쳐주었다.

---

59) Ibid., p. 73.

스웨덴의 박스토르프에 있는 어느 교회의 벽화. '훔친 뿔잔' 이야기를 나타내는 그림이다. 겉으로는 아름답고 친절한 여자 트롤이 여행자에게 말을 걸고 마실 것을 권한다. 여행자는 마시는 대신 잔을 왼쪽 어깨 너머로 던져 놓고 달아난다. 본색을 드러낸 트롤들이 그의 뒤를 쫓지만, 그는 마침내 안전한 교회에 당도한다.

요정의 힘 가운데 또 한 가지는 약초에 대한 지식과 사람을 치유하는 힘이었다. 그래서 때론 민간 요법 시술자들이 자신이나 조상이 요정의 비밀을 습득했다고 주장하기도 했다. 17세기 후반에 아일랜드의 코노트 주에는 배우지 않고도 약을 쓰고 수술을 하는 모로우 올리라는 남자가 있었다. 그에게는 의학 처방이 담긴 15세기 저서(지금도 전한다)가 있었다. 그는 그 책이 하이 브라질이라는 별세계 섬에서 요정들이 준 것이라고 주장하며 그것을 '하이 브라질의 책'이라고 불렀다. 전설에 덧붙여 있는 내용에 따르면, 요정들은 그가 그 책을 칠 년 동안 열어 보지 않고 그대로 놓아두면 치료하지 못할 것이 아무것도 없을

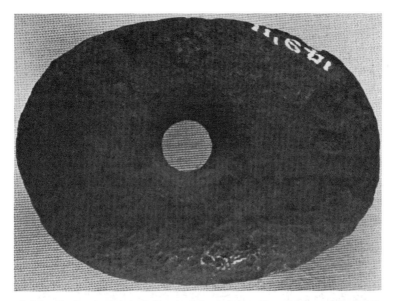

아일랜드의 앤트림 지역에 전하는 '요정을 물리치는 돌'. 이것은 요정이 우유를 훔치지 못하도록 암소의 뿔에 묶어 두던 것이다. 구멍이 난 돌은 여러 곳에 전해 내려오는 마법의 물건이고, 사람들은 이것이 '불길한 눈', 마녀의 마법, 나이트메어, 그리고 그외 모든 종류의 요정에 대항하는 효과가 있다고 생각했다. 이것을 착용하거나 휴대할 수도 있고 건물에 매달아 놓을 수도 있다. 워링턴 미술관 겸 박물관.

것이라고 말했다. 그러나 그는 삼 년밖에 지나지 않았을 때 유행병 환자들을 도우려고 책을 펼쳤다. 그래서 여전히 훌륭한 의사이긴 해도 그가 모든 사람을 치료할 수는 없게 되었다.

어른들 사이에서 요정에 대한 진지한 믿음이 줄어들면서 아이들을 통제하는 데 쓰이는 요정의 가치는 더 중요해졌다. 영국에서는 현대에도 요정 보기(Bogy) 이야기로 아이들에게 겁을 준다. 이것은 아이들이 위험한 것을 멀리 하도록 하기 위해서만이 아니라 말을 더 잘 듣도록 하기 위해서이기도 하다. 예를 든다면 이렇다. '빨리 가서 안 자면 푸른 이빨 제니가 널 잡아먹을 거야!', '어둡기 전에 집에 가지 않으면 요정이 널 잡아

먹을 거다!' 이와 마찬가지로 보상을 내리거나 보상과 처벌을 섞어서 예상케 하는 것도 효과적이다. 바이에른과 오스트리아에는 중세 때부터 알려져 온 베르타, 혹은 페르히타라는 여자 요정이 있다. 그녀는 크리스마스 시기, 특히 예수 공현 축일[60] 전날 밤에 떠돌아다닌다. 과거 세대에 그녀의 주요 활동은 일 년간 할당된 베 짜기를 마치지 못한 아낙과 소녀를 처벌하고 아이들이 행동을 바르게 하는지 보는 것이었다. 버릇없는 아이들은 그녀가 자신들을 숲으로 데리고 가서 배를 쨴 후 돌과 밀짚을 채워 넣을 거라는 이야기를 듣는다. 하지만 착한 아이들은 그녀가 자그마한 선물을 (흔히 문이나 창문으로 밀어넣어서) 놓고 갈 거라고 기대할 수 있었다. 선물을 기다리는 관습은 아직도 계속되고 있다.

영국과 미국에 전하는 유쾌한 가족 관습 한 가지도 비슷하다. 빠진 젖니를 베개나 카펫 밑에 감춰 놓으면 요정들이 밤에 그것을 가져가고 그 대가로 동전을 놓아둔다고 아이들에게 이야기해준다. 물론 부모들이 그 약속을 지킨다. 이 아이디어가 얼마나 오래 된 것인지는 확실치가 않다. 민속 자료집들에도 이 이야기가 거의 언급되지 않고 있는데, 아마 채록자들이 관심을 가지기에는 너무 흔해빠지고 사소한 이야기로 보였기 때문일 것이다. 어쩌면 가택 정령이 열심히 일하는 어린 하녀의 신발에 동전을 넣어 줘서 보답한다는 전통적인 믿음에서 발전한 아이디어일지도 모른다. 유럽의 다른 여러 나라에서도 아이들의 이를 몰래 돈으로 바꾸어 놓기는 하지만, 그 나라들에서

---

60) 크리스마스 후 12일째 되는 날인 1월 6일. 유럽 일부 지역과 미국에서 경축하는 날이다 - 역주.

는 보통 요정이 아닌 쥐가 돈을 갖다 놓는다고 이야기한다. 그러나 영국에 '이의 요정'이 넘쳐난다는 것은 의심할 여지가 없다. 1981년 11월 12일 텔레비전 뉴스에는 영국 왕세자비가 요크에서 군중에 둘러싸인 채 한 어린이와 이야기를 나누는 모습이 보도되었다. 그녀는 이렇게 물었다. "큰 요정이 왔어?" "50페니였어, 아니면 25페니였어?" 요정에 대한 유럽의 오랜 민간전승에서 남은 마지막 흔적들이 보관될 저장소는 육아 관련 관습임이 틀림없다.

5장 왕과 영웅

역사에서 전설로

특정한 영웅적 인물들의 역사성을 믿는 사람들과 반대로 그
것을 의심하는 사람들 사이에서는 무수한 논쟁이 있어 왔다.
호머의 서사시, 아서왕의 로맨스, 아이슬란드의 사가, 로빈 훗
발라드, 러시아와 유고슬라비아의 서사시에 조금이라도 사실이
깃들어 있을까? 있다면 과연 어느 정도인가? 어떤 사람들은 완
전히 부인하는 반면, 어떤 이들은 전설상의 그 모든 내용에서
몇 가지 사실을 추려내려고 노력하고 종종 그 시도가 성공하기
도 한다. 그것이 결코 쉬운 일은 아니다. 설사 중심인물의 사
실성은 입증이 될지라도, 그 주변의 이야기들은 입증 가능한
사실에서부터 그럴듯하지만 증명되지 않은 것, 그리고 분명 판
타지일 뿐인 것에 이르기까지 다양하다. 여러 번 구전 과정을
거친 이야기들에 설득력 있는 정보가 많이 담겨 있을 수는 있
다. 그러나 아래의 오늘날 아프리카에서 실시되는 현장조사에
대한 내용에서 알 수 있듯이 여전히 난점들이 존재한다.

구전에 있어서 최초로 알리는 사람은 스스로 의도하건 그러지

않건 실제로 발생한 일을 왜곡하여 설명한다. 그는 그 일의 특정한 측면들만 보기 때문이고, 본 것에 자신만의 해석을 덧붙이기 때문이다. 그의 증언에는 그의 성격의 낙인이 찍히고, 그의 개인적 관심사에 따라 채색되고, 그가 속하는 사회의 문화적 가치 기준에 따라 언급할 수 있는 틀 안에 한정된다. 그 다음에 그 최초의 증언은 전승의 사슬을 이루는 다른 전달자들의 손에 의해 수정과 왜곡을 거친다. 최후의 것만 남기면서, 그리고 바로 그 최후의 것까지 왜곡하면서 말이다.[61]

역사가들은 보통 사실만을 참작하거나, 그렇지 않더라도 입증할 수 있는 경우에 한하여 최소한 사실에서 합리적으로 추론된 것만을 참작한다. 그러나 민속학자들은, 미학적인 관점과 사회 역사적인 관점에서 볼 때 왜곡되어 있는 것과 판타지들에도 똑같이 관심을 가진다. 사실과는 아무리 다르더라도 전설은 전승자들에 의해 무언가 기억할 만하고 감정상 효과적인 것으로서 형태를 갖춘게 된 것들이다. 전설은 흐뭇해할 내용이건 자존심 상해할 내용이건 해당 공동체의 가치관을 반영하고, 또 과거에 대한 그리움, 해당 집단의 결속, 경쟁 집단에 대항한 선전, 정치적·도덕적 판단 등도 반영한다. 애초의 사실은 왜곡될지언정, 그 사실을 이후 세대들이 어떻게 바라보았는가와 그들이 왜 그 사실을 기억하기 싫어하는가가 반영된다.

반복되는 스토리 유형에 무엇이 있는지 민속학자가 알고 있으면, 그것을 허구로부터 사실을 추려내는 주요한 도구로 쓸 수 있다. 반복되는 스토리 유형은, 그가 물리적으로는 가능하

---

61) Jan Vansina, *Oral Tradition*, Harmondsworth, 1973, p. 76.

지만 지나치게 잦은 반복으로 이야기의 신뢰성을 해치는 사건들을 다룰 때 그를 회의하도록 만든다. 예를 들어 도망자가 타고 가던 말의 편자를 반대 방향으로 바꾸어서 추적자들을 속인다는 일화는 헝가리의 러코치 왕자에서 딕 터핀에 이르기까지 너무 흔해서 정말 그 많은 사람이 똑같이 그랬을 리는 없다고 생각되는 모티프이다. 반면에 알프레드 대왕이 케이크를 태우는 이야기는 다른 인물을 주인공으로 삼은 똑같은 이야기가 전혀 없다. 그리고 변장한 다른 왕들의 불행하지만 웃기는 사건들과 그저 대체로 비슷할 뿐이다. 따라서 그 이야기는 사실일 가능성이 (아주 큰 것은 아니지만) 비교적 크다. 또 유형을 인식하고 있으면, 설득력 없는 전설을 애매하고 복잡하게나마 '설명해서' 억지로 정당화하려는 위험에서 벗어날 수도 있다. 가령 프랑스어로 '구입'을 뜻하는 아샤(achat)와 '고양이(a cat)'를 뜻하는 엉샤(un chat)를 헷갈렸기 때문에 딕 휘팅턴의 고양이 이야기[62]가 생겨났다고 주장하는 '설명'이야말로 그런 오류에 빠져 있다. 고양이를 파는 이야기는 딕 휘팅턴의 이야기 외에도 이탈리아어 버전, 브르타뉴어 버전, 그리고 노르웨이어와 덴마크어, 러시아어와 페르시아어 버전 등 여러 가지로 존재했다. 그리고 그중 일부는 13세기부터 전했다는 것까지 알게 되면, 그렇게 괜히 독창적인 척하려던 자세가 꼬리를 내리고 만다.

---

62) 딕 휘팅턴은 14-15세기에 런던에서 상인과 정치가로 활약한 인물이다. 고아였던 그가 모시고 있던 주인의 배에 몰래 고양이를 실어서 팔려고 했다는 이야기가 전한다. 그때 영토에 쥐가 들끓어서 골머리를 앓고 있던 모로코 왕이 그 배에 타고 있었고, 그에게 거금에 고양이를 판 딕은 큰 상인이 될 수 있었다. 그는 실제로 고아도 아니었고 유복한 환경에서 자랐으므로 이는 사실과 다르다. 하지만 이 딕 휘팅턴의 고양이 이야기가 세간에 널리 전했다 - 역주.

아서왕이 색슨족 지도자 한 명을 죽이고 그의 군대를 전멸시켰다는 배던 산(실재하지 않는 지명이다) 전투 장면. 아서왕 이야기의 핵심인 이 전투로부터 이후 그의 모든 명성이 비롯되었다. 고고학의 연구에 따르면, 실제로 6세기 초반에 영국 일부 지역에 진출하려던 색슨족의 시도가 얼마 동안 저지되었다고 한다.

전설의 형성 과정에는 보통 그전부터 존재하던 스토리 유형을 어느 실제 인물의 전기에 끼워 맞추는 작업이 따른다. 왜냐하면 그 스토리 유형이 해당 인물의 인격이나 업적에서 특정한 측면을 표현하는 데 적합하기 때문이다. 이점은 노르웨이의 울라프 2세(1016~1030)가 사후에 찬양받게 된 과정에서도 잘 드러난다. 그는 자신의 영토를 기독교로 개종하기 위해 왕성하게 활동하다가 반란자들에 의해 추방당했고, 권력을 다시 잡으려고 노력하다 전투 중에 살해당했다. 그러자 거의 즉시 성인전기의 상투적인 표현들을 이용한 정치적이고 종교적인 선전이 시작되었다.

사람들은 불구자나 맹인이나 죽은 사람이 그의 피 덕분에 정상으로 되돌아왔다고 하였다. 혹은 사람들이 그런 소리를 한다는 이야기가 돌았다. 그의 시신을 발굴해도 좋다는 허락이 떨어졌을 때, 예상할 수 있는 일이지만 시신이 부패하지 않은 것이 발견되었다. 또 예상할 수 있는 일이지만, 그림켈 주교는 그가 진정한 성인이라고 선언하였다 … 그의 기적들의 규모와 가짓수가 많아지고, 전설들이 생겨나고, 그리고 이야기가 널리 퍼져 선한 노르웨이인이라면 누구나 그것들을 믿는 것이 옳고도 당연했다. 그런 이야기들이 기독교 교회를 강화해 주었고, 원주민의 군주제에 힘을 실어 주었다.[63]

울라프 2세가 전설상의 명성을 얻는 과정의 초기 단계들을 시작한 것은 상류 계층들의 분파들이었다. 그후 국제적으로 공통된 민속의 저장고에서 나온 다채로운 일화들이 그의 이야기에 추가되었다. 여자 거인 한 명, 혹은 트롤 한 명이 그가 지으라고 지시한 교회에 바위를 던졌지만 맞추지 못했다는 이야기도 전해졌다. 어느 거인이 신들이 요새를 짓는 것을 도와줬지만 받기로 한 보수를 받지 못한 채 속아 넘어가고 말았다는 노르웨이의 오래 된 신화를 각색한 유명한 이야기도 있다. 그 이야기에서는 트롤 한 명이 울라프 2세를 도와 트론헤임 대성당을 짓겠다고 제안한다. 그 트롤이 그 일을 다 마치면 울라프

---

63) Gwyn Jones, *A History of the Vikings*, London and New York, 1968, p. 385.

아서왕, 갤러해드, 그리고 원탁의 기사들 앞에 성배가 나타나는 모습. 성배 전설은 거의 전부가 기독교적 관념들과 성체 상징으로 이루어져 있다. 그러나 아주 미미하나마, 신비한 풍요의 그릇이라는 오랜 켈트족계통 신화의 흔적도 찾아볼 수 있다.

2세가 해와 달을 준다는 조건이었다. 그러나 울라프 2세는 그 트롤의 비밀 이름을 알아냈고, 성당이 다 지어질 즈음 그 비밀 이름을 불러서 트롤의 힘을 없애버렸다. 그가 건물을 다 짓지 못하게 하기 위해서였다. 이런 이야기에서는 울라프 2세가 기독교의 수호자 역할을 했음이 강조되고 있다.

실제의 업적이 대부분 망각된 더 오래 된 영웅들을 다룬 전설의 경우, '영웅의 유형'이라는 것이 생길 만큼 내용이 뻔한 정형을 따른다. 이 유형은 고대에 아주 두드러졌고(헤라클레스, 페르세우스) 반半신화적 인물들(쿠쿨린, 지크프리트)의 경우도 마찬가지다. 그 유형에 등장하는 요소들이 배경을 바꿔가며 되풀이해 다시 나타난다. 먼저 영웅들을 배서 낳는 과정이 (기적적이거나 기괴하거나 근친상간으로 태어난다는 뜻에서) 독특하다. 그리고 출생에 예언과 전조가 따른다. 그들은 어릴 때 생명에 위협을 받지만 구출되고, 정체가 감추어진 채 양육된다. 이후 입문 절차 삼아 시험을 치르고서 훌륭한 무기들을 얻게 된다. (거의 사랑을 하지 않지만 설혹 한다면) 그들의 사랑은 비극적이다. 흔히 괴물이나 초자연적 존재들에 맞서 싸우거나 별세계에 가고, 두 과정을 모두 겪기도 한다. 먼저 전조들이 나타나고 그들은 극적인 죽음을 맞는다. 강적에 맞서 싸우다가, 배반을 당해서, 초자연적 존재가 개입하여, 혹은 저주가 실현되어 죽음이 찾아올 수 있다. 그들은 죽지 않고 그저 사라질 수도 있고, 그래서 그들의 귀환이 예언될 수도 있다.

D. G. 로제티(D. G. Rosetti)의 《아서왕과 흐느끼는 여왕들》(King Arthur and the Weeping Queens). 맬러리는 《아서의 죽음》(Morte D' Arthur)에서, 죽어가는 아서왕을 배에 태워 아발론으로 데리고 가는 '아리따운 부인 여러 명'에 대해 이야기하고 있다. 이 이야기는 여신들이 영웅의 삶과 죽음을 지배한다고 되어 있는 켈트족 신화에서 유래했을 수도 있다. 버밍엄 박물관 겸 미술관 소장.

아서왕

영국에서 이런 원형에 가장 잘 맞아 떨어지는 영웅인 아서왕 전설은 천 년이 훨씬 넘도록 널리 전파되었다. 그에 대한 첫 언급은 800년에 편집되었고 넨니우스가 작성한 것으로 보이는 연대기에서 짤막하게 등장한다. 거기에는 그가 기독교를 신봉하는 브리튼인들을 이끌고 이교도인 색슨족 침입자들을 물리친 열두 번의 전투가 제시되어 있다. 그중 마지막 전투인 배던 산

전투는 일반적으로 역사적 사실로 인정받고 있다. 아마 500년경의 일임이 틀림없어 보인다. 넨니우스는 아서왕의 육체적 힘을 과장하면서 그가 혼자서 색슨인 960명을 죽였다고 주장하였다. 이 연대기의 또 다른 부분에는 불가사의한 징후를 볼 수 있는 장소 여러 곳이 제시되어 있다. 그중 두 곳이 아서왕과 관련된 곳이다. 첫번째로 (웨일스의) 빌트 지역의 한 바위에는 아서왕의 사냥개 발톱 자국이 나 있다고 한다. 이것은 그가 트로이트라는 멧돼지를 사냥하던 중에 생긴 것이라고 한다. 두번째로 헤리퍼드셔 주의 한 장소는 아서가 제 손으로 죽였다는 아들 아므르의 무덤이라는 곳이다. 이 두번째 전설은 원래 소랩과 러스텀 전설 같은 비극적 전설 하나였는데 이후 애석하게도 유실된 것인지도 모른다. 혹은 아서왕의 조카이자 아들인 모드레드 이야기를 처음으로 암시한 이야기라고 생각할 수도 있다. 이 두 전설을 보면, 훌륭한 전쟁 지도자 한 명이 300년 만에 중요한 영웅적 인물로 발전하여 판타지의 중심이 되었음을 알 수 있다.

아서 이야기가 이후 몇백 년에 걸쳐 정교해진 내용은 너무 복잡해서 요약할 수가 없다. 거의 모든 자료마다 '영웅의 유형'의 특성들이 사실상 전부 아서에 구현되어 있다. 웨일스 지방의 시인들은 그가 초자연적 힘을 지닌 멧돼지를 사냥하고 별세계에서 마법의 단지를 가져왔다고 이야기했다. 《마비노기온》에서도 마찬가지였다. 그들은 괴물을 죽인 이들과 위대한 전사들로만 이루어진 아서왕의 동료들을 묘사하고, 그의 아내인 기네비어의 납치와 구출 과정을 기술했다. 아마 콘월과 브르타뉴의 민간 전승들도 웨일스 지방의 것들과 똑같이 아서 이야기에 중요한 역할을 했던 것으로 보이지만, 그 내용이 지금은 유실

되고 없다. 그래도 그후의 기록에서 언급된 것을 통해 간혹 유실된 내용을 추론할 수는 있다. 제프리의 엄청난 성공작(하지 동시에 엄청나게 허구적인) 《영국 왕의 역사》가 출간된 것은 1136년이었다. 제프리는 여기서 아서가 실제로 색슨족과 벌였던 전쟁에다 로마 제국과의 전쟁을 추가하였다. 그보다 더 중요한 것은, 그가 당대의 사회적 특징들(기사 작위, 궁정에서의 연애, 마상 경기)을 아서 이야기에 도입하였고, 또 아마도 지금은 유실되고 없는 켈트족의 자료에서 얻었을 테마들도 도입하였다는 점이다. 이 두 측면은 그때부터 아서 이야기에 핵심적인 부분이 되었다. 가령 이런 내용이다. 그가 간통으로 인한 신비로운 여건에서 태어난다. 그의 칼이 아발론에서 주조된다. 또 모드레드가 그의 뒤통수를 치고 반란을 일으킨다. 그가 마지막 전투 후 사라져서 "상처를 치료받기 위해 아발론으로 옮겨지고, 그곳에서 그가 친족인 콘스탄티누스에게 영국 왕위를 넘겨준다." 이후에는 프랑스의 저술들이 물밀듯 쏟아졌다. 그렇게 추가된 모티프는 아서왕의 감추어진 소년 시절, 바위에 박힌 칼로 인해 시험받는 이야기, 원탁 이야기, 그리고 그가 자신도 모르게 양친 중 한 명의 자식인 누이와 근친상간하여 모드레드를 낳게 되는 이야기 등이다. 노르만 프랑스어를 썼던 시인 웨이스(Wace)는 1155년의 저술에서 아서왕이 살아 있다는 믿음에 대해 다음과 같이 흥미로운 지적을 했는데, 그의 말을 통해 그 믿음이 결코 문학적 발명품만은 아니었다는 것을 알 수 있다. "브리튼족이 그를 기다리고 있고, 그는 아직도 아발론에 있다. 그가 그곳에서 돌아와 다시 이곳에서 살게 될 것이라고, 그들이 믿고 말하기 때문이다." 웨이스는 사람들이 그러는 이유에 대해, 멀린이 아서의 종말은 "깊은 의혹으로 남을

샤를마뉴가 조카인 롤랑의 몸 위로 기절해 있다. 옆에 보이는 천사가 그를 그곳으로 인도한 것이다. 14세기에 〈롤랑의 노래〉에 수록된 삽화. 베니스 소재 마르치아나 국립도서관.

것"이라고 말했기 때문이라고 했다. 그는 또 이렇게 덧붙였다. "사람들은 지금까지 계속 의심해왔고, 나는 그들이 앞으로도 영원히 의심하리라고 확신한다. 그가 실제로 살아 있는지 죽었는지를 말이다."

동시에 프랑스인들은 아서왕으로부터 그의 기사들로 주의를 돌리기 시작했다. 그 기사들 중 일부는 이미 켈트족의 자료들에서 등장했지만, 다른 기사들(특히 랜슬롯)은 이때 새롭게 창조되었다. 그래서 아서왕은 연회와 마상 경기나 주재하고, 이야기는 듣지만 거의 손수 모험에 참가하지는 않는, 더 방관적이고 수동적인 존재가 되었다. 이 점에는 문화적 가치관의 변화가 반영되어 있다. 즉, 중세 때 이상적인 왕은 9세기 때보다 더 무관심하고 형식적인 왕이었다. 똑같은 일이 샤를마뉴 대제 계통의 이야기들에도 발생하였다. 가장 초기의 시이면서 가장 세련되기도 한 〈롤랑의 노래〉(The Song of Roland)에서는 롤랑과 올리버의 개인적인 용맹과 그들의 죽음에 복수하려는 샤를마뉴의 대전투가 균등하게 다루어졌다. 하지만 그후 오지에나 위옹 드 보르도에 대한 시들에서는 샤를마뉴 황제가 배경으로 물러나 있다. 또 아서왕의 기사들을 강조함으로써 새로운 비극적 테마가 생겨났다. 즉 원탁의 우애가 무너지고 말았던 것이다. 이것은 맬러리의 접근법에서는 절대적인 테마였다. 그러나 그 부분은 민간 전승이 아니라 문학사의 영역에 해당한다.

밑에서 보듯, 맬러리도 아서왕이 돌아올 것이라는 소문을 알고 있었다.

… 그러나 영국의 여러 지역에서 사람들이 말하기를, 아서왕은 죽은 것이 아니라 주 예수 그리스도의 뜻에 따라 다른 곳에 가 있다고 한다. 사람들은 또한 그가 다시 돌아오고, 그리스도의 십자가를 얻고야 말 것이라고 한다. 나 역시 그렇게 될 것이라고 말하려는 것은 아니다. 나는 오히려 그가 바로 이 이승에서 자신의 삶을 변화시켰다고 말하고 싶다. 하지만 많은 사람들이 그의 묘비에 이렇게 적혀 있다고 말한다. '과거의 왕이었으며 미래의 왕인 아서가 여기 누워 있다(Hic jacet Arthurus, Rex quondam Rexque futurus).'[64]

많은 이들이 아서왕이 돌아올 것이라는 신화가 정말이라고 믿었다. 그리고 그 신화에는 정치적 의미도 함축되어 있었다. 1113년에 콘월 주에서는 그 신화를 조롱한 프랑스 수도승들에 대한 반발로 폭동이 일어났다. 1191년에는 아서왕의 것이라는 무덤 하나가 글래스턴베리에 전시되었고, 이는 아마도 그가 죽

---

64) Thomas Malory, *Le Morte d'Arthur*, Everyman Edition, London, 1906, vol. II, p. 391.

윈체스터 소재 캐슬 홀에 부착된 '(아서왕의) 원탁'. 방사성 탄소 연대 측정법으로 검사한 결과, 기원이 14세기까지 거슬러 올라간다. 1344년에 에드워드 3세는 아서왕과 함께 했던 원탁의 기사들을 모델로 삼아 기사들의 위계질서를 구축하겠다고 공표했다. 그의 지시에 따라 이 원탁이 제작된 것으로 추정된다. 장식은 그 후에 추가되었다. 원탁 중앙의 꽃은 튜더 왕가의 장미 문장이다. 그 위에 보이는 '아서왕'의 초상은 헨리 8세의 젊었을 때 모습으로 보인다.

었음을 입증함으로써 웨일스인들의 독립 욕구를 누그러뜨리려 했던 의도였을 것이다. 반면에 튜더 왕가는 아서왕에 대한 관심을 장려하였다. 웨일스인으로서 영국을 통치하겠다는 자신들의 주장에 명분을 쌓기 위한 것이었다. 또한 헨리 7세는 장남의 이름을 아서라고 짓고 그가 원탁의 본고장인 윈체스터에서 태어났음을 강조하였다. 그후의 민속에서는 어느 동굴(보통 상상 속의 동굴이다)에 잠들어 있는 아서가 언젠가 국가적 위기가 닥치면 밖으로 나올 것이라고 주장하는 지방 전설들이 되풀이해서 발견되었다. 그 전설들에서는 보통 누군가 잠깐 그 동굴에 들어갔다가 아서왕과 그의 기사들이 무기와 보물들에 둘러싸인 채 잠들어 있는 것을 보았다고 되어 있다. 이 이야기의 변형들이 수잉쉴즈(노섬벌랜드 주), 올덜리 에지(체셔 주), 리치먼드(요크셔), 그리고 크레이그 이 디나스(귀네드 주)에 전한다.

잠자는 영웅

당시에는 잠들어 있지만 구세주가 되어 되돌아올 것이라는 통치자들이 매우 많이 있었다. 그중에서도 특히 샤를마뉴 대제, 폴란드의 세바스티앙 왕, 독일의 프리드리히 바르바로사 황제와 프리드리히 2세, 덴마크의 홀게르 단스케, 아일랜드의 오닐즈, 폴란드의 야드비가 여왕, 세르비아의 마르코 왕자, 헝가리의 마티아스 왕 등을 예로 들 수 있다. 물론 존경하는 지도자가 정말로 죽고 없다는 것을 심정적으로 인정하고 싶지 않았을 것이다. 또 중세 유럽에 전하던 기독교적 예언들도 이 테마가 일관되게 등장한 커다란 요인이었다. 즉 '최후의 황제'가

세계의 종말 직전에 은신처에서 나와 그리스도에 반하는 이들에 맞서 싸우고 천년왕국에 대비할 것이라고 주장하는 예언들이었다. 사람들은 그 신비에 쌓인 '최후의 황제'를 고인이 된 여러 통치자들과 동일시하면서 그들이 되돌아오기를 기다렸다. 가령 샤를마뉴 대제를 예로 들면, 사람들은 그가 이슬람에 맞서 끈질기게 싸웠다고 생각했지만, 실제 그는 대부분 색슨족에 맞서 전쟁을 치렀다. 11세기말에 이르러서는 사람들이 심지어 그가 예루살렘의 통치자였었다고 생각할 지경이었다. 또 유명한 설교자들은 그가 되돌아와 십자군 원정을 이끌 것이라고 예언하였다. 사람들은 그가 아헨에 있는 지하 묘지에서, 혹은 어느 산 속에서 자고 있다고 이야기했다. 중세 말기와 르네상스 시기까지도 전 세계를 정복하고 '예수의 묘지'를 방문할 것이라는 '두 번째 샤를마뉴'에 대한 예언들이 퍼져 있었다.

독일에서는 많은 이들이 프리드리히 바르바로사(1190)와 그의 손자인 프리드리히 2세(1250)의 죽음을 인정하지 않았다. 사람들은 특히 프리드리히 2세가 순례자나 은둔자로, 혹은 추방되어 살고 있고, 그가 돌아와 천년왕국의 왕위에 즉위할 것이라고 이야기했다. 1280년대에는 가짜 프리드리히들이 빈민층을 이끌고 반란을 일으켰다. 그들은 실패하고 처형당했다. 그러나 14세기에도 사람들은 여전히 프리드리히가 돌아올 것을 믿었고, 프레스터 요한이 그에게 늙지 않는 약과 투명인간이 되는 반지를 주었다고 이야기했다. 그가 세계에 종말이 올 때까지 살아 있을 것이며 "지금까지 그랬듯이 앞으로도 그 말고는 마땅한 황제가 없을 것"이라고 주장하는 '이단적 입장'은 1434년에도 여전히 존재했다. 밑에서 보듯 독일 민간 전승은 그가 키프하우젠 산 속에 숨어 있다고 단언하고 있다.

황제 프리드리히 2세(1212~
1250). 그의 〈매사냥에 관한 논문〉
(Treatise on Falconry)에 수록된 삽
화를 축소한 것이다. 다른 여러
군주처럼, 그도 사후에 결코 죽은
것이 아니라 어느 산 속에서 잠을
자며 되돌아올 날을 기다리고 있
다는 소문이 펴져 있었다.

　　그가 나타나면, 그는 잎이 없는 나무에 방패를 걸칠 것이고,
그 나무에 푸른 잎이 돋을 것이고, 그리하여 새 시대가 도래할
것이다. 그는 보통 돌로 된 원탁 앞의 벤치에 앉아 머리를 팔로
괴고, 고개를 끄덕이고 눈을 깜빡이며 잠을 잔다. 그의 턱수염이
길게 자라 있고, 어떤 이들은 그 수염이 자라 돌 원탁 위를 가로
지르고 있다고 한다. 하지만 다른 이들은 그 수염이 탁자를 빙
두르고 자란다고 하고, 탁자를 세 번 돌 때까지 자라면 그가 잠
에서 깨어난다고 한다. 지금 그 수염은 탁자를 두 번 돌았다.[65]

---

65) Donald Ward, vol. I, p. 33.

이런 전설들은 압박받는 국가나 계층의 희망을 대변하기 때문에 대단한 관심사로 대두된다. 헝가리의 러코치 왕자는 오스트리아의 통치로부터 조국을 해방하기 위해 팔 년 동안 투쟁하다가 실패한 후, 추방되어 1735년에 죽었다. 하지만 그후 오랜 시간이 지나고도 그가 정말 죽은 것이 아니라는 이야기가 떠돌았다. 그는 망아지가 치아가 난 채 태어나고 예수의 십자가상이 저절로 움직일 때를 기다리고 있고, 그때가 되면 그가 돌아와 자신을 필요로 하는 사람들을 이끈다는 것이다.

이상적인 전사

전설 속에 등장하는 대부분의 영웅은 그가 가담한 전투가 알려져 있는 역사이건 그저 신화 속 전투라 할 만한 것이건, 일단은 전사들이다. 후자에 가담한 전사 중에는 실제로 1세기에 아일랜드의 얼스터 지방에 살았을지도 모르고 아니면 신화적 인물일지도 모르는 쿠쿨린이란 영웅이 있다. 그에 대한 이야기마다 그의 초자연적 능력과 용맹에 대해 찬사를 아끼지 않고 있다. 또 학자들이 그가 원래부터 신적인 속성을 지녔다고 주장할 정도로 아주 굉장하게 묘사되어 있는 경우도 있다. 전투를 하는 중에 그의 얼굴과 몸 전체는 모양이 일그러졌고, 머리에서는 피가 튀었으며, 이마에서는 불길이 뿜어져 나왔다. 그리고 그가 너무 뜨거워졌기 때문에 동료들마저 위험하지 않으려면 그전에 냉수 세 통으로 몸을 식혀야 했다.

마찬가지로 중요한 것이 북유럽의 영웅 보트바르 비야르키이다. 그는 실존했던 어느 덴마크 왕의 종자從者였다고 한다. 그

〈매 사냥에 관한 논문〉에 실린 또 다른 삽화.

의 전설의 핵심은 영웅적인 내용의 발라드이다. 여기서 그는 동료들이 아군보다 수가 엄청나게 많은 적에 맞서 싸우도록 설득해낸다. 그에게는 또 마음대로 곰으로 변신할 수 있는 초인적 능력이 있었고, 그렇게 정체를 감춘 채 발로 사람과 말들을 짓뭉개고 그들을 입에 넣어 아작아작 씹어대곤 했다. 그와 그 동료들의 운명은 전쟁의 신인 오딘이 지배하고 있었으므로, 인간인 적이 그런 영웅을 이길 수는 없었다. 이후 버전들에는 적들이 요술로 생명을 불어넣은 시신들을 보트바르 일행에 맞서 싸우도록 전투에 내보냈다는 이야기가 추가되었다.

쿠쿨린을 파멸시킨 것도 초자연적 힘이었다. 그는 마법적 금기를 지킴으로써 행운을 얻고 있다가 속임수에 빠져서 그것을 어기게 되고, 전쟁의 여신 모리간으로부터 괴롭힘을 당하며 파멸에 이르게 된다. 대부분의 영웅들이 그랬던 것처럼, 그의 숭고함도 죽음에 이르러 절정에 달했다. 8세기의 한 자료에는 배에 창이 꽂힌 그가 어떻게 죽음을 맞이하였는지가 이렇게 묘사되어 있다.

　쿠쿨린은 자신의 내장을 두 팔에 모아 쥐었다 … 그는 들판에 서있는 돌을 향해 갔다. 앉은 자세로도 죽지 않고 누운 채로도 죽지 않으려고, 그는 허리띠를 벌려 그 돌을 한바퀴 둘렀다. 선 채로 죽기 위해서였다. 그자들이 그를 에워쌌다. 그들은 감히 그에게 다가오지 못했다. 그가 살아 있다고 생각했던 것이다 …
　이때 갈가마귀 한 마리가 날아와 쿠쿨린의 어깨에 앉았다. 그러자 어크 맥 코이프리가 '저 돌에는 새가 앉지 않았는데' 하고 말했다. 그래서 루이가 뒤쪽으로 다가가 쿠쿨린의 머리칼을 모아 쥐고 칼로 그의 머리를 베었다. 그의 손에서 떨어진 칼은 루이의 오른손을 치고 바닥에 떨어졌다.[66]

　알렉산더 대왕은 실제로 뛰어난 전투 지휘관이었다. 하지만 신기하게도, 중세와 근대의 전설을 통해 그가 찬양받은 것은 아주 다른 차원의 공훈들 때문이었다. 기원후 300년경의 《알렉산더의 로맨스》(The Romance of Alexander)와 더불어 그런 일이 생기기 시작하였다. 거기에는 그를 위하여 창조된 다채로운 모험 이야기들이 등장했다. 가령 그가 유리로 된 잠수용 종鍾을 타고 바다 밑바닥을 탐험하였다거나 자신의 전차를 하늘로 끌어올리기 위해 그리핀[67]들을 훈련시켰다는 따위이다. 중세에 이르러 어떤 작가들은 이 공상과학 소설에 가까운 공훈 이야기들을 더 확장시켰다. 알렉산더를 개머리나 새머리를 한 인간의

---

66) Maria Tymoczko, *Two Death Tales from the Ulster Cycle*, Dublin, 1981, pp. 60-61.
67) 머리와 날개는 독수리이고 몸통은 사자인 괴물 – 역주.

서머싯 주의 로우 햄 교회에 보관되고 있는 창. 예전에는 근처의 앨러 교회에 있었다. 그곳의 전설에 따르면, 이 창은 존 앨러라는 (가공의 인물인지 확실치 않은) 기사가 썼던 것이라고 한다. 그는 독을 뿜으며 그 지역을 파괴하던 용을 죽이는 데 이 창을 썼다.

나라와 거인국으로 이국적인 여행을 떠나보낸 작가들도 있었다. 그는 그곳에서 신기한 보석과 약초를 수집한 것으로 되어있다. 현대 발칸 지역의 민속에서는, 알렉산더와 불로장생의 물이라는 테마가 가장 큰 인기를 얻고 있다. 그 버전은 수가 아주 많다. 하지만 어느 버전에서나 그는 그 물을 발견한다. 그리고 결정적인 순간에 누군가 아무것도 모르고 그 물을 마셔버림으로써 그가 실패하고 만다는 설정까지 똑같다. 보통 그의 누이가 물을 마시고 위험한 불사의 인어로 변한다.

　신화가 그렇듯이 영웅 전설에도 괴물을 죽이는 이야기가 가득하다. 특히 용을 죽이는 이야기가 많다. 그런 이야기의 주인공 중 (聖人은 빼고) 초기 인물로 유럽에 가장 널리 알려져 있는 것은 베어울프와 지크프리트 등 게르만 영웅들이다. 독일과 스칸디나비아에서 지크프리트에 대해 전하는 이야기들은 복잡하게 얽혀 있고 서로 아귀가 맞지 않는다. 하지만 그가 용을 죽인다는 이야기는 일관된 부분이다. 그중 발생 초기에 시와 조각 작품을 통해 끊임없이 언급되었던 스칸디나비아 버전은 지크프리트가 사악한 드워프에게 속아 파프니르라는 용을 죽인다는 이야기이다. 드워프의 속셈은 지크프리트가 용을 죽이고 나면 마법의 지혜를 얻게 해준다는 용의 심장을 자신이 먹고 지크프리트를 죽이는 것이었다. 드워프는 그에게 용의 심장을 요리하라고 시켰다. 그런데 요리하던 지크프리트는 손가락을 데고 그것을 핥는다. 그리고 갑자기 새의 말을 알아들을 수 있게 된다. 이때 새 한 마리가, 드워프가 흑심을 품고 있으니 죽이고 용의 황금을 가지라고 충고해 준다. 한편 독일 버전들에는 이 이야기가 빠져 있다. 그 대신 지크프리트가 용의 피에 멱을 감은 후 상처를 입지 않는 몸을 지니게 되었다고 한다.

저자가 확인되지 않는 어느 팸플릿의 표지로서 1875년 작. 존 램턴 경은 더럼 백작 집안의 중세 선조이고, 잉글랜드의 용 전설에서 가장 유명한 영웅이다. 그는 창날이 빽빽이 박힌 갑옷을 입고 있었기 때문에 그의 몸을 휘감은 괴물은 갈기갈기 찢겼다고 한다.

용 살해는 오늘날에도 유럽 어디서나 전설의 인기 있는 테마이다. 영국에서만도 버전이 무려 70가지가 넘는다. 이 테마에 등장하는 영웅들은 국가적 차원에서 위대한 인물이 아니다. 그들은 지방 지주 일족의 조상일 수도 있고, 중세의 이름 모를 기사일 수도 있고, 그 지방에서 존경받는 성인일 수도 있다. 그런데 적어도 영국에서는, 목동과 대장장이와 농장 일꾼 같은 해당 지역의 노동자나, 그렇지 않으면 범죄자와 도적이 용을 죽였다고 하는 경우가 많다. 한편 용을 죽이는 방법에 있어서는, 고대의 영웅 모델을 반영한 듯 전투를 벌여서 죽이는 경우도 간혹 있다. 하지만 인상적이고 기발한 계책을 써서 죽이는 경우가 훨씬 더 많다. 그 대부분은 꽤 웃음을 자아내는 방법이다. 영웅이 온통 못이 튀어나온 갑옷을 입고 있어서 그를 삼키거나 휘감은 용의 몸이 갈기갈기 찢길 수도 있다. 그가 토탄土炭 연기로 용을 질식시킬 수도 있고, 독극물을 먹일 수도 있다. 또 소화되지 않는 음식을 주기도 하고, 용이 자는 사이에 죽이기도 한다. 독자들이 혹시 잘못 생각할까봐 하는 얘기인데, 이 재치 있고 '정정당당하지 못한' 방법들은 근대에 개발된 것이 아니다. 신화와 영웅 이야기에서 속임수는 언제나 수용될 수 있는 테마였기 때문이다. 그리스 신화에도 그런 예가 많이 있다. 그중 고르곤을 물리치기 위해 페르세우스가 썼던 계략이 가장 주목된다.

역사적 실존 인물에 대한 이야기에 초자연적 요소와 판타지의 요소를 도입한다고 해서 바로 전설이 만들어지는 것은 아니다. 사실 전설에 그런 요소들이 전혀 없을 수도 있다. 그보다 더 본질적인 것은 역사적 사실을 압축하고, 극적으로 표현하고, 또 해석해서 최대의 정서적 효과를 유발하는 방법이다. 이

도니골 카운티 멀리노어 근처에 있는 원시 '돌무더기 뜰' 의 매장 공간. 주민들이 '더못과 그래니어의 침대' 라고 부르는 아일랜드의 몇몇 유적 중 하나이다.

점을 잘 보여주는 것이 코소보 전투(1389)를 다룬 시들이다. 이 전투에서는 유고슬라비아의 라자르 왕자가 투르크인들에게 패배하여 살해당했다. 그 시들에서는 그런 재앙이 밀로슈와 부크라는 두 귀족 사이의 개인적 반목 때문에 일어났다고 비난한다. 또 가족의 명예가 문제였다고 간주한다. 즉 각기 밀로슈와 부크의 아내였던 라자르 왕자의 두 딸이 서로 싸운다. 그 결과 밀로슈가 부크를 공격한다. 부크는 이에 대한 복수로 라자르에게 밀로슈가 불충을 범하고 있다고 믿게 한다. 그래서 라자르는 전장에서 적들에 에워싸여 있는 밀로슈를 구해주지 않는다. 이리하여 밀로슈는 적에게 살해당하고, 아군이 놀라우리만치 용감하게 맞섰음에도 전투는 패배로 끝이 난다. 결국 라자르도 죽게 된다. 일부 시들에서는 (아주 잘못된 판단이지만) 부크가 투르크인들과 결탁한 배반자였다고 추정하고 있다. 또한 〈롤랑의 노래〉 같은 코소보의 담시들에서도, 국민적 패배가 영웅들의 비극적이지만 명예로운 오판과 악한 한 명의 음험한 배반이 강조된 이야기로 바뀌어 있다.

어떤 전사들은 연애 이야기로도 유명하다. 그러나 그 결말은 비극적이기 십상이다. 이 테마는 전쟁의 여신이 영웅을 연인으로 택한다는 기독교 이전 시대의 믿음에 다소 뿌리를 두고 있다. 북유럽의 민간 전승에 나오는 지크프리트와 브린힐트의 사랑도 아마 그런 관계에서 유래한 것으로 보인다. 현재까지 전하는 버전들에서는 브린힐트가 초자연적 발키리에로 제시되기도 하고 복수심에 사로잡힌 인간 공주로 제시되기도 하는 등 오락가락하고 있기는 하지만 말이다. 그러나 영웅의 연애를 다룬 전설의 주요 관심사는 충성심과 명예 사이의 갈등이었다. 이 점은 숙부이자 왕인 핀의 아내 그레인과 눈이 맞아 달아나는 아일랜드의 디아무이드, 마찬가지로 숙부이자 왕인 킹 콩커버의 아내 데어드러와 달아나는 노이즈의 이야기를 보면 알 수 있다. 이 두 가지 예 모두에서 젊은 주인공은 명예 때문에, 또는 마법의 힘으로 인해 상대 여성의 사랑을 받아들이고 충성을 저버리지 않을 수 없게 된다. 두 연인은 도피하지만, 나중에 주인공이 왕의 손에 죽게 되고 연인은 살아남아 애도하게 된다. 이 초기의 원형적 이야기들은 언제나 깨어진 신의와 우정,

헝가리의 (무법의 산적) 베처르가 경관 한 명을 무릎 꿇리고 있다. 인기 있는 영웅이었던 산적은 이처럼 민속 예술에 자주 등장했다. 이 작품은 1840년에 트랜스다뉴비안 지역의 지거 키라이라는 사람이 거울을 담는 상자에 유색 밀랍을 상감해서 만든 것이다.

그리고 한 훌륭한 전사의 불필요한 죽음 등을 남성적 비극으로 다루고 있다. 이후 랜슬롯과 기네비어, 트리스탄과 이졸데에 대한 중세 로맨스들에서는, (그들이 몰래 만나기 위해 쓰는 속임수와 섬세한 사랑의 감정 등) 초점이 연인들 자체로 옮겨간다. 특히 트리스탄과 이졸데 이야기에서는 이졸데의 남편인 왕 마크가 우둔하고 혐오스런 인물이기 때문에, 이야기를 듣는 사람은 그 연인들에만 공감하게 된다. 게다가 이 전설이 아서 이야기 계통에 통합된 후로는 트리스탄이 마크가 아닌 아서에게 봉건적 충성을 바치게 되고, 그래서 그의 딜레마 중 한 가지 측면이 제거되어 버린다.

도망자와 도적

군주와 갈등을 겪는 디아무이드와 트리스탄은 도망자 생활을 하고, 그들이 붙잡힐 위험에 처했을 때 기발한 요령이나 행운으로 되풀이해 빠져나옴으로써 이야기의 재미가 배가된다. 역사적 근거가 있든 없든, 그렇게 박진감 넘치는 도피행각은 전설에 끊임없이 등장하는 모티프이다. 헌신적인 여자들의 도움을 받아서, 혹은 비밀 터널을 통해 달아나는 도망자들, 그리고 변장한 채 방랑하고, 동굴에서 숨어 지내고, 첨탑의 창문이나 벼랑 끝에서 자유를 얻기 위해 뛰어내리는 도망자들을 어느 나라의 민간 전승에서나 발견할 수 있다. 윌리엄 텔 이야기는 지금도 '윌리엄 텔의 석판'이라고 불리는 호수가의 높은 바위로부터 자유를 찾아 배 위로 뛰어 내리는 장면에서 끝을 맺는다. 그리고 로버트 1세는 방랑 초기에 (다른 많은 이들처럼) 자신이 타고 있던 말의 편자를 거꾸로 박아서 추적자들을 따돌렸다. 그는 또한 거미 한 마리가 그가 있던 동굴 입구에 거미줄을 쳐서 그곳에 아무도 들어오지 않은 것처럼 보이게 해주었기 때문에 목숨을 구했다고도 한다. 오웬 글렌도우어의 경우는 붙잡히지 않으려고 스노우도니아에 있는 지독한 협곡을 올랐다. 서식스 지방의 이야기꾼들은 찰스 2세가 보스코벨에서 전투가 끝난 후 참나무 한 그루 속에 숨어 있었다는 정확한 역사적 사실을 이용해 그가 해변으로 가며 지나갔던 길가의 무수한 나무가 그의 은신처였다는 이야기를 만들어냈다.

도적과 산적을 다루는 전설은 많이 있다. 이 범주는 모호해서 영웅과 악한이 모두 포함되고, 미화된 반역자들과 자유의 투사에서부터 의협심 있는 멋있는 도적들, 그리고 교묘한 속임

저자가 밝혀지지 않은 프랑스의 한 선전지. 19세기 초반에 제작되었고, '떠돌이 유대인'을 다루고 있다. 내용에는 '떠돌이 유대인' 한 명이 '지난 달 19일에' 시농을 지나쳤으며 그의 나이는 1812살 5일이었다고 적혀 있다. 정황에 대한 언급은 이렇듯 언제나 그럴듯해 보인다! 프랑스 에피날 소재 국제 이미지 박물관.

수에 능한 자들이나 피에 굶주린 살인자들, 심지어 (스코틀랜드의 소우니 빈 같은) 식인종까지도 거기에 포함된다. 전설에서 산적과 도적을 호의적으로 비출 경우, 흔히 정치적·사회적 저항의 요소가 작용한다. 로빈 훗은 지금도 어디서나 '가난한 이들에게 베풀기 위해 부자에게 강도질을 일삼은' 인물로 알려져 있지만, 신기하게도 그를 처음으로 다룬 발라드들에서는 그런 면모가 썩 강조되어 있지 않다. 여기서 로빈 훗과 그의 부하들은 부자들에게서 뜯어낸 노획물을 자기들이 가졌다. 가난한 이들이 그들 덕분에 도움을 받은 것은 겨우 한두 번 뿐이었다. 이 발라드들이 재미가 있었던 것은 주로 격렬한 싸움, 궁술, '도적의 즐거운 숲'에 대한 목가적 묘사 때문이었다. 그리고 로빈 훗의 세련된 매너가 그의 범죄 행위에 대조된 점도 재미를 주었다. 이렇게 '신사적인' 도적은 전설에 흔히 등장하는 배역이었고, 딕 터핀 등의 노상강도들도 자주 그런 역할을 맡았다.

도적 전설은 오스트리아와 터키의 지배를 받았던 발칸 지역처럼 외국의 압제자들에 대항한 게릴라전이 벌어졌던 곳에서 큰 정치적 의미를 지닌다. 그런 나라 사람들은 산적과 애국적 자유 투사를 쉽게 동일시하기 때문이다. 그리스에서는 그런 이들을 (말 그대로 하면 '도적'이란 뜻인) 클레프트(kleft)라고 부르고, 불가리아와 유고슬라비아에서는 하이두크(hajduk), 헝가리에서는 베처르(betyar)라고 부른다. 그러면서 발라드와 일화들을 통해 그들의 용기, 힘, 명예심, 자유에 대한 사랑 등을 찬양한다. 헝가리 독립전쟁(1848)이 일어났을 때 베처르, 즉 헝가리의 숲과 들에 숨어 살던 도적 집단은 로요슈 코슈트에게 도움을 주고 게릴라 활동을 벌여 싸웠다. 그리고 코슈트의 대의가 사라진 후에는 다시 예전처럼 산적이 되었다. 하지만 그들의 애국적 역할은 지금도 민간 전승을 통해 기억되고 있다. 1947년에 기록된 한 일화에서는 유명한 도적 산도르 로저가 코슈트를 만난다. 이 일화는 로빈 훗에 대한 담시 일부와 꽤 비슷하다. 즉 지도자와 도적은 서로 상대의 가치를 인정하지만, '법과 질서'의 대변자는 우스꽝스런 겁쟁이로 묘사된다. 그러나 헝가리의 경우 역사적 배경이 더 그럴듯하기 때문에, 이야기의 재미가 영국의 경우보다 훨씬 더 수준 높다.

온 세상이 반란으로 들끓고 있을 때, 로요슈 코슈트는 산도르 로저와 그의 도적 집단을 찾아갔다. 그는 그들에게 이렇게 말했다. "이보세요! 나는 당신들의 도움이 필요해요."

그곳으로 가는 길에 하필이면 세게드의 대법원장이 동행했다. 대법원장은 여행 중 내내 사지를 벌벌 떨었다. 그렇게 비굴해질 정도로 산도르 로저와 그의 무리가 두려웠던 것이다.

그들이 도착하자마자 도적들이 그들 주위에 모여들어 소리치기 시작했다. "돈을 내놓아라! 우리가 원하는 건 너희의 돈이다!"

그러나 가까이 와서 로요슈 코슈트를 알아본 산도르 로저는 부하들에게 다가가 따귀를 갈겼다. 그리고는 왕을 자신의 은신처로 인도하였다. 상상할 수 있겠지만 그곳에는 엄청난 보물이 있었고, 산도르 로저는 그중 많은 양을 왕에게 주었다.[68]

그리스의 게릴라 산적 클레프트의 행동은 17세기부터 19세기까지 많은 민요에 영감의 원천으로 작용하였다. 그중에는 산적

---

68) Linda Dégh, *Folktales of Hungary*, London and Chigao, 1965, pp. 223-224.

이 직접 만들어서 자신들의 행동을 과시한 것으로 보이는 곡도 몇몇 있다. 하지만 거기에 등장하는 사건들은 너무 한정된 지역에서만 의미가 있어서 그 역사적 사실 여부를 확인할 증거를 찾기가 힘들 때가 많다. 반면에 허구임이 틀림없는 모티프들은 자주 등장한다. 이를테면 엄청난 힘을 발휘하여 공훈을 이룬다거나, 아가씨들이 산적으로 나서서 대단한 용기를 보여준다거나, 영웅이 죽고 그를 애도한다는 따위이다. 이 민요들은 그런 죽음을 극적으로 강조해서 표현하고 있다. 즉 클레프트가 전사할 경우 그의 적은 엄청난 강적으로 그려지지만, 그보다 훨씬 빈번하게 그가 휴전을 하였다가 배반을 당하거나 믿었던 친구에 의해 살해당한다.

반反영웅

지금까지 우리는 두 가지 의미의 영웅적 인물들을 살펴보았다. 그들은 스토리의 중심 인물이다. 또 그들은 존경의 대상이기도 하다. 하지만 민속에는 '반反영웅', 즉 사람들로부터 도덕적 비난을 받음에도 불구하고 그들이 등장하는 전설이 널리 알려진 인물도 있다. 사실 그들의 부도덕과 비극적 운명은 작가나 화가나 음악가가 크게 매력을 느낄 만한 것이었다. 그래서 반영웅 중 몇몇은 민간 전승으로부터 상류층 문화로 자리를 옮겨갔다. 다음 장에서 다룰 파우스트가 그런 범주에 속한다. 여자들을 농락한 것으로 유명한 실제 인물 돈 후안도 마찬가지이다. 사람들은 흔히 돈 후안이 갑자기 죽는 부분을 생각하며 그전부터 전해 내려오던 민담 속의 한 남자를 떠올렸다. 그 남

'날아다니는 네덜란드인'. 그 전설을 널리 알린, 바그너의 오페라 대본에 삽화로 쓰였다.

자는 무모하게도 시신이나 해골, 혹은 묘지의 조상彫像을 식사에 초대했다가 참혹한 결과에 이르렀다고 한다. 파우스트와 돈 후안은 인형극이나 싸구려 책자 같은 대중적 매체에 등장해 사악한 죄를 저지른 자의 비참한 말로를 보여주는 경고로도 이용되었다.

　독일에 전하는 '죽지 않는 유대인' 이야기, 또는 '떠돌이 유대인' 이야기야말로 저주받은 '영웅'을 다룬 가장 정교한, 그리고 널리 알려진 인기 있는 전설이다. 그것은 또 신의 처벌을 보여주는 생생한 예이기도 하다. 이 이야기를 처음으로 기록한 중세 영국의 수도승 매튜 패리스는 당시 세인트 올번 대수도원 소속이었다. 1228년에 아르메니아의 대주교 한 명이 그곳을 방문했을 때, 수도승들은 그에게 예수가 고난에 처해 있을 때 그곳에 있었던 요셉이라는 남자가 당시까지 살아 있다는 소문에 대해 물었다. 대주교는 그것이 정말 사실이라고 했고, 자신이 그 남자를 직접 본 적이 있다고까지 하였다. 그는 빌라도의 법정에서 일하던 짐꾼이었고, 원래 이름은 요셉이 아닌 카르타필루스였다. 예수가 법정에서 끌려가는 것을 본 그는 이렇게 말했다. "빨리 좀 가라. 왜 빈둥거리냐?" 예수는 단호한 어조로 이렇게 대답했다. "그래, 가마. 너는 내가 돌아올 때까지 기다려야 할 것이다." 그 결과, 회개하고 세례를 받아 요셉이라는 세례명을 얻었음에도 카르타필루스는 죽지 못하는 몸이 되었다. 그는 그의 나이가 백 살이 되면, 정확히 예수의 말을 들었던 때의 나이인 서른 살로 다시 되돌아갔다.

이 이야기는 중세 내내 전해졌지만, 1602년에 독일에서 소책자《유대인 에이혀슈러스에 관한 짧은 기록》(A Short Description of a Jew Named Ahasuerus)이 출간되어 다른 많은 나라에서까지 여러 버전으로 재출판되면서 훨씬 더 큰 영향력을 발휘하게 되었다. 이 책에는 제화공 에이혀슈러스가 골고다 언덕으로 가던 예수가 십자가를 그의 상점 벽에 기대고 쉬는 것을 허락하지 않은 것으로 되어 있다. 그래서 그는 최후의 심판일이 다가올 때까지 결코 쉴 수 없는 몸이 되었다. 그가 겸손하게 받아들인 그 운명 때문에 그는 예수를 믿지 않는 자들에 대한, 특히 유대인들에 대한 생생한 경고 역할을 한다. 사람들은 보통 이 이야기를 사실로 생각했던 것 같다. 누군가 근래에 그 방랑자를 목격했다는 주장이 싸구려 책이나 다른 자료에 되풀이해 등장했다. 독일 루베크에서는 1601년에, 파리에서는 1604년에 목격되었다. 그리고 함부르크에서도 1614년이나 1616년에 목격되고 1633년에 또 다시 목격되었으며, 브뤼셀에서는 1640년에, 스탬퍼드에서는 1658년에, 그리고 그외 여러 지역에서도 목격되었다고 한다. 제 눈으로 봤다고 꾸며댄 자들은 그 사실을 믿

트리스탄이 자신의 삼촌 마크 왕의 아내가 될 이졸데를 고향으로 데리고 오고 있
다. 그들 뒤에 서 있는 여자는 결혼식 날 밤에 먹을 사랑의 묘약을 만든 이졸데
의 하녀이다. 그런데 트리스탄과 이졸데가 모르고 그 약을 마시고 되돌릴 수 없
는 사랑에 빠지고 만다. 프랑스 샹티이 소재 콩데 박물관.

는 이들로부터 돈을 받으려고 그랬던 것인지도 모른다.

이 민간 전승은 그후로도 오래도록 명맥이 유지되었다. 민속학자 메리 트리벨리언(Mary Trevelyan)이 기록했듯이, 19세기에 웨일스의 어느 마을에서는 그곳의 아가씨를 실연에 빠뜨린 잘생긴 외지인 한 명이 '떠돌이 유대인'이라는 의심을 받았다. 그가 그녀를 떠나며 "사랑을 얻는 것이 내 운명이고, 결코 결혼하지 않는 것도 내 운명이야"라고 말했기 때문이었다. 일부 지역에서는 초인적 속성을 지닌 유대인이 등장한다. 스페인에서는 그가 거인이고, 스위스에서는 그의 눈물이 체어마트 근처의 한 호수를 이루었다고 하고, 브르타뉴 지방에서는 갑자기 강한 바람이 불면 그가 보이지 않게 지나가고 있다고 생각한다. 또 이탈리아에서 어떤 이들은 그가 사슬로 바다 밑바닥에 묶여 있다고 하는가 하면, 그가 영원히 지옥으로 이르는 구덩이를 파고 있다고도 한다. 독일과 스위스와 프랑스의 황량한 산악지대에서는 영원히 녹지 않는 눈이며 얼음이 그가 밟고 다니는 곳의 표시라는 얘기를 널리 전한다. 그가 사람들에게서 오랫동안 잊혀져 있는 사건을 언급함으로써 자신의 정체를 드러낸다고 하는 경우도 많이 있다. 또는 그가 작은 마을을 찾아와서 자신이 몇백 년 전에 마지막으로 그곳을 지났을 때는 마을이 부유하게 번창하는 도시였다고 말하고, 몇백 년이 더 지나면 마을이 완전히 사라지고 없을 것이라고 예언했다고도 한다.

몇몇 개인이나 집단들에 처벌이나 저주가 가해진 것이라고 추정하고 그 유래를 설명하기 위해 예수의 구체적인 삶을, 특히 그의 열정이 드러나는 부분이나 그의 어린 시절을 고안해낸 전설들은 아주 흔하다. 또 고안이 아니라 원래 있었던 그대로 끌어다가 그렇게 하기도 한다. 나는 제2장에서 이런 유형의 스토리 몇 개를 다루었고, 그와 비슷한 라 베파나 이야기를 제8장(310~311쪽)에서 다룰 작정이다. 그러나 '떠돌이 유대인' 이야기야말로 나머지 이야기들보다 훨씬 큰 인기와 높은 신화적 지위를 누렸다. 그것이야말로 하느님이 유대 민족에게 무엇을 의도했던 것인지 중세 기독교인들이 진정으로 믿었던 바를 상징적으로 잘 표현했기 때문이었다. 사람들은 유대 민족이 예수가 죽을 때 한 일에 대한 처벌로 정착지 없이 영원히 방랑하도록 운명지워졌고, 최후의 심판일 직전에 회개하여 세례를 받도록 되어 있다고 생각했다. '떠돌이 유대인' 전설에는 그런 믿음이 농축되어 있다. 그것은 또한 기독교도를 포함한 모든 이들에게 불경스럽거나 잔인한 행위가 얼마나 사악한 것인지 경고하는 역할도 했다(여러 싸구려 소책자 버전에는 그 방랑자들이 반기독교 죄인들을 비난하였다는 에피소드들이 기록되어 있다).

그 다음 세기부터 이 이야기는 또 다른 의미를 지니게 되었다. 19세기 낭만주의자들은 '떠돌이 유대인'을 더 이상 특정 종교의 관련 인물로 생각하지 않았다. 그 대신 불가해한 운명의 희생양으로서 숭고하게 고통을 감내하는 추방자라고 여겼다. 여러 비슷한 이야기들이 생겨났다. 대중의 인기를 얻은 것으로는 '날아다니는 네덜란드인' 이야기가 있다. 그는 불경스럽게도 '하느님의 뜻이 어떻든 간에' 혼곳[69]을 돌아 항해하겠다고 맹세한 후 그 처벌로 영원히 배를 타고 다니도록 운명지워졌다고 한다. 문학에서는 콜리지가 자신의 《고대의 선원》이 그 운명과 회개, 그리고 끊임없는 고해 충동이 표현된 작품이라고

---

69) 현재 칠레의 영토인 남아메리카의 뾰족한 끝을 가리킨다 – 역주.

이야기했다. 그 전의 전설이 그렇게 반영된 것이다. 그러나 나치에게는 '떠돌이 유대인' 이야기가 오직 더없이 좋은 선전 수단일 뿐이었다. 그들은 1933년에 발간된 한 신문에서 이렇게 선언하였다.

우리는 유대인을 빼고 조국을 건설해야 한다. 그들은 나라 없는 이방인 외에는 결코 아무것도 될 수가 없고, 절대 법률적인, 혹은 헌법상의 지위를 가질 수 없다. 그것을 막아야만, 에이헤슈러스가 다시금 어쩌지 못하고 방랑자의 지팡이를 집어 들게 할 수 있다.[70]

이제껏 민간 전승을 이보다 더 흉악한 용도로 쓴 적은 없었다.

---

70) *Völkisher Beobachter*, 26 June 1933, Venetia Newall 인용, 'The Jew as Witch Figure', in *The Witch Figure*, ed. V. Newall, London, 1973, p. 101.

6장 경이를 이뤄내는 이들 : 성인, 현자, 마법사

신성한 이들의 힘

대부분의 사회에서는, 엄연히 인간임에도 불구하고 별세계의 존재와 영혼, 그리고 죽은 자와 의사소통할 수 있는 자들이 있다고 믿는다. 그들은 심지어 그 존재들을 통제하고 기적을 일으키는 힘마저 지닌다. 사람들은 그들이 그 힘을 하느님, 혹은 사악한 존재건 선한 존재건 다른 비인간 존재로부터 선물로 받았다고 생각하기도 하고, 그 힘이 그들의 선천적 자질이라고 여기기도 한다. 또 초자연적 힘에 대한 연구나 고행을 통해 그 힘을 얻는다고 생각하기도 한다. 그런데 그런 힘의 원천보다 훨씬 더 중요한 것은 그 힘이 공동체에 이롭게 쓰이느냐, 아니면 해롭게 쓰이느냐이다. 이번 장에서는 주로 자비로운 경이를 이뤄내는 자들을 다루고, 이어서 해로운 자들도 함께 다뤄보기로 한다.

중세 유럽에서 가장 흔했던 자비로운 경이의 실현자들은 물론 성인들이었다. 그런데 아주 흥미롭게도, 중세 사람들이 성인의 생전과 사후 공적이라고 여기던 것들과 중세 이전 비기독교적 상황에서 생긴 고대 신앙과 이야기들 사이에는 유사성이 존재한다. 가령 전설에 성인의 인생을 기술하는 원형적 이야기가 있듯이, 영웅 이야기에도 그런 원형이 있다. 또 양자는 서로 공통적인 점이 많다. 성인이 태어나기에 앞서 경이로운 일이 발생하고 누군가 예언을 한다. 또 그는 나이에 걸맞지 않는 지혜와 신앙심을 발휘하는데, 이것도 일부 영웅들이 어린 시절에 발휘하는 힘에 대응된다. 그에게는 또한 (성직자들이 쓰는 지팡이, 종, 어깨에 늘어뜨리는 천 등) 기적을 행하는 물건이 있고, 이런 것은 영웅의 경이로운 무기에 해당한다. 마지막으로 그도 박해자 인간이나 악마, 또는 그 두 가지 모두에 맞서 싸운다. 일부 성인들은 왕이나 주교나 대사원장 같은 지도자가 된다. 이와는 달리 순교하는 성인의 경우, 그들이 박해에 맞서는 용기는 영웅 서사시에 나오는 영웅의 죽음처럼 정교하게 강조된다. 양자 모두에서 훌륭한 죽음이란 삶의 영광을 완성하는 것이기 때문이다. 그러나 성인의 죽음 다음부터 전형적 성인 전설은 영웅 서사시 유형과는 다른 길을 걷는다. 영웅의 몸과는 달리 성인의 시신은 불가사의하게도 스스로 보존되는 힘이 있고, 그의 무덤이 신앙의 중심지가 되며, 그의 유골이 나누어져 사람들에게 주어지고, 그의 기일이 축제일로 제정된다. 다신교적인 그리스와 로마에도 영웅을 기념하는 비슷한 것들이 있기는 했다. 하지만 기독교로 개종된 유럽에서는 그런 일들이 성인의 몫이었다. 또 교회가 공식적으로 인정하지는 않았지만 성인이라고 간주되고, 간혹 사후에 기적을 일으켰다고도 하는 국가적 영웅들에 대해서도 그런 일들이 행해졌다. 샤를마뉴 대제와 엘 시드가 후자의 예이다.

기독교 교회에서는 허구적 인물이 아니라 실제로 그럴 만한 가치가 있는 인물이 성인으로 추앙받도록 노력하였다. 12세기에 이르러서는 로마 교회만이 오랜 조사를 한 다음에 성인을 추증할 수 있게 되었다. 하지만 그전에도 해당 지역의 대중적인 지지를 받은 후 성인의 지위를 얻으려면 (앞의 5장에서 언급한 노르웨이의 울라프 2세처럼) 그곳의 주교로부터 승인을 받아야 했다. 400년경 프랑스 투르의 주교였던 성 마르탱은 자신의 저서 《성 마르탱의 삶》(The Life of St Martin)에서 이런 이야기를 했다. 그는 전임 주교가 허락해서 제단이 만들어진 어느 순교자의 무덤이 정말 근거가 있는 것일까 의심이 들었다고 한다. 그래서 그는 그 순교자의 이름과 관련 일자를 조사했는데, 결과가 서로 아귀가 맞지 않자 점차 "염려스럽고 불안해졌다." 그는 결국 무덤 앞에서 기도를 하여 하느님에게 거기 누워 있는 것이 정말 누구인지 알려달라고 요청했다. 그러자 곧 (다른 사람 눈에는 전혀 보이지 않았지만) "사납고 증오가 가득한" 그림자 하나가 나타나서는, 자신이 생전에 순교자가 아니라 산적이었다고 고백했다. 죄를 저질러 처형당했으니 존경받을 가치가 전혀 없다는 것이었다. 성 마르탱은 그 무덤을 없애버렸고, "그리하여 사람들을 미신의 오류에서 구원해냈다."

안타깝게도 전설의 형성 과정은 그렇게 엄격하게 조절되지 않았다. 반면에 순교자의 고통, 수행자의 금욕적 생활, 그리고 모든 부류의 성인이 행한 기적과 그들이 죽어서 나타난 환영 등 성인에 대한 모든 것은 그보다 훨씬 정교해졌다. 그 주된 이유는 교회와 수도원과 순교지의 위신이 그곳에 명칭을 제공한 성인의 위신에 따라 좌지우지되었고, 그런 이유로 경쟁이 무척 심했기 때문이었다. 성인 전기나 경이로운 일을 다룬 책마다 서로 모티프를 모방했고, 요정 이야기처럼 예측이 가능한 정형들이 만들어졌다. 이를테면 이런 것들이 있다. 지팡이에서

꽃이 핀다. 야생동물들이 수행자를 보호해주거나 먹여 살린다. 하늘에서 조상彫像이 떨어지거나 그것이 빈 배에 실려 해변을 떠다닌다. 성인이 펼친 망토를 타고 바다를 건넌다. 신비롭게도 마차가 어딘가에 멈춰 서서 성인을 어디에 묻어야 하는지, 혹은 교회를 어디에 지어야 하는지를 알려준다. 헝가리의 성 엘리자베스가 십자군 원정에 나서는 남편으로부터 반지를 받는데 남편이 죽으면 그 반지가 부러진다는 이야기도 있다. 이처럼 몇몇 생생한 에피소드들이 민담에서 모티프를 얻어 만들어졌다. 요정 체인즐링에 대한 믿음도 10세기부터 14세기까지 놀랍게도 세 명이나 되는 성인(로렌스, 바르톨로메오, 스티븐) 관련 텍스트에 차용되었다. 그들은 모두 어릴 적에 악마가 훔쳐서 어느 인적이 드문 곳에 내버린 이들로 되어 있다. 그런데 신앙심이 독실한 누군가가 그를 발견하여 데려다 기른다. 그동안 악마가 그들 대신 아기의 자리를 차지하거나, 요람에 꼭두각시 인형을 놓아둔다. 이래서 생긴 새끼 마귀는 다른 모든 체인즐링처럼 "자라기를 거부하고, 요람에서 밤낮을 가리지 않고 울어댄다." 심지어 어느 버전에서는 그 새끼 마귀에게 젖을 먹이려고 애쓰다가 지쳐 죽어버린 유모가 열네 명이라고 주장한다. 어른이 된 성인은 마침내 제 집을 찾아와서 자신이 누군지 밝히고, 정체를 폭로당한 새끼 마귀는 달아나버린다. 성 스티븐의 전설을 묘사한 어느 삽화에는 꼭두각시 새끼 악마가 불에 타는 재미난 모습이 나온다. 이것은 체인즐링에게 간혹 일어나는 일이었다.

때론 고대의 이야기가 거의 하나도 바뀌지 않은 채 사용되기도 했다. 그중 가장 눈에 띄는 것이 몰라보고 아버지를 죽이고 어머니와 결혼한 오이디프스 이야기다. 사람들은 가롯 유다가 그런 일을 했다고 이야기하였다. 이는 그라면 마땅히 끔찍한 죄악을 저질렀을 것이라고 생각하였기 때문이었음이 틀림없다. 더 놀라운 점은 하느님이 어떻게 악으로부터 선을 이끌어 내는지 보여주기 위해 몇몇 성인들마저 그런 일을 저지르게 되었다는 이야기가 전했다는 것이다. 그중 그레고리우스 이야기는 중세 독일 시인 하르트만이 문학적으로 수용해서 가장 널리 알려지게 된 버전이다. 이 이야기에 따르면 그레고리우스는 쌍둥이가 근친상간으로 낳은 아들이었다. 그의 양친은 이내 회개하고 아들을 내부가 들여다보이는 보트에 실어 흘려보냈다. 그는 기사가 되었고, 오이디프스처럼 부친을 죽이지는 않았지만 과부가 되어 있던 어머니를 만나 결혼하였다. 이후 진실을 알게 된 그는 스스로 헐벗은 바위 위에서 유배생활을 하였다. 그렇게 17년을 그곳에서 지낸 그의 고난이 너무도 가혹했기 때문에, 그는 마치 고슴도치처럼 쭈글쭈글한 몰골로 변해버렸다. 마침내 선견지명의 형태로 그의 고결함이 빛을 발하였고, 그는 교황으로 뽑혔다. 그는 그 권위를 이용해, 두 번의 근친상간을 범한 어머니의 죄를 사해 주었다. 그 어머니와, 그와 어머니 사이에 생긴 딸들은 수녀가 되었다.

　사람들이 여러 성인이 지니고 있다고 믿었던 경이로운 힘들이, 특히 이슬람교와 불교의 신비주의와 고대의 샤머니즘적 전통 같은 다른 문화의 성자들에게서도 똑같이 발견된다. 거기서는 신성함이 흔히 극도의 열과 추위를 다룰 수 있는 능력으로 발현되고, 영적인 에너지를 빛의 형태로 발산할 수 있는 능력과도 연결된다. 키케로는 카프카스 지역에서 눈 속에서 벌거벗고 살면서 '신음 한번 하지 않고' 불 속으로 몸을 던질 수 있다는, 고행하는 현자들에 대한 이야기를 언급하였다. 그리고

일반적으로 막대를 이용한 탐사 기술은 과학으로 설명되지 않는 능력으로 간주되었다. 그 능력을 얻으려면 초자연적 존재(이 경우는 천사나 마귀였다)의 도움이 필요한 것인지에 대해서는 중세부터 르네상스에 이르기까지 견해가 여러 가지로 달랐지만 말이다. 이 기술은 주로 물이 아니라 금속을 찾는 데 이용되었는데 이 그림에서처럼 광산에서 광맥 탐사에 쓰이거나, 땅에 묻힌 보물을 찾는 데 쓰였다. 아그리콜라의 《광물에 관하여》에 수록된 삽화.

현대에 이르러서도 티베트의 수도승들이 그와 똑같은 것을 한다는 얘기가 흔히 전한다. 기독교에도 그런 사례가 여럿 있다. 그중 성 케이니쿠스와 메어리어누스 스코투스는 밤이면 손가락이 빛을 발하기 때문에 글을 쓰면서 양초가 필요없었다고 한다. 또 고행자 애벗 롯이 기도를 할 때면 마치 열 개의 햇불을 밝힌 것 같았다고 하고, 성 바츨라프가 밟은 곳은 얼어 있던 눈이 녹아 내렸다고 하고, 시에나의 성 캐서린은 물을 끓게 할 정도로 손이 뜨거웠다고 한다. 사실 미술에서 성인의 머리 뒤에 후광을 그려 넣던 관습은 그들의 광선 발사 능력에 대한 믿음에서 비롯되었다. 그 외에 비기독교 문화에서도 비슷한 것이 많이 발견되는 성인다운 능력으로는 동시출현 능력('별로 변한 몸'을 공중에 투사해서 두 곳에 동시에 존재하는 듯 보일 수 있는 능력), 물 위를 걷는 능력, 그리고 기도 중에 황홀경에 빠진 채 허공에 떠오르는 공중부양 능력이 있다. 공중부양으로 가장 유명했던 성인은 프란체스코 수도회 소속 수도사 큐퍼티노의 성 요셉(1603~1663)이었다. 목격자들은 그가 교회 한복판에서 공중으로 높이 솟아올라 제단의 성궤를 붙잡는 것을 보았다고 주장했다. 또 한 번은 그가 올리브나무 위쪽으로 날아올라 가볍게 흔들리는 가지 위에서 반시간 동안 무릎을 꿇은 채 머물러 있었다고 한다. 날아오를 때면 그는 보통 크고 날카로운 비명을 질렀다. 다른 수도사들이 그 소리를 아주 기분 나빠했기 때문에 그는 삼십 년 동안 식당 출입과 성가대나 모든 행렬에 가담하는 것이 금지되었다.

흔히 성인들에게는 야수를 다스리는 놀라운 능력이 있다고 생각되었다. 종교적 차원에서 이 능력은 육체적 욕망을 수행을 통해 통제해내는 힘을 상징했지만, 이에 따라 필연적으로 흥미진진한 이야기들이 생겨났다. 숲에서 살았던 러시아의 수행자 라도네쥐의 성 세르기우스는 새끼 곰과 함께 빵을 먹었다고 한다. 또 13세기에 아토스 산[71]에 살던 수도승 성 존 코우토우젤리스는 염소들이 그 주변에서 춤을 출 정도로 노래를 아주 달

---

71) 그리스 북부에 있는 산이다 – 역주.

콤하게 불렀다고 한다. 그리고 키프로스의 성 마마스는 이사야의 '작은 아이' 처럼 사자에 올라탄 채 양을 인도하는 모습으로 조각에 등장한다. 뱀들을 쫓아내는 성 패트릭과 늑대를 길들이고 새들에게 설교하는 아시시의 성 프랜시스는 오늘날까지 유명한 사례이다. 때론 (뱀과 전갈, 용 같은) 극도로 혐오스런 동물들은 악마를 상징하고, 성인은 그것들을 파멸시킨다. 그 중 용이 가장 흔하게 등장한다. 정교회와 아르메니아 교회를 포함한 로마 가톨릭 교회에만도 용을 죽인 공훈을 쌓았다는 전설이 있는 성인이 사십 명이 넘는다. 심지어 여자 성인들까지도 십자가 표시를 하거나 순결의 상징인 거들을 덮어 용의 눈을 멀게 함으로써 그것을 길들이거나 죽인다. 한편 성 조지의 경우처럼 일부 남자 성인들은 싸워서 용을 죽이기까지 했다. 그들은 또 기도나 성수聖水, 혹은 명령 한 마디로 용을 죽이기도 한다. 〈요한 계시록〉(20장 2절)의 내용에 뿌리를 두고 용을 곧 마귀로 본 이러한 시각은 성인 전기와 종교 미술 전반에 영향을 미쳤다. 그 관점은 용에게 잡아먹힐 위험에 처한 공주를 구출해낸다는 따위의 민속의 모티프들로 더욱 풍부한 내용을 얻었다. 역으로 용에 대한 종교적 관점 때문에 용을 죽이는 이야기가 대중적 서사에서 눈에 띄게 오랫동안 보존될 수 있었다.

성인이 지녔던 가장 흔한 힘은 무엇보다 치료의 힘이었다. 그리고 그것은 다른 능력과는 달리 성인의 사후에 더 강해지기까지 했다. 천국에 있는 성인은 누구나 특정 질병을 한 가지씩 전문으로 치료한다는 것이 일반적인 생각이었다. 물론 부과된 질병의 종류가 지역에 따라 서로 다르기도 하고, 서로 겹치기도 했지만 말이다. 그래서 레지널드 스콧 같은 신교도들은 그런 체계를 이렇게 비웃었다.

키프로스의 성 마마스가 양을 습격하려던 사자를 길들여서 그 양을 안은 채 타고 가고 있다. 사자는 흔히 사탄이나 사악한 욕구를 상징하는 반면, 양은 순수를 나타낸다.

성 조지의 전설을 묘사한 그림이다. 공주를 용의 제물로 바치게 된다. 왕이 조지에게 공주를 살려달라고 간청한다. 조지가 용에게 상처를 입힌다. 공주가 용을 이끌고 집으로 오고, 이때 구경꾼들이 공포에 질린다. 이제 조지가 용을 죽인다. 파리 국립 도서관.

사도 요한과 성 발렌타인은 간질을 잘 치료했고, 성 로시는 역병에, 성 페트로닐은 말라리아에 능했다. 성 마가렛의 경우는 산파 일을 맡은 루사이나[72]로 통했고 … 성 마퍼지도 그녀처럼 그 일을 하는 인물이다. 악마에게 혼이 나간 사람 등 미친 사람을 치료하는 데 뛰어났던 이는 성 로맨스이고, 수도사 루핀도 그 기술이 아주 훌륭했다. 종기와 부스럼 따위에는 성 코스마스와 다미아누스, 눈병에는 성 클레어, 치아와 관련된 병에는 성 아폴린 천연두에는 성 욥이었다. 그리고 유방염에는 성 아가타였다.[73]

이런 전문 분야가 때론 성인의 생애에 벌어진 실제 사건이나 전설상의 사건과 부합하는 경우도 있다. 가령 성 아폴린은 고문으로 이가 뽑힌 적이 있다. 또 용이 삼켜서 그 속으로 들어갔던 성 마가렛은 그 살을 째고 상처 없이 밖으로 걸어 나왔다. 이는 가히 안전한 분만이 아닌가! 말장난이 가미된 다른 예들도 있다. 몇몇 언어에서 성 클레어라는 이름은 '클리어', 즉 '맑은'이란 뜻을 지닌 단어의 동음이의어이기 때문에, 그녀는 시야와 날씨를 맑게 해준다. 또 완전히 오해에서 비롯된 경우들도 있다. 분실물을 잘 찾아낸다는 성 안톤의 명성은 분명 어느 찬송가에서 그가 "잃어버린 것을 찾아냈다"고 한 구절에서 유래한 것으로 보이는데, 그 구절의 진짜 뜻은 "죄인을 회개시켰다"는 뜻이었다. 중세 말기에 이르러서는 일상생활의 모든 측면이 각기 공식적으로 특정한 성인의 보호를 받게 되었다. 가축을 치료하고, 해충을 퇴치하고, 작물을 보호하고, 불을 끄고, 폭풍의 방향을 바꾸는 등 위험한 것마다 그것을 피하

---

72) 빛과 출산을 담당한 로마의 여신 – 역주.
73) Reginald Scot, *Discoverie of Witchcraft: A Discourse of Divels*, 1584, ch. 24.

도록 해주는 성인이 있었고, 직업마다 보호자가 있었다. 이 성인이 천국으로부터 베푸는 자비는 그들의 유골과 사당, 그들에 대한 신앙에 관련된 것으로서 사람들이 자신을 보호해주는 부적 삼아 지니고 다니거나 놓아두고 지냈던 것들, 그리고 메달과 조상彫像 등을 매개로 하여 해당 지역에 집중되었다. 프로테스탄트들에게는 이런 관습이 한심한 미신에 불과했다. 하지만 가톨릭 신도들은 그것을 정상적인 신앙심의 표현으로 여겼고, 그렇게 생각하기는 지금도 여러 나라에서 마찬가지다.

마을의 현자와 치료사

그러나 가톨릭 신학자든 프로테스탄트 신학자든, 사람들이 보통 자신의 공동체에 함께 사는 현자와 치료사들에게 골칫거리를 털어놓는 것을 참을 수 없어 했다. 그 '혼령술사(conjurer)'와 '지혜로운 아낙(wise woman)'들이 하느님에게서 특별한 재능을 부여받은 것이라고 자처하고, 애초에 사실인지도 불확실한 그 힘을 호의적으로 사용한다고 해봤자 그것은 신학자들에게 아무런 의미가 없었다. 어느 종파의 성직자이건 그런 힘을 의심했고, 하느님보다는 악마가 그것을 부여했다고 생각했다. 더군다나 중세 초기 가톨릭교회에 '중립적인' 혼령이란 존재하지 않았고, 따라서 확실한 천사가 아니면 모두 악마일 수밖에 없다고 생각되었다. 그 결과, 요정의 나무에 천 조각을 매달아 놓는다거나 가택 정령을 위해 음식을 내놓는 따위의 민간 전통을 따르는 사람은 누구나 악마를 '숭배한다'는 비난을 받을 수 있었다.

중세의 문서를 통해 그래서 생긴 오해를 다소나마 엿볼 수가 있다. 1235년경 리옹의 도미니크회 종교 재판관이었던 스테팡 드 부르봉은, 병이 잘 걸리는 자식을 둔 엄마들이 한 노파에게 자문을 구하고, 그 노파는 그들을 성 귀니포트를 기리기 위해 만들어진 어느 신성한 우물로 데리고 간다는 사실을 알아냈다. 거기서 그들은 "소금과 다른 것들을 제물로 바치고", 아기의 포대기를 덤불나무에다 걸쳐놓고는 벌거벗은 아기를 나무줄기 두 개 사이로 아홉 번씩 주거니 받거니 하였다. 그리고는 그 노파와 엄마는 "숲 속 파우니의 자식인 연약하고 병든 아기를 데려가고 그가 데려간 아기를 돌려달라고 요청하고자 잠시 동안 아기를 나무 한 그루 밑에 혼자 내버려 두었다." 우리가 생각하기에 그것은 그곳의 '지혜로운 아낙'이 요정으로 하여금 체인즐링을 다시 진짜 아기로 바꾸도록 하려 한 의식이었음이 분명하다. 그와 같은 행위, 즉 나무줄기가 갈라진 곳이나 돌에 난 구멍을 통하여 병든 아기를 주거니 받거니 하는 것은 19세기까지도 익숙한 행위였다. 그러나 중세 신학자들의 일반적인 주장을 따랐던 스테팡은 그곳에 있다는 요정이 로마 이교도들이 믿던 파우니라고 생각했고, 그에게 그 요정은 곧 악마였다. 또한 그곳의 여자들은 "악마에게 제물을 바친" 죄를 저지른 자들이었다. 심리를 진행할수록 그에게 충격적인 일들이 더 밝혀졌다. 그 지역의 일반 주민들이 생각하는 '성 귀니포트'는 파비아 등지에서 존경 받는 순교자 성 귀니포트가 아니었고, 사실은 주인의 아이를 뱀으로부터 구했지만 그 아이를 공격했다는 의심을 받고 부당하게 죽은 용감한 사냥개였다. 그리고 그곳의 우물과 나무들은 그 개의 무덤을 가리키는 표시였다. 여러 나라에 전하는 이 전설 중에서 가장 유명한 것이 웨일스 버전인 '사냥개 겔러트'이다. 그 개가 어떻게 성인에 대한 신앙과 혼동되게 되었는지는 이에 놀라 마지 않았던 스테팡과 마찬가지로 민속학자도 이해하기가 힘들다. 스테팡은 아래와 같이 단호한 반응을 보였다.

우리는 그 개의 시체를 파내게 했고, 그곳의 신성하다는 나무들을 베어 개의 유골과 함께 태우도록 했다. 그리고 나는 그 지역의 땅 임자들을 시켜 포고령을 내리게 했다. 이유가 뭐가 됐건 그곳에 가는 사람은 누구나 재산을 압수해서 팔아버릴 것이라는 경고였다.[74]

그러나 중세의 성직자와 지방의 현자가 화목하게 협조했다는 증거도 때론 발견된다. 1318년에서 1325년 사이에 종교 재판관들은 순결파 이단자들을 찾아내려고 프랑스 피레네 지방의 몽테이유 마을을 조사했다. 그곳에는 마을 담당 성직자의 종 노릇을 하면서 짬을 내어 교회의 성구聖具 관리인으로도 일하던 아르노 겔리라는 사람이 살았다. 마을 사람들은 그를 '혼령들의 사신'이라고도 불렀다. 그는 그곳에 나타나는, 죽은 자의 혼령을 볼 수 있는 능력이 있었다. 주민들은 그 혼령들이 생전에 지은 죄를 회개하는 의미로 엄청난 고통 속에, 그리고 '안식의 장소', 즉 천국에 다다르려는 갈망 속에 언덕과 계곡을 질주하여 교회와 교회 사이를 오간다고 믿었다.

---

74) Jean-Claude Schmitt, *The Holy Greyhound: Guinefort, Healer of Children*, Cambridge, 1983, p. 6.

미사 중에 공중부양하는 큐퍼티노의 성 요셉. 옥스퍼드의 애쉬몰린 박물관.

그 죽은 자들과 산 자들 사이에 메시지를 전하는 것이 겔리 같은 이들의 임무였다. 죽은 자들이 편히 쉴 수 있도록 산 자들이 예배를 보아야 하는 의무, 산 자들이 가난한 이들에게 동냥을 해야 하는 의무, 그리고 교회를 찾는 혼령들을 위로하기 위해 그곳에 기름 등잔을 밤새 켜두는 의무 등을, 죽은 자들은 산 자들에게 환기시켰다(성구 관리인이었던 겔리는 틀림없이 교회에 밤새 등잔을 켜 놓았을 것이다. 죽은 자의 자손들이 기름값만 낸다면 말이다). 역으로 죽은 자들은 모르는 것이 없다고 믿었던 마을 사람들은 겔리를 통해 그들에게서 정보를 얻으려고 했다. 얼마 동안 소식을 알 수 없는 아들의 소재 따위에 대한 정보였다. 겔리는 봉사의 대가로 약간의 돈이나 음식을 받았다. 그가 모시던 성직자는 그의 역할을 긍정했지만, 종교 재판관들은 그렇지 않았다.

'마법사'가 된 교구 목사

사람들이 다름 아닌 성직자를 경이의 구현자라고 생각하는 경우도 흔히 있었다. 축복과 액막이 행위로 악마를 물리치는 것(마법사가 악마에게 명하여 자신에게 봉사하도록 만들 수 있는 능력과 혼동되기 쉬운 행위였다)이 그들의 임무 중 하나이기도 하거니와, 그들의 학식과 라틴어와 그리스어 지식 때문에 농부 계층이 위압감을 느꼈기 때문이기도 했다. 가톨릭 시대 동안 유명한 신부는 거의 누구나 성인으로 간주될 가능성이 있었다. 1290년부터 1314년까지 북 마스턴에서 신부로 있었던 존 숀 경(Sir John Schorne)의 경우도 마찬가지였다. 그는 액막이에 아주

사자와 함께 서재에 있는 히에로니무스. 전설에 따르면, 발가락에 가시가 박힌 사자 한 마리가 그의 수도원을 찾아와서 치료를 받았다고 한다. 사자는 고마워서 그의 하인이 되어 함께 살았다. 이런 이야기들의 주된 의도는 동물에게 친절할 것을 가르치는 것이 아니라 무절제한 육체적 욕구를 성인은 마음대로 다스릴 수 있음을 상징적으로 나타내는 데 있었다.

《일곱 가지 슬픔의 동정녀 마리아》의 한 이미지(그녀의 가슴 앞에 있는 일곱 개가 제목을 상징하고 있다). 그를 둘러싸고 있는 것은 봉헌물이다. 사람들은 추수 감사절에, 은이나 밀랍으로 만든 손발과 심장, 또는 머리 모양을 구입하여 성소에 기부하였다. 그것은 질병의 치유를 기원하는 의미였다.

능했고, 장화 한 짝에 마귀를 가두어서는 그 안에 살려 둔 채 가지고 있었다고 한다. 그가 죽은 후엔 생전에 그가 지팡이로 땅바닥을 치자 생겨났다는 우물과 그의 무덤으로 순례자들이 몰려들었다. 그의 시신은 1475년에 마스턴으로부터 윈저 지역의 성 조지 교회로 옮겨졌고, 그곳에서 훨씬 더 많은 사람이 그를 숭배하게 되었다. 만약 종교개혁이 일어나지 않았다면 그는 결국 공식적인 성인의 반열에 올랐을 것이다.

종교개혁 이후 영국 민속에는 주로 위험한 유령 따위의 사악한 혼령을 쫓아내는 교구 목사 이야기가 많기도 하고 종류도 다양했다. 하지만 사람들은 이야기 속의 그들을 성인이라고 생각하지 않고 종교적으로 독실하고 유익한 마법사쯤으로 생각했다. 특히 영국 서부 주들에서 수도 없이 발견되는 그런 일화에는 성직자가 영적인 힘을 사용하여 귀신을 물리쳐 주었으면 하는 주민들의 바람이 반영되어 있다. 그러나 영국 국교회의 성직자가 실제 현실에서 그런 액막이를 행한 적은 거의 없었고, 그래서 초자연적 존재에 시달리는 사람들이 의지할 수 있었던 것은 마을에 사는 '영악한 사람' 뿐이었다. 그런 현실과는 대조적으로 전설에서 등장하여 유령을 쫓아내는 교구 목사는 존경스러우리만치 열정적으로 대처해 나간다. 그는 흔히 엄청나게 큰 동물의 모습을 하고 나타나는 혐오스런 유령에 맞서고, 양초 하나만을 든 채 그 유령 앞에서 찬송가를 부르고 기도를 읊조린다. 때론 교구 목사 몇 명이 힘을 합쳐 행동하고, 신도들이 모여들기도 한다. 라틴어로 기도를 하기도 하고 히브리어로도 기도한다. 또 '마법의 원' [75]을 사용하기도 한다. 그리하여 유령은 점차 움츠러들고, 마침내 힘을 잃고 작아져서 병이나 코담배갑이나 장화 속으로 몰아넣을 수 있게 된다. 교구 목사는 그것을 연못에 던져버리거나 땅 속에 묻는다. 누군가 멍청한 인간이 풀어주지만 않는다면 유령은 그 속에서 천 년 동안 살아야 한다.

영국의 민간 전승에서 마법을 행하는 교구 목사는 보통 익명으로 등장했고, 날짜도 기록되지 않았다. 하지만 유럽의 다른 전설 계보들은 실명으로 등장한 성직자들을 중심으로 발전하였다. 그 시기가 중세부터 19세기에 이른다. 아주 재미난 내용이 많았던 그 일화들은 나라를 옮겨가며 회자되어 각국의 '최고의

---

75) 마법의 힘을 발휘한다는 몇 개의 동심원 - 역주.

브르타뉴 지방 조슬랭 소재 노트르담 드 랑시에르 우물. 신성한 우물은 브르타뉴 지방 사람들의 중요한 순례지이다. 이런 우물 대부분은 동정녀 마리아나 그의 어머니로서 그에 못지않게 추앙받는 성 앤을 기리기 위해 만들어졌다.

마법사' 마다 서로 비슷한 일화가 전해지기도 했다. 아래에 옮긴 것도 그런 이야기이다. 1870년에 채록된 이 이야기에서 노르웨이의 목사였던 크리스티안 홀스트(1743~1823)가 마귀를 쫓아내는 방법은 존 숀과 아주 똑같다.

"비어 있는 위스키 통 하나 작은 걸로 가져오세요, 아주머니." 목사가 화가 나서 말했다. 통을 받아든 그는 찬송가를 부르고 또 불렀다. 그러자 그 방에 있던 사람들이 너나 할 것 없이 덜덜 떨었다. 이때 갑자기 마귀가 열쇠 구멍으로 들어오더니, 끙끙 앓는 소리를 내면서 개처럼 꼬리를 흔들며 마루를 기어 목사에게로 왔다. 그것은 위스키 통 안으로 들어갈 수밖에 없었다. 그것이 통 바닥에 내려앉자 목사는 코르크 마개로 통을 꽉 막고는 "음, 너 이 마귀, 빌어먹을 놈아. 넌 내 손아귀에 있다!"라고 했다. 그 이후로 스토르-발레의 주민들은 그곳에서 마귀를 본 적이 단 한 번도 없었다![76]

다른 인기 있는 일화들에는 어느 신부가 마귀에게 다리를 지으면 그 대가로 그 다리를 처음 건너는 사람의 영혼을 주겠다고 약속하고는 나중에 개나 고양이가 처음으로 건너도록 해서 속여먹었다는 이야기가 나온다. 또는 마귀로서는 도저히 참고 읽을 수 없는 성경의 단어 수가 몇 개인지 세라는 따위의 불가능한 과제를 부과함으로써 신부가 자신의 영혼을(혹은 다른 사람의 영혼을) 구하는 이야기도 나온다.

마법사 역할을 하는 신부는 두 가지 원천, 즉 신부로서의 지

---

76) Reidar Th. Christiansen, *Folktales of Norway*, London and Chicago, 1964, p. 31.

부당하게 죽는 개. 한 남자가 섣부르게도 자신의 개가 아기를 죽였다고 단정한다. 사실 개는 아기를 물려던 뱀을 죽인 것이었다. 다른 몇 개 국가에서도 비슷하게 전하는 이야기의 16세기 독일 버전이다. 이 삽화는 요한 파울리의 《욕설과 진지함에 관한 책》(Das Buch von Schimpf und Ernst, 1533)에 그 이야기와 함께 실려 있다.

위와 학식에서 힘을 얻는다. 비밀스런 '악마의 마법을 배우는 학교'가 멀리 떨어져 있는 유명한 대학교 안에 세워져 있을 거라는 소문이 떠돌았다. 비텐베르크, 톨레도, 파리, 크라쿠프, 살라망카 등이 모두 의심을 받았던 곳이다. 또 영리한 학생이 '악마의 마법을 배우는 학교'에서 도망치는 이야기는 자주 발견되는 일화이다. 마이클 스콧과 스코틀랜드의 여러 지주들과 스칸디나비아의 교구 목사들뿐 아니라 실제로 파리에서 수학했던 아이슬란드의 현자 문두르(1056~1133)도 그런 영리한 주인공으로 등장했다. 그 학교의 학생들은 학업을 마치고 모두 함께 어느 문을 통해 달아나기로 하는데, 악마가 맨 뒤에 가는 학생을 붙잡아 지옥의 나락으로 빠뜨리려고 한다. 하지만 영리한 학생이 맨 뒤에 가면서 악마를 속여 자신의 그림자나 망토를 붙잡게 하고, 동료 학생들의 목숨까지 구한다.

캔터베리 대주교 성 둔스탄은 취미로 하는 대장장이 일을 좋아했다. 어느 날 마귀
가 아리따운 아가씨의 모습을 하고 대장간에 나타나자, 둔스탄은 그 정체를 밝히
고 시뻘겋게 달아올라 있던 부집게로 마귀의 코를 집었다. 서식스 주의 메이필드
에 있는 한 수도회에는 둔스탄이 그때 썼다는 부집게가 전시되어 있다.

르네상스 시기부터 17세기 후반까지 지식인들 사이에 신플라
톤주의적 학설들이 확산되면서, 학업과 마법은 더 밀접한 관련
을 맺게 된다. 그 학설들은 '고차원적 마법', 점성술, 연금술
등 종교와 신비주의와 과학 간의 경계에 선 것들이었다. 교육
받지 못한 계층에게는 그런 정교한 사유들이 조잡한 마법과 별
반 달라 보이지 않았고, 사악한 영향을 끼친다는 의심마저 들
었다. 그래서 대중적 민간 전승에서는 파라켈수스와 알베르투
스 마그누스, 수도사 베이컨과 아그리파 폰 네트스하임 같은
학자들이 포스터스(Faustus)처럼 악마와 협약을 맺은 마법사로
등장한다. 사람들이 초자연적인 힘과 학식을 얼마나 연관시켜
생각했는가 하면, 영국의 한 작가가 1600년에 이렇게 말했을
정도이다. "요즈음 보통 사람들은 별점을 쳐서 운세를 맞춘다
거나 마귀를 물리친다거나 예언하는 기술이 있거나 하지 않으

서재에 있는 파우스트가 악마 메피스토펠레스를 불러내는 모습이다. 메피스토펠레
스는 처음에 이글거리는 눈을 한 검은 개의 모습을 하고 나타난다.

면 아무도 학자라고 여기지 않는다." 중세와 르네상스 시기 동안 신비주의와 연금술을 다룬 다양한 학습서들이 라틴어에서 지방 토착어로 번역 출간되었다. 주문을 다루어 인기를 얻은 책들도 있었고, 그중 《솔로몬의 열쇠》(The Key of Solomon), 《대마법서》(Le Grand Grimoire), 《모세의 제6권과 7권》(The Sixth and Seventh Book of Moses), 《키프리아누스》(Cyprianus) 같은 책은 중세부터 오늘날까지 계속 유통되고 있다. 이 책들은 자칭 아주 옛날 유명한 인물이 쓴 것이라고 주장하고 있지만, 내용이 그저 단순하고 조잡하다.

악마의 힘을 빌리는 마법사

전설에 등장하는 마법사는 누구나 주문서呪文書를 지니고 있는 것으로 그려진다. 어느 유명한 전설에서는 마법사의 제자가 스승의 책을 열어 보게 되고, 어쩌다가 수많은 마귀가 생겨난다. 그 마귀들은 모두 자신이 할 일을 요구한다. 제자인 소년은 스승이 돌아와 더 큰 권위를 이용해 마귀들을 물리칠 때까지 그들에게 모래로 밧줄을 엮는 따위의 불가능한 임무를 맡겨서 그들을 바쁘게 만든다. 이 경우는 사람들이 늘 가벼운 웃음거리로 여기는 이야기에 불과하지만, 아주 사악한 마법서가 등장하는 전설들도 있다. 아이슬란드의 민간 전승에서 악마의 힘을 빌린 굉장한 마법사로 등장하는 유명한 곳트스칼크 니쿨라손(1497~1520) 주교의 경우, 사람들은 그의 시신과 함께 마법서가 묻혀 있을 것이라고 추정하였다. 그들은 그 책이 룬 문자⁷⁷⁾ 금글씨로 기록되고 붉은 송아지 피지皮紙로 제본되어 있을 것이라고 생각했다. 이백 년 후, 로푸투르라는 어린 학생이 그 마법서를 얻으려는 야심에서 자신이 알고 있던 지식을 이용해 상당한 마법을 부렸다고 한다. 곳트스칼크를 무덤에서 깨워 책을 건네받으려 한 것이다. 그러자 죽은 주교와 산 학생의 의지가 처절하게 다투게 되었고, 겁에 질린 구경꾼이 교회 종을 울려 로푸투르의 마법을 쓸모없게 만들어버렸다. 주교는 책을 가지고 다시 무덤 속에 드러누웠다. 저주를 받았다고 생각한 로푸투르는 물에 빠져 죽었다(마귀가 그를 물에 빠뜨렸다고 하는 사람도 있다). 실제로 로푸투르가 1722년이나 1723년에 죽었다는 사실이, 이런 이야기가 생겨난 핵심적 근거로 작용하였다.

마법의 힘을 얻기 위해 영혼을 팔았지만 결국은 지옥의 나락으로 떨어지고 말았다는 인물은 전설에서만 등장하건 아니면 실존했던 인물이건 나라마다 대부분 존재한다. 폴란드에는 판 타르도프스키가 있고, 루마니아에는 살로와르, 보헤미아에는 키텔, 티롤 지방에는 파이퍼 힌질러가 있다. 그리고 가장 유명한 인물은 독일의 게오르크(또는 요한) 포스터스이다. '운이 좋은'이란 뜻의 '포스터스'라는 이름은 이야기용으로 만들어진 이름임이 거의 확실하지만, 실제로 그 이름에 해당하는 인물도 있었다. 1507년에 어느 수도원장이 그 인물에 대해 처음으로 언급하였다. 수도원장은 그의 본명이 게오르크 자벨리쿠스이고, 그가 '마법사와 점성가와 두 번째 동방박사의 선조인 포스터스 2세'라고 자처하고 다니며, 또 신비한 기술에 능하다고 자신을 선전하고 다닌다고 했다. 수도원장은 그가 '부랑자이고 사기꾼이자 악당 놈'이라고 공공연히 비난하였다. 자벨리쿠스

---

77) 고대 북유럽에서 쓰던 문자 - 역주.

가 '포스터스 2세'라는 이름을 내걸고 다녔던 것을 보면 그가 그 이름의 실제 주인공인 마법사의 명성을 이용하고 다녔음이 틀림없어 보이지만, 그 주인공이 누구인지는 지금 알 수가 없다. 하지만 포스터스가 아니면서도 포스터스가 되어버린 자벨리쿠스의 행적을 1513년과 1537년 사이 독일의 여러 도시에서 확인할 수가 있다. 그는 의료 행위를 했고, 손금을 보았고, 유리 구슬을 보고 점을 쳤고, 별점을 쳤고, 마법을 부렸고, 예언을 하였다. 또 귀족 후원자가 그를 돌봐주는 경우가 많았다. 당시에 그를 사기꾼이라고 부르던 이들도 있기는 했지만 그의 고객 대부분은 만족스러워했던 것으로 보인다. 그는 1539년 아니면 1540년에 죽었다.

그의 명성을 더럽히는 일들은 이내 벌어지기 시작했다. 신학자 요한 가스

1500년경에 그려진 것으로 추정된다. 바탕 재료는 목판이고, 존 숀이 마귀에게 장화 속으로 들어가라고 명하는 모습이다. 숀이 죽은 황소를 살려내고, 가뭄 동안 지팡이로 땅을 두드려서 샘을 만들어냈다는 이야기도 전한다. 서퍽 주의 서드베리 소재 세인트 그레고리우스 교회의 교구 목사와 교구 위원들을 보여주는 그림으로 소장되어 있다가, 현재는 같은 서드베리 소재 게인즈버러 박물관에 대여되어 있다.

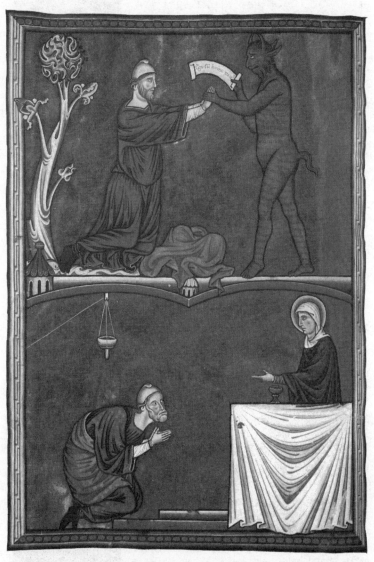

테오필루스의 전설. 대수도원장이 되지 못한 것에 분노한 수도승 테오필루스가 사탄에게 충성을 맹세하고 계약을 맺는다. 그 아래 그림은 나중에 회개한 그가 동정녀 마리아에 의해 구원을 받는 모습이다. 프랑스 샹티이 소재 콩테 박물관.

트는 1544년의 저술에서 자신이 바젤에서 포스터스와 저녁을 먹을 때 마귀임이 틀림없는 개와 말이 그를 수행하는 것을 보았다고 주장했다. 가스트는 또한 악마가 포스터스를 목 졸라 죽였고, 시신을 다섯 번이나 바로 놓았어도 그의 얼굴이 계속 뒤집혀서 관이 놓인 바닥 쪽을 향했다고도 주장했다. 그에 대한 전설의 수가 많아졌고, 1587년에는 싸구려 소책자에 그의 생애가 기술되었다. 큰 인기를 끌었던 그 기술방식이 오늘날까지 사람들에게 익숙한 내용이 되었다. 그 책에는 파우스트가 메피스토펠레스와 계약을 맺고 피로 서명한 이야기, 그가 24년 동안 경이를 이뤄낸 이야기, 그리스 신화의 트로이 전쟁에 등장하는 헬렌의 유령을 불러낸 이야기, 약속된 시간이 다해가자 두려움에 떨며 헛되이 후회하고 마침내 끔찍하게 죽는 이야기 등이 나온다.

자정이 되자 무시무시한 폭풍이 일었다. 마치 뱀 수천 마리가 쉭쉭거리는 듯한 끔찍한 소리가 들렸고, 잠시 동안 파우스트의 고통스런 비명이 들리고는 뒤이어 숨이 막힐 듯한 메아리가 울려 퍼졌다. 하지만 이내 모든 것이 잠잠해졌다. 아침이 되자 그 방의 바닥에는 피가 얼룩져 있었고 벽에는 두뇌의 파편들이 튀어 있었다. 그리고 바깥에는 파우스트의 몸이 머리와 사지가 각기 반은 잘려 나간 채 거름더미 옆에 놓여 있는 것이 발견되었다.[78]

이 《파우스트부흐》(Faustbuch)라는 소책자의 중심이 되는 부분에 수록된 모험 이야기들 중에는 파우스트가 황제의 시중을

---

78) *Chambers Encyclopedia*, London, 1930, under 'Faust'.

보르티게른 왕 앞에 선 어릴 때의 멀린. 용 두 마리가 싸우고 있는 지하 호수 위
에 왕의 탑 건물이 세워져 있기 때문에 탑이 그대로 견디고 서 있을 수가 없다고
왕에게 말한 후, 예언이 기록된 두루마리를 펼쳐 보이고 있다. 제프리의 《멀린의
예언》(Prophecies of Merlin, 1250년에서 1270년경). 런던 소재 브리티시 라이브러리.

드는 신하의 머리에 수사슴 뿔이 돋게 한다든가 사람의 눈에 보이지 않는 몸이 되어 교황의 연회를 난리법석으로 만들어버린다는 등 익살맞은 일화들이 섞여 있다. 그의 하인인 바그너도 우스꽝스러운 인물이다. 그러나 전체적인 어조는 우울하고, 악마와 거래하여 마법을 씀으로써 비롯된 참혹한 결과를 들어 훈계하는 내용이 많이 담겨 있다. 이 책자는 순식간에 큰 인기를 얻었고 곧 널리 번역되었다. 그 중에서 1589년에 출간된 영어판이 말로[79]의 희곡에 영감을 불어넣어 주었다. 대중적 수준에서 그 책은 20세기 초반에도 독일 장터에서 볼 수 있었던 〈펀치와 쥬디〉 같은 꼭두각시 인형극 대본으로 각색되었다. 그보다 고급스런 문학의 차원에서는 말로와 괴테, 그리고 토마스 만 등의 걸작이 파우스트의 전설에서 영감을 얻은 작품들이다.

예언자와 마법사로서의 시인

중세 대학에서 가르쳤던 가장 오래 된 기술이 시작법詩作法이라는 점을 고려할 때, 여러 문화에서 종종 시인을 마법의 소유자로 여기는 것은 충분히 이해할 수 있는 일이다. 무엇보다 주문은 일반적으로 정확한 암기가 필요했고, 발음에 따라 말의 유형을 만들고 운율에 맞추어 왼다는 점에서 시와 비슷했기 때문이다. 사람들은 시인의 언어가 악의적인 의도로 사용되면 물리적으로 참혹한 결과를 낳는다고 생각했다. 그 예로 중세 아일랜드와 아이슬란드의 민간 전승에는 적에게 종기가 나게 하

---

79) 1564-1593. 영국의 극작가이자 시인 – 역주.

거나 그들의 머리를 대머리를 만들고, 혹은 발기불능으로 만들어 버리는 '풍자시 작가' (즉 저주를 담고 있거나 가학적인 내용의 운문을 창작하는 사람)가 등장한다. 그 이후에는 특히 아이슬란드의 '막강한 시인' 이란 뜻을 지닌 크라프타스칼다르처럼 유령을 퇴치하고 해충을 죽이는 시인의 이야기들이 민간 전승에 나타났다.

일부 전설 속의 유명한 마법사들은 동시에 시인이기도 하다. 그중에서 가장 중요한 것이 텔리에신과 멀린이다. 사람들은 6세기에 웨일스 지방의 어느 부족장의 궁정 소속 시인이었던 텔리에신을 뛰어난 음유시인이라고 기억했다. 16세기에 이르러서 그는 여러 극적이며 신비로운 모험 이야기의 주인공이 되어 있었고, 그중 가장 유명한 것이 그가 마법의 힘을 얻게 되는 이야기였다. 거기서 처음에는 그위온이라는 소년으로 등장하는 그는 마녀의 하인 노릇을 하다가 어느 날 우연히 그 마녀가 지키라고 지시한 양조주를 맛보게 된다. 마녀는 그를 죽이려 들었고, 그는 여러 동물로 변신하며 달아난다. 그러나 그가 변신할 때마다 매번 그 천적으로 변신한 마녀가 계속 뒤를 쫓는다. 그는 결국 밀 낱알 하나로 변신한다. 그러자 마녀는 암탉으로 변신하여 그를 삼켜버렸다. 그 변신 때문에 마녀는 결국 파멸하게 되었다. 그가 마녀의 자궁으로 들어가서는 '흰 이마' 라는 뜻을 지닌, 텔리에신이란 이름의 초자연적 지혜를 지닌 아기로 다시 태어났기 때문이다. 어른으로 자란 그는 예언자로서 그곳의 왕자를 보필하였다고 한다. 시로 바뀐 '예언' 들은 보통 오래 전 권위 있는 인물이 발언한 것으로 설명되면서 중세 웨일스 지방에서 중요한 정치적 선전역할을 하였다. 텔리에신이라는 이름도 그런 식으로 자주 쓰였다. 그리고 그보다 훨씬 유명

Thong Castle

토머스 헤이우드의 《멀린의 예언과 추측 번역판》(Merlin's Prophecies and Predictions Interpreted, 1651) 표지. 수도승으로 등장한 멀린(아마 수도사 베이컨 같은 중세의 성직자 '마법사'와 혼동된 것 같다)이 '붉은 용'이란 제목의 책을 들고 있다. 그 뒤에 보이는 것들은 예언의 불분명한 언어에서 상징적 의미로 줄기차게 쓰이는 것들이다. 용, 사자, 곰, 유니콘 등.

했던 멀린이란 이름도 마찬가지였다.

멀린(Merlin, 웨일스어로는 Myrddin)은 (그가 실존 인물이었는지가 불확실하기는 하지만 만일 실존했다면) 기원후 600년경에 스코틀랜드 저지대의 웨일스어 사용 지역에 살았다. 최초로 전해진 이야기들에 따르면, 그는 573년에 모시던 왕이 전투 중 죽자 미쳐버린 시인이었다. 그때부터 그는 운명을 예언하며 숲 속에서 야인 생활을 하였다. 이렇듯 정신 이상에서 초자연적인 힘이 생겨나는 일은 켈트인 거주 지역에서는 흔히 있는 일이어서, 아일랜드에도 멀린의 그런 경험에 필적하는 스윈 골트('미친 스위니'라는 뜻) 이야기가 있다. 그는 전투 중에 공포에 떨다가 미쳐서 이 나무 저 나무를 새처럼 날아다녔다고 한다. 스코틀랜드에서는 그와 똑같은 유형의 미치광이 레일로큰이 8세기에 《성 켄티전의 생애》(Life of St Kentigern)에서 언급되었고, 그를 멀린과 동일시하는 텍스트들도 있다.

이상의 초기 기록들에서는 멀린과 아서왕 사이에 전혀 연관성이 없었다. 12세기가 다 되어서야 그런 관련성이 모습을 드러내어 멀린의 명성이 확산되는 데 큰 기여를 했고, 제프리는 그 점을 수용하여 영향력 있는 저술들을 집필했다. 제프리도 숲에 사는 미치광이 멀린이라는 오랜 전설을 알고 이용하였지만, 그가 멀린에게서 훨씬 더 중요시했던 것은 다른 테마들이었다. 즉 마귀가 수녀에게 멀린을 배게 하였으며 멀린이 어릴 때 신비로운 지혜를 지녔다는 것, 그가 스톤헨지를 지었다는 것, 그리고 그가 우더 펜드래곤의 현명한 조언자였으며 나중에는 그의 아들인 아서왕의 조언자였다는 것 등이다. 이런 아이디어를 사용했던 중세의 다른 작가들은 존경스런 예언자로서의 멀린의 역할과 아서왕의 통치에 길잡이가 된 뛰어난 재주를 특히 강조하였고, 그의 '원초적' 광란은 제거되었다. 그리고 그의 예언들은 아서왕에게 해주는 현명한 경고로만 한정되었다. 멀린의 전설은 이런 식으로 유럽의 주류 낭만주의 문학에 합류하였다.

그러나 영국와 웨일스 지방에서 인기를 얻었던 민간 전승에서 멀린은 정치적 뉘앙스가 담긴 여러 가지 모호한 '예언'을 했다고 추정되는 사람으로 여전히 큰 의미가 있었다. 그 예언들은 중세와 튜더 왕조 시기에 끊임없이 새롭게 해석되며 유통되었다. 이런 명성은 대부분 제프리가 그 전에 인용했으며(아니면 직접 지어낸 것일 수도 있다) 뜻이 불가사의한 운문들에 뿌리를 두고 있었다. 그 운문들의 주요 내용은 '콘월의 멧돼지'나 '불길한 나귀'나 '북부의 수탉' 같이 가문의 문장紋章에 등장하는 짐승들 간의 투쟁을 신비롭게 언급한 것이었다. 뜻이 모호해서 각색하기 쉬웠던 그 운문들은 웨일스인과 영국인, 영국인과 스코틀랜드인, 요크가와 랭카스터가 사이의 투쟁에서 선전용으로 되풀이해 사용되었다. 셰익스피어는 《헨리 4세》에서, 그것과 관련하여 오웬 글렌도우어를 조롱하였다. 즉 그가 두더지와 개미와 용과 '그리핀과 털갈이하는 갈가마귀, 또 그 별의 별 말도 안 되는 것들…'에 대한 멀린의 예언을, 그리고 '그 예언자 멀린'의 존재를 믿는다며 조롱했다. 그리고 《리어왕》에서도 멀린에 대해 살짝 언급했다. 따라서 엘리자베스 여왕 시대 동안 이 주제는 익숙한 것이었음이 틀림없다.

중세인들은 베르길리우스도 학식 덕분에 신비한 기술로 경이를 이룰 수 있었던 위대한 마법사라고 여겼다. 당시에는 그의 〈제4 전원시〉(Fourth Eclogue)가 예수의 출생을 예언했던 작품으로 해석되었기 때문에, 가톨릭 교회 측에서는 그가 영감어린 예언자라며 찬사를 아끼지 않았다. 또한 그의 아이네이아스(Aeneid)를 읽은 독자들은 경외감을 가지고 거기에 묘사된 지옥에 주목하였고, 이 점은 그가 이후에 단테의 《신곡》에서 별세계 여행에 딱 맞는 안내자로 등장하게 된 한 가지 이유가 되었다. 한편 이탈리아에 널리 알려진 전설들에서는 그가 자신의 출생지인 나폴리를 지키기 위해 마법의 부적을 만들어낸 자비로운 인물로 그려져 있다. (1114년에 처음으로 기록된) 이 이야기들에 따르면, 베르길리우스는 부적 삼아 나폴리의 모형 도시를 만들었다. 그래서 감추어둔 그 모형이 그 상태로 손상되지 않는 한 나폴리는 영원히 안전할 수 있었다. 그는 또 베수비오 화산이 폭발하는 것을 방지하기 위해 청동 조상彫像을 만들었고, 파리들을 모두 쫓아버리기 위해 파리 모양의 청동상도 만들었고, 나폴리에 있는 뱀을 모조리 사로잡아 지하에 가두었으며, 만병을 치유하는 욕조도 만들었다. 동굴 또는 사면이 바다로 둘러싸인 어느 성에 비밀리에 묻혀 있다는 그의 시신이 강력한 수호자 노릇을 하고 있고, 그것을 없애면 재앙이 닥쳐온다고 하였다. 12세기 자료들에는 베르길리우스가 이 모든 일을 그저 '주문'과 수학적 기술을 이용해서 이루어냈다고 기록되어 있다. 그러나 그후 기록자들은 그가 유리병 하나에서 풀어준 수많은 마귀들로부터 마술을 배운 것이라고 전하고 있다. 파우스트처럼 베르길리우스의 전설도 인쇄기술의 도래와 더불어 널리 전파되었다. 하지만 그는 파우스트와는 달리 본질적으로 선한 마법사로 남았다. 그는 마귀들을 다스릴 수는 있지만 그들과 전혀 계약을 맺지 않았고, 유용한 목적을 달성하고 악인들을 처벌하는 데 자신의 힘을 썼다.

기술자들의 비법

신부와 학자, 시인을 막론하고 '책에서 지식을 얻는' 사람들이 지녔던 힘에 필적하는 것으로 비지식계층이 지녔던 특정 기술상의 비법, 특히 동물을 다루는 비법이 있다. 그 비법들은 더 나이 든 일꾼이 젊은 제자(아버지와 아들 사이인 경우가 흔했다)를 오랜 시일에 걸쳐 비밀리에 개인적으로 가르쳐서 전수되었고, 기술을 모르는 이들에게 각별한 인상을 남기기 위해 의도적으로 신비스런 분위기가 강조되었다. 사람들은 그런 전문 기술이 유전적으로 타고난 능력이라고 여기기도 했고, 혹은 요정이나 마귀의 초자연적인 힘에서 도움을 얻은 것으로 여기기도 했다. 헝가리의 농촌 지역에서는 거의 현대의 사례라고 할 수 있는 것들을 찾아볼 수 있다. 그곳은 오랜 관습과 믿음이 2차 세계 대전 때까지도 손상되지 않고 남아 있던 곳이다. 그 지역에서는 일년 중 많은 시간을 외딴 곳에서 가축에게 풀을 먹이며 농장의 다른 일꾼들과는 다르게 생활하는 목동과 양치기들이 비법 한 가지를 알고 있어 위신을 세웠다. 그들은 직업을 보통 아버지로부터 물려받았는데, 동시에 가축을 통제하는 법, 가축의 질병을 치료하는 법, 늑대나 악한 혼령이 가축에 접근하지 못하도록 주문을 외는 법, 그리고 우유와 양모 생산을 늘리는 마법을 부리는 법 등 비밀스런 방법들도 함께 전승받았다. 유명한 목동의 후예들은 자신들이 지닌 힘을 자랑스러워했다. 어떤 양치기들은 늑대 뼈로 만든 피리를 불어서 늑대를 쫓아냈다고도 했고, 늑대에게 그냥 '양들아, 착하지?' 하고 소리치고 가죽을 벗겨 털 코트를 만들겠다고 위협하는 것만으로 충분했다는 양치기들도 있었다. 그리고 개, 심지어 황소에게까지 명령을 내려서 심부름을 시킬 수 있다거나 마술을 써서 가축 무리를 대피시킬 수 있다는 이들도 있었다.

호르토바지에는 양떼 옆 땅바닥에 지팡이를 꽂자 양들이 도망 가지 않게 되었다는 양치기가 있었다. 또 다른 양치기는 지팡이 를 땅에 꽂고 수가 놓인 기다란 펠트 코트와 모자를 그 위에 걸 어 놓고는 술을 마시며 여인숙으로 갔다. 그는 밤이 늦어서야 되 돌아왔지만, 그 지팡이와 모자와 코트가 그 동안 양떼를 지켜주 었다. [80]

사람들은 그런 지팡이에 뱀 가죽이 감겨 있기 때문에 마법을 부리는 것이라고도 했고, 관에 쓰는 못에 하느님의 축복을 내 린 후 지팡이에 박았기 때문이라고도 했다. 또는 지팡이에 난 구멍에 성 조지의 축일 자정에 벌 한 마리를 잡아다 넣은 후 막아 두었기 때문이라고도 했다. 만일 여자가 지팡이를 만지면 그 힘이 사라지고, 양떼가 흩어져버린다고 했다. 목동들은 또 한 가축 무리를 한 곳에 모아 두기 위해 해 뜰 무렵에 그 주위 를 세 번이나 일곱 번 돌기도 했다. 또 향이나 늑대의 털, 또 는 처녀의 속옷을 태운 연기를 목초지 바닥에 쐬기도 했다. 이 런 비법을 알고 있던 이들은 그것이 밖으로 새어나가지 않도록 비밀을 지켰다. 사람들은 기술이 뛰어난 이들이 마귀의 도움을 받고 있다고 말했고, 목동들이 서로 마법의 힘을 겨루었다는 이야기도 많이 있었다.

헝가리의 대규모 사유지에서 일하던 마부들도 비밀리에 전하

---

80) Béla Gunda, `Magical Watching of the Flock on the Great Hungarian Plain`, *Folklore 81*, 1970, p. 287.

는 지식을 지닌 것으로 비슷한 명성을 누렸다. 노력을 기울이지 않고도 말들을 완전히 말끔한 상태로 유지하는 법, 마법을 이용해 말을 꼼짝도 못 하게 세워두는 법, 짚 몇 단을 말로 변신시키거나 죽은 말을 되살려내는 법 등이었다. 그들의 힘이 십자로에서 끔찍한 환영을 견디고 초자연적 존재의 공격을 참아내면서 얻은 마법의 채찍에서 비롯된 것이라고 주장하는 사람들도 있었다. 한편 그들이 그렇듯 마귀로부터 도움을 받았다는 것을 인정하지 않았던 다른 이들은, 그들의 비법은 봄에 처음으로 나타난 빨간색 날개의 나비를 붙잡아 마차 안에서 그 몸뚱이가 톡 하는 소리가 날 때까지 쥐어짜는 것일 뿐이라고 생각하기도 했다.

유럽에서 헝가리의 반대편 끝에 있는 스코틀랜드와 동 앵글리아에서는, 마부 언어회라는 비밀 동업자 단체에서 농장의 말을 잘 다루는 신비한 방법을 가르친다는 이야기가 떠돌았다. 1차 세계 대전 때까지도 스코틀랜드의 일부 지역에 있었다는 이 단체에서는 프리메이슨단을 연상시키는 입회식을 치른 후 비밀을 지킨다는 서약하에 지식을 전수해주었다. 그 지식이 정확히 어떤 것이었는지는 확실치가 않다. 다만 야생마를 길들일 때나 말이 선 자리에서 꼼짝도 못 하게 만들 때 쓴다는 마법의 주문에 대해 소문이 돌았고, 개구리 뼈에 초자연적인 힘이 있다는 소문도 있었다. 1950년대에 서퍽의 한 농장 근로자는 조지 에와트 에반스(George Ewart Evans)에게 다음과 같은 이야기를 들려주었다.

개구리를 잡아서는 자정에 흐르는 냇물로 가져가야 되지요. 물론 그전에 죽여서 가루로 만들어 놓고요. 그걸 물에다 던지면 대

'피리 부는 사나이'를 그린 그림으로는 가장 오래 된 1565년 작이다. 오른쪽 밑부분에 보면, 그가 강에서 보트를 탄 채 담벼락으로 둘러싸인 도시로부터 물 속으로 쥐를 유인하고 있다. 그 뒷부분에도 그가 아이들을 산으로 이끌고 가는 모습이 보인다. 존더하우젠 소재 독일 국립 도서관.

헝가리의 한 양치기가 쓰던 지팡이. 윗부분에 양 머리가 조각되어 있다. 마법으로 가축 무리를 통제할 수 있다고 과시하던 양치기들은 자신들의 지팡이에 그 마법이 감추어져 있다고 말했다. 부다페스트 소재 네프라이지 박물관.

부분은 냇물 아래쪽으로 흘러갑니다. 하지만 그중에서 조금은, 개구리 뼈 말이에요, 그건 냇물을 거슬러 올라가거든요. 그걸 가지는 거지요.[81]

에와트 에반스가 인내력을 발휘하며 파헤친 내용에 따르면, 위와 같은 비합리적 의식의 이면에는 말이 인간의 코로는 맡을 수 없는 냄새를 예리하게 맡아낸다는 진짜 비밀이 숨어 있었다. 늙은 마부들은 말을 자기 쪽으로 '부르기' 위해 손바닥이나 손수건에 향기가 나는 기름을 문지르기도 했다. 반대로 독한 냄새가 나는 액체를 몰래 문기둥에 발라두면 말은 절대 그리로는 지나가지 않았다. 에반스가 입증하였듯이, 그들은 개구리 뼈뿐 아니라 향료가 가미된 기름도 함께 섞어서 썼다. 또 개구리 뼈를 '치유하기 위해' 그것을 약초와 화학 물질에다 담갔던 것을 보면 아마도 그 뼈 자체에서 나는 냄새가 있었을 것이다. 마부들 자신이 그 뼈와 그 흥미진진한 야간 의식의 효능을 얼마

---

81) G. Ewart Evans, *The Horse in the Furrow*, London, 1960, p. 247.

1920년경 헝가리 대평원의 한 목동. 수가 놓인 전형적인 프리즈 모직물 망토를 걸
치고 지팡이를 휴대하고 있다.

나 믿었는가는 분명치가 않다. 순진하게도 사실이라고 믿은 사
람들도 있었을 것이다. 하지만 냄새가 진한 그 기름의 가치를
감추고는 외부인들을 미혹하면서, 자신들이 신비한 힘의 명수
라는 위신을 더 세우기 위해서 그저 효능을 언급하기만 한 사
람들도 있었다.

심지어는 쥐잡이꾼같이 천한 직업에도 고유한 비법이 있었
다. 그래서 마법의 힘으로 쥐 등 설치류 동물을 모아서 퇴치했
다는 사람에 대한 이야기들이 전했다. 지금까지 가장 유명했

던, 햄린에 나타난 '피리 부는 사나이' 이야기에서도 그 사나이는 처음에 그곳에 만연하던 쥐떼를 깨끗이 없앤다. 하지만 그 대가를 받지 못한 그는 도시의 아이들을 모조리 꾀어 땅이 움푹 꺼져 들어간 어느 산으로 데리고 가버렸다고 한다. 그 일은 1284년 6월 26일에 일어났던 것으로 추정된다. 그런데 거의 백 년이나 지난 후인 1370년에 그 일이 처음으로 기록되었다. 그 초기 버전들에서는 쥐나 쥐잡이꾼이 거론되지 않고 그냥 '한 사람'이 아이들 150명을 몰고 가버렸다고 되어 있다. 그가 쥐잡이꾼으로 등장한 것은 뒤늦게 1557년이 되어서였다. 순회 설교사가 이른바 십자군 원정에 아이들을 꾀어 동원한 것이라는 등 지금까지 다양한 설명이 제시되기는 했지만, 그 구체적인 증거는 부족하다.

햄린에서 실제로 무슨 일이 있었는가는 그렇다 치고, 해로운 짐승을 몰아낸다는 모티프는 꽤 널리 퍼져 있다. 가령 아이슬란드에 전하는 이야기를 예로 들어보자. 오래 전에 그곳의 어느 마법사는 구운 양 다리의 냄새로 아쿠레위야르 제도에 있는 쥐를 모조리 유인하여 구덩이 하나를 가득 매웠다고 한다. 그때부터 그곳에는 쥐가 한 마리도 없었다. 그러나 몇 년 후 일꾼들이 경솔하게도 그 구덩이를 다시 열어서 쥐들이 전부 밖으로 뛰쳐나오고야 말았다. 그때부터 쥐들이 그 섬들에서 계속 해로운 동물로 살았다. 한편 아일랜드에는 시인이 쥐구멍 근처에 마법의 주문이 쓰인 종이를 놓아두면 쥐의 무리들을 근절할 수 있다는 이야기가 널리 전했다. 쥐 한 마리가 나와 그 종이를 발톱으로 붙잡고는 어디건 주문에 쓰여 있는 곳으로 나머지 쥐들을 모두 이끌고 사라지게 된다는 것이다(그 장소는 보통 시인이 싫어하는 사람의 집이었다). 또 노르웨이에는 신비로운 기

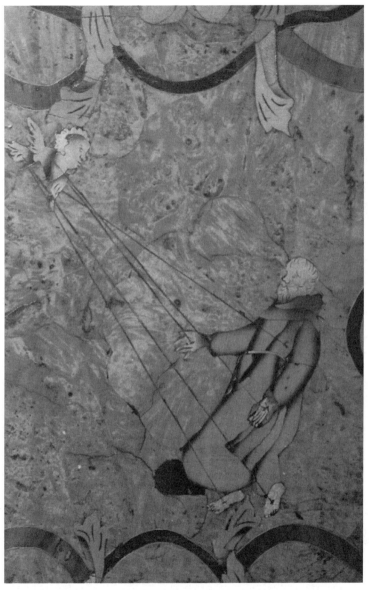

목판에 그림을 새겨 넣은 17세기 헝가리 작품이다. 아시시의 프랜시스로 보이는 성인이 케루빔(지식의 천사)으로부터 스티그마타[82]를 얻고 있다. 너지커니서 소재 폴테 박물관.

술을 많이 지니고 있다고 알려진 라플란드 지역 사람들이 마법으로 뱀들을 죽여 없앤다는 이야기가 전한다. 그중 유명한 이야기 하나에서는, 라플란드의 마법사 한 명이 마력을 발휘하는 노래를 불러서 그곳의 어느 지역에 있는 뱀들 전체를 불길 속으로 이끌었다고 한다. 그러다 결국 (일종의 용으로 길이가 약 15m에 이르는) 린노름(Linnorm)이 나타나서는 다른 뱀들처럼 어쩌지 못하고 불길 속으로 들어가면서 마법사까지 함께 끌고 들어갔다. 사람과 괴물이 함께 파멸한 것이다.

성인들도 해로운 곤충을 물리치는 능력이 있다고 생각한 경우가 심지어 가까운 현대에도 종종 있었다. 1924년 5월 5일에 이탈리아에서 몇몇 순례자들이 성인으로 덕이 높았던 유명한 신부 파드레 피오를 방문키 위해 수도원으로 갔다. 그들이 어느 길에 이르렀을 때, 그곳은 온통 까만색 쐐기 벌레로 뒤덮여 있었다. 수도원에서 나온 한 남자는 그것들이 전에는 아몬드나무 한 그루에 빠글빠글 했었다며 이렇게 설명했다. 아몬드에 해가 갈까봐 절절맸던 나무 주인은 파드레 피오에게 나무에 축복을 내려 달라고 간청했다. 신부는 그렇게 했고, 몇 분도 안되어 벌레 무리들이 모두 나무에서 길로 내려왔다. 말뜻 그대로라면 성인과 마법사는 서로 아주 다르지만, 이렇듯 현실적으로는 거의 비슷한 경우가 많다.

---

82) 예수가 십자가에 못 박힐 때 상처를 입었던 곳과 같은 곳에 생긴다는 상처. 기독교에서는 이 상처가 신성함의 표시라고 생각하기도 한다 – 역주.

7장 변신과 악한 마법

사악한 자들의 초인적 능력

마녀에 대한 믿음과 '불길한 눈'[83]의 힘 같은 마녀 관련 개념에 대한 믿음, 그리고 어떤 사람들은 동물로 변신할 수 있다는 믿음은 이제껏 민간 전승에서 굉장한 역할을 해왔다. 그것들은 오늘날에도 유럽의 여러 지역에 요정 등의 존재에 대한 믿음보다 훨씬 더 강하게 남아 있다. 이 점은 심리적으로 이해할 수 있는데, 이 오래 된 믿음이 개인적인 불운이나 질병, 형편없는 작황, 그리고 가축 손실 따위의 원인을 설명해주고 희생양을 제공해 주는 기능을 하기 때문이다. 가장 큰 장점은 적합한 분노의 대상을 제공해준다는 것이다. 신이 사람에게 불운한 일을 초래하였다면 어쩔 수 없이 겸허하게 참아야만 하고, 요정이나 마귀가 초래한 것이라면 마법의 주문으로 자신을 보호할 수는 있을지언정 복수할 방법이라곤 전혀 없다. 그러나 함께 사는 공동체의 동료 구성원인 같은 인간이 불운한 일의 원인을 제공한 것이라면, 그자는 찾아내어 처벌할 수가 있다. 사람들은 마녀가 어떤 측면에서 대개 보통의 사람이라고 생각한다. 즉 그

---

83) 초자연적 힘으로 질병과 재난을 초래한다는 시선. 혹은 그런 힘 – 역주.

들의 적대적인 행위가 신비한 결과를 낳기는 하더라도 그 행위 자체가 인간의 능력 밖은 아니라고 생각한다. 예를 들어 마녀는 입으로 저주를 내려서 일을 할 수도 있고, 시선으로 최면을 일으키거나 인형에 핀을 박아 자기 일을 수행할 수도 있다. 그러나 또 다른 차원에서 마녀는 증오와 공포가 가득한 판타지들의 테마로도 등장한다. 그들에게 부여된 초자연적 능력이 인간다운 것과는 거리가 너무 멀어서 인간적 정체성은 묽어지고, 여성 마귀나 여성 오가의 이미지와 융합되기 때문이다. 그들은 제멋대로 동물로 변신하고, 투명해져서 사람의 집에 들어가고, 여러 가지 물건을 타고 하늘을 날아다니고, 아이들의 몸을 먹거나 그 피를 빨아 마시고, 먹이의 기를 빼앗아 먹고 산다고 한다. 이렇게 현실적으로는 불가능하고 결과가 좋지 못한 힘에 대한 믿음들이 마녀의 마법에 대한 '신화'로 발전하고, 마녀라는 의심을 받는 마을 여자들은 모두 초자연적인 사악함을 지닌 정형화된 존재로 간주된다. 그러한 믿음은 1450년경부터 대략 1700년까지 유럽을 휩쓸었던 마녀 사냥에 큰 역할을 한 것으로 악명이 높다. 하지만 그 뿌리는 그보다 훨씬 오래 되었고, 오늘날까지도 민간 전설들에 모습을 드러낸다.

가장 오래 되고 널리 확산된 것 중 하나가 어떤 사람들은 동물로 변신할 수 있다는 믿음이다. 변신이 전적으로 악한 짓이라고 생각하는 경우는 비기독교 문화에는 절대 없다. 북극 지방에서는 오히려 샤먼들이 자신의 영혼을 동물의 모습으로 바꾸어 별세계로 보내서 병자의 영혼을 구하거나 혼령들에게서 유용한 정보를 얻는다는 이야기가 흔히 전해 온다(그동안 그들의 신체는 최면 상태에 있게 된다). 이 영혼의 여행 동안 선한 샤먼과 악한 샤먼이 만나 서로 싸울 수도 있다. 기독교 선교사들이 라플란드 지방에서 수집한 민간 전승에 따르면, 그곳 사람들은 마법사들이 순록으로 변신해서 싸운다고 생각했다. 또 젊은이 한 명과 라플란드의 마법사 한 명이 서로 싸운다는 이야기는 변신자의 싸움이 정교하게 표현된 버전으로서 몇몇 요정 이야기들에서도 발견된다. 또한 14세기 아이슬란드의 전설인 스툴레우스 사가 스타르프사마(Sturlaugs saga starfsama)처럼 요정 이야기와 내용이 비슷하고 재미가 있는 민간 설화들에서도 젊은이와 마법사의 싸움을 찾아볼 수 있다. 그 버전에서 젊은이와 마법사는 처음에는 변신하지 않은 채 그냥 싸웠다. 그러나 둘이 갑자기 사라지더니, "그들이 싸우던 곳에 개 두 마리가 서로 물어뜯으며 격렬하게 싸우고 있었다." 그런데 이 개들마저 사라지고, 구경꾼들 눈앞에 나타난 것은 허공에서 서로 상대를 찢어발기려고 난리인 독수리 두 마리였다. 결국 한 마리는 죽어서 바닥으로 떨어지고 다른 한 마리는 날아가 버렸다. 이 테마가 변형된 것이 마녀 케리드웬(226쪽 참조)에게서 달아나는 텔리에신 이야기이다. 여기서 겉으로는 더 강해 보이는 마녀가 텔리에신을 삼켜버리지만, 마녀의 여성성을 이용한 그가 결국 승리하고 만다.

현대 유럽에서 그 오랜 테마를 다소나마 믿는 곳은 헝가리뿐이다. 그곳 사람들에게는 이가 나 있거나 손가락이 열 개가 넘게 달린 채 태어난 남자 아기는 자라서 거러본치아시(gara-bonciás)라는 자비로운 마법사가 된다는 전통적인 믿음이 있다. 그 아기가 일곱 살이나 열네 살이 되면, 동물로 변신하여 더 나이 든 마법사에 맞서 싸워서 자신의 힘을 시험하게 된다. 밑에 1959년에 기록된 이야기에도 그런 싸움이 묘사되어 있다.

소년이 여물통에 있는 물을 마시더니 부르르 몸을 떨었다. 그리곤 순식간에 황소로 변해버렸다. 회색빛이 도는 흰색 황소였다. 소년의 숙부 페테르가 놀란 얼굴로 그 주위를 돌며 이렇게 말했다. "헉! 애야, 대체 이게 무슨 일이냐!" 숙부의 눈에 갑자기 거대한 구름이 다가오는 것이 보였다. 그것이 그들 바로 앞으로 내려왔고, 그 즉시 구름 안에서 목이 그을어 있는 까만색 황소 한 마리가 걸어 나왔다. 그 황소가 격노하며 발굽으로 바닥을 차자 패인 흙덩이가 허공으로 튀었고, 그 황소가 이어서 뿔로 받자 그것이 하늘 높이 솟아올랐다. 흙덩이는 흰색 황소에게 떨어졌다. 두 황소는 서로 공격했다. 둘이 얼마나 흉포하게 들이받던지! 그때까지 황소끼리 그렇게 격하게 싸운 적은 결코 없었다.[84]

중세 아이슬란드의 기록들에서는 그런 균형에 변화가 일기 시작한다. 대부분 당시로는 먼 옛날이었던 영웅의 시대에 속하는 인물이긴 하지만 그래도 일부나마 '선한' 변신자들이 등장하기는 한다. 예를 들어 곰으로 변신하여 싸우는 영웅 보트바르 비야르키나, 얼마 동안 늑대인간이 되어 사는 영웅 시기스먼드와 신프욜티처럼 신화와 밀접한 관련이 있는 인물들이다. 그러나 중세 아이슬란드의 사가에 등장하는 변신자들은 대체로 사악한 마녀나 마법사였다. 그리고 당시와 비교적 가까운 과거에 정상적인 인간의 마을에 살았던 이들로 추정된다. 10세기 아이슬란드의 시인 코르마크가 등장하는 코르마크의 사가 (Kormaks saga)에, 눈은 그대로 인간의 눈을 하고 있어서 알아볼 수 있지만 나머지는 해마로 변한 마녀가 나오는 것도 그런 맥락이다. 해마는 힘을 모아 코르마크의 보트를 뒤집어 엎으려

---

84) Linda Dégh, p. 274.

고 한다. 그가 해마를 공격하는데, 이때 상처를 입는 것은 해마로 변신한 마녀 토르디스이다.

이 이야기는 마녀에 대한 믿음이 형상화된 이야기들에서 자주 반복되는 모티프를 보여주는 초기 사례이다. 즉 마녀가 동물로 변신한 채 상처를 입는데 나중에 인간으로 되돌아온 마녀가 똑같은 상처를 입고 있는 것을 누군가 알아보고 마녀의 죄가 입증된다는 것이다. 틸베리의 저버스도 자신의 저서 《오티아 임페리알리아》(Otia Imperialia, 1211년경)에서 이렇게 지적했다. "몰래 지켜보던 사람들이 고양이로 변신한 여자들에게 부상을 입혔다. 그리고 … 다음날 다시 사람으로 돌아온 그 여자들이 똑같은 부상을 입고 있고 손발이 없는 것을 볼 수 있었다." 19세기 민속 자료집들에서 자주 찾아볼 수 있는 영국 버전에는 산토끼를 여러 번 목격하고도 잡지는 못하는 사냥꾼들 이야기가 나온다. 그 토끼가 늘 어느 노파의 집 근처에서 사라지기 때문이었다. 사냥꾼들이 그 집 문을 열면 안에 노파가 의자에 앉아 가쁘게 숨을 쉬는 모습이 보이곤 했다. 결국 사냥개가 가까스로 달아나는 토끼의 궁둥이를 물었다. 그후에 보았을 때 노파의 다리에는 상처가 나 있었다. 16, 17세기에 영국에서 벌어진 마녀 재판에서는 그런 이야기들을 진짜로 믿고 증거로 제시하는 사람들도 있었다. 1663년에 톤턴에서 벌어진 줄리아 콕스 종교재판에서 한 증인은 자신이 쭉 추적해 와서 지쳐있던 산토끼 한 마리가 어느 덤불나무 옆에 쓰러지더니 그가 보는 앞에서 여자로 변신했다고 주장하였다. 그녀가 재판의 피고인 줄리아 콕스라는 것이다. 그때 그가 그녀에게 대체 뭘 하고 있는 거냐고 묻자, "그녀는 너무 숨이 차서 한 마디도 대답하지 못했다"고 한다. 에드워드 페어팩스도 자신의 책인 《마귀론》

(Daemonologia, 1622)에 이렇게 적고 있다. "최근의 증언과 자백에 따라 입증된 것처럼 마녀가 산토끼나 고양이 따위로 변신하는 일은 아주 흔하다. 따라서 우둔하게 의심만 많은 자들이 아니라면 보고자들의 신용을 중상모략하거나 진실성을 의심할 수 없을 것이다."

늑대인간과 나이트메어[85]

정형적 마녀상에서는 변신이 그저 한 가지 요소에 지나지 않지만, 늑대인간에게는 변신이 곧 그의 본질이다. 유럽 대부분의 지역에서 믿었던 늑대인간의 존재는 로마 시대에 벌써 널리 알려져 있었다. 베르길리우스의 〈제8 전원시〉(Eighth Eclogue)에도 독초를 이용해 늑대로 변신하는 마법사 이야기가 나온다. 또 페트로니우스의 저서 《사티리콘》(Satyricon)의 한 일화에는 늑대로 있을 때 입은 부상이 인간이 되어서도 여전히 남아 있어서 발각당하는 베르시펠리스(versipellis, '가죽을 바꾼다'라는 뜻임)라는 늑대인간이 등장한다. 그의 이야기는 아마도 노예였다가 신분 상승한 사람이 전한 이야기로 보인다. 그리고 교육받지 못한 계층에서는 믿었지만 상류 계층에서는 조롱해 마지않았던 믿음이 거기에 반영된 것으로 추정된다. 그러나 기독교의 시대에는 지식인들이 농부들처럼 망설임 없이 늑대인간의 존재를 믿었다. 그들은 악마가 개입하여 늑대인간의 힘이 생긴 것이라고 믿었다. 하지만 실제로 어떻게 그렇게 되었는가

---

85) 악몽이란 뜻이지만 여기서는 악몽을 일으키는 마녀를 지칭하는 것으로 쓰였으므로 원어의 발음을 표기하였다 - 역주.

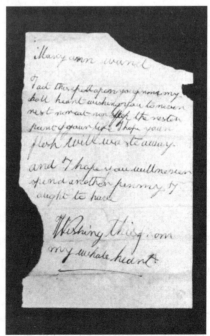

1960년에 헤리퍼드의 어느 집에서 발견된 인형. 누군가가 옆에 보이는 저주가 적힌 글을 인형의 치마에 핀으로 꽂아 지하실에 감추어 둔 것이다. 18세기 것으로 추정된다. 손수 만든 마법의 물건을 이용하는 것도 복수의 한 방법이었다. 헤리퍼드 박물관.

에 대해서는 여러 가지로 생각이 달랐다. 그 문제는 변신해 있는 중에 살인을 저질렀다는 이유로 많은 사람이 재판을 받았던 16세기에 많이 토론되었다. 일부 법률가들과 학자들은 말 그대로 몸이 물리적으로 늑대로 변하는 것이며 악마의 도움으로 그럴 수 있는 것이라고 믿었다. 반면에 실물인 늑대의 몸으로 영혼이 들어가 통제하는 것이고 그 동안 그 영혼의 주인인 사람의 몸은 최면상태에 빠져 있게 된다고 믿는 이들도 있었다. 또 다른 법률가와 학자들은 악마가 사람에게 마법을 걸어 그 사람 자신이나 남들에게 늑대로 보이게 하는 것이고, 그 모습은 완벽한 환각이라고 주장하였다. 그러나 늑대 인간이 살인을 할 생각으로 악마와 일부러 계약을 맺어 그렇게 된 것이므로 충분히 비난 받아 마땅하다는 점에는 어떤 법률가나 학자들도 토를 달지 않았다.

이와는 대조적으로 대중의 민간 전승에는 사람이 원치 않고, 혹은 자신도 모르게 저주나 마법의 주문, 불운, 또는 본성적인 충동에 희생당하여 늑대인간이 되는 것으로 그려진 경우가 흔하다. 그리고 어떻게 악마와 전혀 계약을 맺지 않고 늑대가 되는지에 대해 갖은 설명이 제시되었다. 때론 부모가 성적인 죄악을 저질렀기 때문에 아이가 처벌을 받은 것이라고 하였다. 프랑스 페이리고르 지역의 사람들은 신부의 사생아가 늑대인간으로 자란다고 생각하였다. 1975년에 루마니아에서 수집된 전설들에서는 크리스마스이브나 부활절 전날 밤 밴 아이이기 때문이라거나 부활절에 태어난 아이이기 때문이라고 되어 있다 (주요 축일 전, 금욕적인 생활을 하기로 되어 있는 날에 성관계를 하는 것은 사악한 짓이기 때문이다). 그곳 사람들은 그렇게 태어난 아기들이 언청이나 '늑대의 눈' 같은 동물적인 성질을 띠게

중세 초기에 교회에서는 마녀가 하늘을 난다는 생각이 환상일 뿐이라고 가르쳤다.
그러나 15세기에 이르러서는 입장이 바뀌어서, 마녀가 사탄의 힘을 이용하여 실제
로 하늘을 날고, 동물로 변신하고, 사바트[86]를 벌인다는 생각을 수용하였다. 울리
크 몰리토르(Ulrich Molitor)의 《라리스와 피토니시스 물리에리부스에 대하여》(De
Lariis et Phitonicis Mulieribus)에 수록된 판화.

---

86) 마녀들만의 안식일 잔치 – 역주.

되고 부모가 저지른 죄악에 대한 분노 때문에 인간을 증오하게 된다고 생각한다. 이와는 달리 엄마 혼자서 원인을 제공하는 경우가 있다. 아이의 엄마가 신에게서 부과 받은 의무인 출생과 젖 먹이기의 고통을 회피하려 한 경우이다. 그래서 루마니아인들은 여자가 아기에게 젖을 먹이지 않으면 아기가 커서 늑대인간이 되거나 영원히 다른 야수로 변해버리고 만다고 믿는다. 늑대인간과 그의 여성 존재에 해당하는 '나이트메어'가 생겨나는 이유에 대해, 1915년에 스웨덴의 한 피조사자가 이야기한 것이 다음과 같이 정리되어 있다.

그런 일은 갓 태어난 망아지 가죽을 써본 적이 있는 엄마들 자식에게 일어난다. 엄마들은 말뚝 위에 가죽을 걸쳐 놓고, 임신한 몸으로 옷을 하나도 입지 않고 그 밑을 달려서 지나치기를 세 번 한다. 그러면 배가 덜 아프고 애가 나오는 순간에도 고통이 없게 된다. 하지만 그 짓을 할 때 벌써 뱃속의 애한테 영향을 미치게 되서, 여자아이가 태어나면 나이트메어가 되고 남자아이는 늑대인간이 된다. 나이트메어는 보통 작고, 사람의 눈에 보이지 않는다. 그들은 열쇠 구멍으로 들어와서는 자고 있는 사람 입을 틀어막을 수가 있다. 아직도 나이트메어가 있다고 믿는 사람들이 있다.[87]

자기 뜻과는 상관없이 늑대인간이 되는 원인 설명으로 다음과 같은 것들도 여러 나라에서 제시되었다. 변신을 일으킬 수 있는 특정 식물을 꺾거나 특정 냇물을 마시는 경우, 늑대 가죽

---

87) John Lindow, p. 176.

늑대인간에 희생당한 사람들의 사지들이 엉켜 있는 참혹한 모습. 독일에서는 18세기에도 아직 늑대인간을 사람의 모습으로 묘사하고 있다.

고야의 《사바트》(The Sabbat). 1794~1795년경. 고야는 미신에 대한 이성적 혐오에서 영감을 얻어 그림에서 마녀를 많이 다루었다. 마녀 사냥꾼들이 신봉하던 전형적인 믿음 두 가지가 이 그림에 묘사되어 있다. 첫째, 마녀들이 마귀 염소를 숭배한다는 것. 둘째, 그들이 사바트에 아기들을 가져와서 먹는다는 것. 마드리드 소재 라르사로 갈데아노 박물관.

이라는 것을 알았건 몰랐건 그걸로 만든 허리띠를 차는 경우, 마법사의 저주를 받은 경우, 또 달의 기운에 홀리는 경우 등이다. 틸베리의 저버스는 이렇게 주장한다. "영국에서는 달의 변화에 맞추어 늑대로 변하는 사람들을 흔히 볼 수 있다. 프랑스에서는 그런 사람을 즈륄포(gerulfos)라고 부르지만, 영국에서는 늑대인간(werewulf)이라고 한다."

　이러한 원인 설명에 상응하여 늑대인간을 두려워하는 정도도 달라진다. 중세 로맨스에서는 그들이 순진한 희생양인 것으로 애처롭게 묘사되었다. 현대 루마니아인들은 그들이 불쌍하다고 동정하고, 그들이 가할지도 모르는 위험을 간단한 마법으로 예방할 수 있다고 생각한다. 그러나 어떤 시기, 특히 16세기 후반 프랑스에서는 늑대로 변신하고 아이들을 죽였다고 해서(때론 먹기까지 했다고 해서) 재판을 받고 처형당하는 사람들도 있었다. 악마와 계약을 맺고 마법의 연고를 사용해 변신했다는 것이 그들의 혐의였지만, 그들은 아마도 정신병에 걸려 여러 명을 살해한 이들이었을 것이다. 그들은 동시에 자신이 늑대로 변할 수 있다는 환각에 시달렸을 것이다. 흥미롭게도 늑대인간과 마녀 모두 사용하는 연고 제조법이라고 지금까지 전해오는 것들을 보면 아커닛, 벨러도너, 헴록, 양귀비 등 피부로 흡수되기도 하는 환각 성분의 약초들이 포함된 경우가 많다. 따라서 자신이 변신하는 듯한 환각을 느끼고 싶었던 사람은 누구나 그 연고를 발랐을 가능성이 높다. 혐의를 받은 사람들은 이유가 무엇이었건 정말로 변신을 하고 살인도 저질렀다고 자백했고, 당연히 사형을 당하였다.

　스칸디나비아인들은 늑대인간이 본성적인 충동에 따라 임산부의 자궁을 찢어 열고 태아를 끄집어내기 때문에 위험하다고 생각했다. 그러나 그가 늑대인간이라는 사실을 다른 사람이 알기만 해도 마법에서 풀려날 수 있었다. 밑에 적은 노르웨이의 곰인간 이야기에서도 마찬가지다.

옛날에는 어떤 사람이 가끔 곰으로 변한다는 이상한 믿음이 있었다. 그들은 무언가 마법에 걸린 사람들이었다. 송네의 푀알란 지역에도 그런 사람이 한 명 있었다. 한 번은 그가 임신한 아내에게 이렇게 말했다. "얼마간 어디 좀 가 있어야겠어. 내가 없는 동안 혹시 곰 한 마리가 올지도 모르는데, 그러면 당신 에이프런을 던져주고 도망치도록 해."

시간이 좀 지나고 정말 곰 한 마리가 나타나 그녀를 공격했다. 그녀는 남편이 시킨 대로 하고 달아났다. 이윽고 남편이 집에 돌아왔다. 식사를 하려고 앉은 남편은 이를 쑤시기 시작했다. 아내는 남편의 이 사이에 끼인 천이 에이프런 조각이라는 것을 눈치챘다. 이제 곰인간이라는 사실이 드러났기 때문에 남편은 마법에서 풀려났고, 더 이상 곰인간이 아니었다.[88]

마라라고 불리는 나이트메어도 낮에는 정상적인 인간이었다가 밤이면 초자연적 존재가 된다는 점에서 늑대인간과 비슷하다. 독일과 스칸디나비아 전역에 전하는 이야기들에 따르면, 마라는 투명해져서 사람의 눈에 보이지 않고, 집에 들어가서는 자는 사람의 가슴에 웅크리고 앉아 숨이 막히게 하고 악몽을 꾸도록 한다고 한다. 또 자기가 뭘 하고 있는지도 모르고 밤에 말이나 소를 타서 지치게 한다고 한다. 그렇듯 자신도 모르게

---

88) Reidar Th. Christiansen, *Folktales of Norway*, pp. 48-49.

그런 일을 한다는 점에서, 마라는 애초부터 악한 의도로 인간과 동물을 '밤에 타는' 마녀와 구별된다. 붙잡힌 마라는 보통 초자연적인 힘을 잃게 되고, 그전에 정상적인 상태에서 고질적으로 피곤함과 구토 증세를 느꼈던 것과는 달리 건강을 되찾는다. 그러나 몇몇 이야기들에서는 마라가 초자연적 상태에 있는 동안 (변신하는 마녀처럼) 부상을 입거나 살해당하기도 한다.

오늘날 사르디니아 섬의 양치기들의 민속 신앙에서도 원치 않는 변신에 대한 관념이 발견된다. 그들은 자살한 사람의 유령이 살려낸 기괴한 황소 혼령에 홀릴 수 있다고 생각한다. 그 황소 혼령의 희생자들은 낮에는 정상적인 인간으로 보이지만, 밤이면 자고 있는 신체에서 혼령이 나와 쇠사슬을 잔뜩 지고 있는 황소로 변한다. 황소는 마을을 배회하다가 재난이나 죽음이 예정되어 있는 사람의 집 밖에서 무시무시한 소리로 울부짖는다. 혼령은 새벽이 되기 전에 다시 인간의 몸 안으로 들어가고, 자신이 무슨 일을 했는지 기억하지 못한다.

밤에 날아다니는 마녀들

마녀의 '신화학적' 정형에서 변신 테마 이외에도 끊임없이 사용되는 무서운 테마 두 가지가 있다. 즉, 무언가 타거나 타지 않거나 해서 하늘을 날아다니는 능력과 식인 행위이다. 이것들이 모두 녹아 있는 것이 플리니우스와 오비디우스, 페트로니우스와 아풀레이우스, 그리고 그외에도 여러 사람이 이야기했던 로마의 스트릭스(strix), 혹은 '스크리처(screecher)'이다. 스트릭스는 올빼미처럼 생긴 탐욕스런 새였다. 또는 그 새의 모습을 한 여자로서 아기의 배를 찢어서 내장을 꺼내 먹거나 독이 든 젖을 물려서 죽인다고도 되어 있고, 또 살아 있는 남자의 힘과 생식력을 마법으로 빨아먹는다고도 했다. 유대인들이 마귀를 연구한 것에 나오는 릴리스도 아주 비슷한 짓을 한다고 한다. 이 마녀는 갓 태어난 아기를 목 졸라 죽이거나 피와 골수를 빨아먹거나 출산 중인 여자들을 위험에 빠뜨린다. 또한 자고 있는 남자들을 유혹하고, 그들이 밤에 쏟은 정액으로 수많은 마귀 자식을 낳아서 밤이면 함께 날아다닌다. 때로는 이 마녀가 아담과 동시에 창조된 '첫번째 이브'였다고도 한다. 그런데 아담의 남성적 권위에 복종하느니 차라리 달아나서 마귀가 되기를 선택했다는 것이다.

중세 초기의 유럽에서 이 테마가 어떻게 표현되었는가는 보름스의 부르하르트(Burchard of Worms) 주교가 1008년에서 1012년경에 고안한 일련의 질문을 통해 분명히 알 수 있다. 그는 신부들이 참회자들의 미신에 대해 심문할 때 쓰도록 하기 위해 다음과 같은 질문들을 만들었다.

이런 것을 믿어본 적이 있느냐 … 아주 조용한 밤의 정적 속에 잠자리에 있으면 … 네가 잠긴 문을 통해 밖으로 나갈 수가 있고, 너처럼 속아 넘어간 다른 자들과 함께 세상을 여행할 수 있다는 것, 그리고 네가 눈에 보이는 무기 없이도 사람을 죽인다는 것 … 그리고 모두 함께 죽은 자의 살을 요리하여 게걸스럽게 먹는다는 것, 심장이 있던 자리에 지푸라기나 나무를 채워 넣는다는 것, 그리고 다 먹어치운 후 그들을 다시 살려내어 잠시 생명의 시간을 베풀어 준다는 것. 이런 것들을 믿어본 적이 있다면 너는 15일 동안 빵과 물만을 먹으며 회개해야 한다. 그 이듬해부

브르타뉴 지방에 전하는 목각. 늙고 추한 모습의 마녀가 고양이를 데리고 약초를
갈아 자신이 먹을 묘약을 만드느라 바쁘다. 정형화된 마녀의 한 단면을 엿볼 수
있다. 런던의 웰컴 의학사 박물관.

터 7년 동안도 매년 그렇게 해야 한다.[89]

이 글로 알 수 있듯이, 자신들이 정말 마녀의 행동을 하고 있다고 생각하는 여자들이 있을 정도로 밤에 날아다니는 식인 마녀에 대한 판타지가 독일 농촌 사회에 깊게 뿌리내리고 있었다. 교회는 그런 믿음을 부정하고 그 여자들을 처벌하였다. 위에서 보듯 중세적 기준에 비추어 보면 미약한 처벌이었지만 말이다. 《카논 에피스코피》(Canon Episcopi, 906년경)라는 중세의 또 다른 문건에서도 자신들이 어느 초자연적 존재와 함께 마법의 힘으로 여행을 한다고 상상하는 여자들 한 무리를 비슷하게 비난하고 있다. 성직자였던 문건의 저자는 밑에서 보듯 그 초자연적 존재가 로마의 여신 디아나라고 생각했다.

마귀가 일으킨 환상과 판타지에 미혹되고 사탄에 의해 타락한 사악한 여자들은 자신들이 밤이면 이교도의 여신 디아나와 엄청나게 많은 여자들과 함께 짐승을 타고 나다닌다고 믿는다. 또 밤의 적막 속에서 드넓은 지역 여러 곳을 지난다고 믿는다 … 이 모든 것이 사실은 마음이 하는 일에 불과하지만, 다름 아닌 진실한 신앙이 부족한 사람들이야말로 그런 일들이 실제로도 일어난다고 믿는다.[90]

마법을 이용한 살인이나 식인 행위에 대해서는 전혀 언급되어 있지 않은 것으로 봐서, 이 여자들의 판타지의 중심에 있던 '디아나'는 분명 마녀가 아니라 선한 존재였을 것이다. 흥미롭

---

89) Norman Cohn, *Europe's Inner Demons*, London and New York, 1975, p. 209에서 인용.
90) Colin, p. 211.

러시아의 서사시에 등장하는 마법사 영웅 볼흐의 모습. 그는 그림에서처럼 금뿔이 달린 난폭한 황소로 변신할 수 있었다. 또 잿빛 늑대나 번쩍이는 눈을 한 매로도 변할 수 있었다. 이런 변신 기술 이외에 싸움에 나설 때의 난폭함 때문에 그는 훌륭한 전사였다. 1927년에 I. 빌리비네가 그린 삽화.

게도 부르하르트 주교는 백 년 후에 이 구절을 인용하면서 '디아나'가 독일 민속에서 보통 친절하고 사람을 잘 보호해주는 존재로 등장하는 홀다라고 보았다. 민속에서 홀다는 한겨울 밤에 농장에 찾아와 농장의 여러 가지 것들이 다 잘 보존되고 있는지 확인한다. 즉 그녀는 쟁기, 곡물, 방직 등을 모두 관장하는 후원자였다. 그녀는 또한 산타클로스처럼 아이들을 위해 선물을 가져다준다. 그러나 그녀는 아주 비슷한 오스트리아의 베르타/페르히타처럼 끔찍한 '잔인한 사냥꾼(103~107쪽 참조)'을 이끌기도 하고, 버릇없는 아이들에게 벌을 내리는 추한 몰골의 마녀로 등장하기도 한다(156쪽, 310쪽 참조). 《카논 에피스코피》에서 언급된 여자들의 상상에서 그들을 이끌고 야간 방문 여행을 나선 것이 홀다였다고 한 부르하르트 주교의 생각에는 아마도 무언가 그렇게 생각할 만한 이유가 조금이라도 있었을 것이다. 《카논 에피스코피》에서 또 한 가지 흥미로운 부분은 짐승을 타고 다닌다는 것이다. 훗날 마법에 대한 이야기들에서 드러나는, 마녀들이 '사바트'에 가면서 사용하는 기이한 운송 방식에 대한 관심을 예견케 해주기 때문이다. 그런 수단으로는 진짜 말이나 고양이나 염소, 지푸라기나 작은 나뭇가지에 마법을 부려 만든 허깨비 말, 인간을 변신시켜 만든 말, 또는 마법의 연고를 발라 하늘을 날 수 있도록 만든 빗자루나 쇠스랑과 이동식 울타리, 등받이 없는 의자 따위가 사용되었다.

아동 살해는 보통 마녀면 누구나 저지른다고 생각되던 행위였다. 사람들은 마녀들이 '사바트'에서 의식 삼아 잔치를 개최하고 그때 아이들을 먹는다고 이야기했다. 또는 그들이 아이들을 끓여서 그 기름으로 마법의 연고를 만든다고 했다. 앞서 부르하르트 주교의 말에서도 분명히 알 수 있듯이, 그런 죄악이

스웨덴의 외스모 교회에 전하는 15세기 그림. 왠지 모르게 소의 젖이 마르면, 사람들은 쉽게 마법에 걸린 것이라고 의심했다. 이 그림에서도 마녀의 '우유 토끼'가 소의 젖통을 빨고 있다. 또 다른 마귀는 소가 움직이지 못하도록 붙들고 있다. '우유 토끼'는 이렇게 얻은 우유를 여주인의 집으로 가져간다.

행해진 것은 그저 머릿속에서였을 것이다. 그 점은 '먹힌' 희생양들이 '잠시 생명의 시간' 동안 더 살고서야 병이 들어 죽는다고 여겼던 것으로도 알 수 있다. 그런 식의 잔인한 판타지들은 그 이전 시대에 비밀 종교 조직에 대한 정형화된 이미지, 즉 그런 조직의 적들이 상상하던 이미지에서도 오랫동안 한몫을 했다. 이를테면 로마인들은 기독교도들이 비밀 회합을 가지고 아이들의 피를 그 시체를 태운 재에 섞어 마신다고 생각했다. 기독교도들도 다음과 같은 여러 이교도들에게 비슷한 비난을 했다. 그들은 8세기 초의 폴리션 교도(Paulician)들, 1022년의 오를레앙의 한 종파, 13세기부터 15세기까지의 발도파 교도들, 1466년에 프라티첼리라고 불린 프란체스코회의 한 분파 등이었다. 사람들은 이들을 포함한 여러 집단이 성행위 잔치를 열고 악마를 숭배한다고도 생각하였고, 이 모든 관념은 점차 통합되어 마녀를 설명하는 관념이 되었다. 그리하여 '사바트'의 표준적 형상이 구축되었다. 신학자와 교회 법률가들은 곧 그러한 정형을 공식화하였고, 악명 높은 《말레우스 말레피카룸》(Malleus Maleficarum, 1486) 같은 저술들이 그 조정을 이루었다. 말레우스 말레피카룸은 자백을 얻어내려는 시도가 수없이 많았고 얻어낸 자백도 많았던 대규모의 마녀 사냥 중에 혐의자를 철저히 심문하는 지침이 되어 주었다. 당시 대중은 분명 심한 의혹과 공포에 떨었을 것이다. 그럼에도 불구하고 가상의 식인과 살인 행위는 그저 심리적인 것이었다. 즉 살해당한 아이가 실제로 마녀 재판에 모습을 드러낸 적은 단 한 번도 없었다. 연쇄 살인이나 진짜 늑대의 살인 때문에 종종 늑대 인간에 대한 재판이 벌어졌던 것과는 달랐다. 자신이 마법에 걸려 있다고 주장하던 사람도 실은 일반적인 질병에 걸려 있었다. 그

수학자이자 점성술사였던 존 디(1527~1608)는 자주 켈리라는 중개자와 함께 일했다. 켈리는 자신이 유리구슬 안에 있는 혼령들을 불러내어 도움을 얻는다고 주장했다. 그러나 그가 마귀를 불러낸다는 악의적인 소문이 돌았다. 사람들은 그가 시신을 파내서 그 시신으로 하여금 자신이 원하는 대답을 강제로 말하게 한다고 생각했다.

들 자신은 자신이 '먹히는' 중이라고 확신했을지라도 말이다. 1582년에 세인트 오사이스 지역(에식스 주)의 교구 목사의 아내도 임종을 맞으며 "오, 애니스 허드, 애니스 허드가 내 혼을 앗아갔어!"라고 외쳤다고 한다.

심부름꾼 마귀

또 하나의 '신화적' 모티프로 영국에 특히 흔한 것이 마녀에게는 심부름꾼 마귀, 즉 마녀가 사탄이나 다른 더 늙은 마녀에서 받은 것으로, 보통 동물의 모습을 하고 있는 마귀가 따라다닌다는 것이다. 마녀는 그 마귀에게 자신의 피를 빨아먹게 한다고 한다. 이 마귀들은 마녀의 적에게 질병과 재난을 가져다주는 등 마녀의 심부름을 해준다. 영국의 마녀 재판에서 자주 언급되는 심부름꾼 마귀는 보통 현실에 존재하는 모습을 하고 있다. 목격자들이 고양이나 개, 두꺼비나 쥐, 혹은 족제비나 새가 마녀라는 혐의를 받는 여자의 집에 들어가는 것을 보고서, 혹은 파리 한 마리가 혐의자의 감방에 들어가는 것을 보고서 그것이 혐의자의 심부름꾼 마귀라고 주장한다. 영국의 민간 전설도 이와 마찬가지로 단조롭다. 동물의 모습을 한 심부름꾼 마귀가 지녔다는 재미난 속성 몇 가지가 있기는 하다. 그중 한 가지는 마녀가 심부름꾼 마귀를 누군가 다른 마녀에게 물려줄 때까지는 죽을 수 없다는 것이다.

그러나 핀란드와 스웨덴에는 그보다 훨씬 더 특이한 심부름꾼 마귀로 '우유 토끼'라고도 하고 '운반 일꾼'이라고도 하는 마귀가 있다. 이 마귀는 15세기 중반에 벽화에 처음 모습을 드러냈고, 이어서 여러 구전 자료와 문서 자료에서 많이 언급되었다. 이 마귀의 생김새는 보통 집토끼나 산토끼 같지만, 마녀가 뜨개질바늘, 양털실이 감긴 방추, 스타킹, 혹은 서로 다른 양털실 아홉 가닥을 엮은 매듭 등 평범한 가정용품을 가지고 직접 만들어낸 것이다. 마녀는 그것에 자신의 피 한 방울을 떨어뜨려 생명을 불어넣으며 다음과 같은 관례적 문구를 읊는다.

　　네가 나를 위해 달리는 한
　　나는 너를 위해 지옥에서 몸을 사르마.

　마귀는 마녀의 이웃집 젖소들에게 달려가서 우유를 빨아먹고 와서는 그 훔친 우유를 주인 마녀의 우유통에 토해낸다. 마녀 관련 민간 전승의 내용이 특히 무시무시했던 아이슬란드의 민속학자 존 아르나슨(Jon Arnason)은 1864년에 '운반 일꾼'에 대한 믿음을 이렇게 요약했다.

　'운반 일꾼'을 얻으려는 여자는 성령 강림절 아침에 교회 묘지에서 죽은 지 얼마 안 되는 남자 시체의 갈비뼈를 훔쳐야 한다. 그리고는 다른 곳에서 직접 훔친, 양모로 만든 회색 뜨개질용 실로 갈비뼈를 감는다 … 양털실 한 뭉치로 보일 때까지 감아서 두 가슴 사이에 얼마 동안 끼워 넣고 지낸다. 그후 성찬식에 세 번 가는데, 그때마다 입에 머금은 성찬용 와인(성찬용 와인과 빵을 함께 쓴다는 사람도 있다)을 가슴에 뱉어서 '운반 일꾼'이 될 실 뭉치에 흘려보낸다 … 여자가 처음 성찬식에 가서 와인을 흘려보낼 때에는 '운반 일꾼'이 미동도 하지 않는다. 두 번째에는 뒤척인다. 세 번째에는 여자의 가슴에서 뛰쳐나올 정도로 '운반 일

앵글로 색슨 계통의 한 전설에서는 맴브리스라는 이가 마법사였던 죽은 형의 마법
서를 사용하여 형의 유령을 불러내려 했다는 이야기가 나온다. 그러자 그림에서
보듯, 지옥이 펼쳐졌다. 죽은 형은 저주 받은 자들을 잡아먹고 사는 털 복숭이 거
인이 되어 있었다. 겁에 질린 맴브리스는 결코 다시는 마법을 쓰지 않겠다고 맹세
했다. 런던 소재 브리티시 라이브러리.

꾼'이 힘과 생기가 넘친다 … 그러면 여자는 허벅지 안쪽에서 피를 내어 '운반 일꾼'이 빨아먹게 해준다. 그 자리에는 혹처럼 살이 돋고, '운반 일꾼'이 거기에 살면서 밖에 나가지 않을 때마다 피를 먹고 지낸다. 그래서 다리를 절름거리고 허벅지 안쪽에 핏빛이 도는 사마귀가 나 있기 때문에, 누구나 '운반 일꾼의 엄마'를 식별할 수 있다.[91]

아이슬란드에는 갓 매장된 시체의 가죽과 뼈로 만든다는 '마녀의 말굴레' 제조법도 전한다. 이것 역시 기이하고도 섬뜩하며, 마법을 이용한다는 점도 앞의 경우와 똑같다. 마녀가 그것을 아무 사람이나 짐승, 또는 물건에 채우면 그들이 하늘로 떠올라 마녀가 원하는 곳이면 어디로든 데려다준다. 또 시체의 가죽을 허리 아래 부분에서부터 통째로 벗겨서 만드는 '돈 만드는 반바지'도 있다. 누구나 이 반바지를 입으면 호주머니에 늘 돈이 가득하다. 하지만 죽기 전에 벗어서 누군가 다른 이에게 주지 않으면 저주를 받게 된다.

마법사의 노예

아이슬란드에는 무엇보다 죽은 자를 이승으로 불러내는 마법을 다룬 민간 전승이 많다. 사람들은 마법사가 무덤에서 불러낸 시신에 '기를 불어 넣는다'고 생각했고, 마법사가 그것을 보내어 적들을 공격한다고 해서 그것을 '보내지는 것'이라고

---

91) Jacqueline Simpson, *The Folktales and Legends of Iceland*, London, 1972, p. 180.

아일랜드의 캐번 교회에 전하는 '쉴라 나 기그'. 성기를 드러
내고 다니는 이 무시무시한 여성 존재는 아일랜드와 프랑스와
영국의 초기 중세 미술에서 흔히 볼 수 있다. 보통 성이나 교
회의 외벽에서 발견되고, 마귀를 물리치는 역할을 했던 것으
로 추정된다. 더블린 소재 아일랜드 국립 박물관.

불렀다. '보내지는 것'은 고정된 물질적 형태를 띠지 않는 경우가 많았다(그것들은 가령 인간의 눈에 보이지 않는 존재일 수도 있고 동물로 변신하는 존재일 수도 있다). 그러나 어느 경우나 처음에는 시신 한 구였다는 점, 혹은 적어도 특정한 뼈, 보통 척추뼈 같은 뼈였다는 점은 언제나 마찬가지였다. 이 점에는 고대의 관념과 학술적 이론이 기이하게 융합되어 있다. 물론 가장 주요한 기원은 고대 북유럽에서 믿었던 드레우르, 즉 '살아 있는 시신'(109쪽~112쪽 참조)일 것이다. 그러나 16세기와 17세기에 통용되던 학술적 신학 교리도 다소 영향을 미친 것으로 보인다. 즉 모든 인간의 유골에는 '불후의 뼈'가 하나 있어서 부패하지 않고 남아 '인류의 부활'[92]을 맞고, 그때 혼령이 새로 얻는 몸의 핵심이 된다는 것이다. 19세기에 아이슬란드인들은 '보내지는 것'에 칼을 찔러서 운 좋게 그 뼈를 맞추면, 그 뼈가 없어지지는 않지만 '보내지는 것'은 패배하고 파멸한다고 믿었다. 또 '보내지는 것'에 대한 많은 이야기들에서는 마법사가 무덤에서 그것을 불러낼 때 수반되는 공포와 위험이 강조되어 있다. 마법사는 시신의 코와 입 속의 거품을 핥아 없애고 자신의 피를 한 방울 먹이고 하면서 조금조금씩 그것을 소생시켜야 한다. 소생하자마자 마법사는 즉시 격투를 벌여 그것을 이겨야만 하고, 그러지 못하면 무덤 안으로 끌려 들어가 영원히 그 안에 있어야 한다. 이기고 나면 늘 바쁘게 일을 시켜야 한다. 그러지 않으면 주인인 마법사에게 적의를 보일 수 있다.

'보내지는 것'과 다소 비슷하지만 꼭 악하지만은 않은 것이 일부 마법사들이 노예로 삼기 위해 만들었다는 인조인간, 혹은

---

92) General Resurrection. 산 자와 죽은 자가 모두 최후의 심판을 받은 후 부활하는 것을 말한다 – 역주.

이미지에 생기를 불어넣어 만들었다는 존재이다. 그중 가장 재미난 예가 유대인의 민간 전승에서 발견되는 골렘(golem, 말 그대로 하면 '태아'라는 뜻)이다. 골렘은 당연히 카발라라는 유대 신비주의의 상징적 언어이다. 그 말이 12세기와 13세기의 하시디즘 저술들에서 발견되기 때문이다. 거기서 골렘은 분명 신성한 노래를 부름으로써 겪을 수 있는 영적 체험을 가리킨다. 반면에 대중적 이야기들에서는 그것이 마법으로 자신을 만들어준 마법사를 시중드는 실제 인조인간으로 그려졌다. 15세기에 독일의 유대인들에게서 그런 이야기들이 생겨났고, 이내 헬름의 엘리프(Eliph of Chelm, 1583년 사망) 같은 여러 저명한 랍비들과 관련을 맺었다. 그중 가장 유명한 버전들은 16세기에 살았던 랍비 프라하의 뢰브(Loew of Prague)에 얽힌 이야기들이다. 분명 그의 생존 시기부터 약 200년이 지나고 나서야 비로소 이야기되기 시작했지만 말이다.

골렘을 만드는 사람은 먼저 먼지를 가지고 형체를 만든 다음 신성한 말이 적힌 종이를 그 입 안이나 목둘레에 놓아둠으로써 생명을 불어넣는다. 만드는 사람의 의도가 좋은 것과는 상관없이 골렘은 날이 갈수록 힘이 세져서 위험한 존재가 될 가능성이 높다. 그래서 신성한 말이 적힌 종이를 제거하여 골렘을 먼지로 돌려놓지 않으면 결국 주인에게 반기를 들어 그를 파멸로 이끈다. 이 테마의 더 오래 된 버전들에서는 골렘의 파괴적인 잠재력을 강조하고, 골렘을 만드는 행위 자체가 사악한 마법은 아니라고 해도 골렘의 현실적 위험과 영적 위험이 그의 장점을 능가한다고 경고한다. 더 최근에 19세기와 20세기 버전에서는 골렘이 유대인을 박해자로부터 보호해주는 비밀스런 수호자이며 옹호자인 것으로 더 많이 묘사된다. 그들이 밤이면 사람의 눈에 보이지 않은 채 유대인 강제 거주 지구를 순찰하고, 기독교도들이 그곳에 죽은 아이를 가져다 놓고는 유대인이 의식 삼아 살인을 범했다며 거짓 증거로 삼는 것을 막는다는 식이다.

불길한 눈

마녀의 마법과 관련은 있지만 그와 똑같지는 않은 '불길한 눈'에 대한 관념이 유럽 여러 곳에 전한다. 그것은 '매혹'이라고도 불리고 라예타투라라고도 불린다. 마법과 요술은 의도적으로 습득하여 의식적으로 사용하는 기술로 생각되는 반면, '불길한 눈'은 자연적 능력으로 상상된다는 차이가 있다. 그것은 타고난 능력일 수도 있고(유전적으로 타고난 것이라는 사람도 있다), 부모가 아이를 기르며 실수를 한 결과 그 능력이 유년기에 생길 수도 있다. 예를 들어 그리스에서는 엄마가 젖을 뗀 아기에게 다시 젖을 먹이면 자라서 '불길한 눈'을 하게 된다고 한다. '불길한 눈'을 한 사람은 스스로 그것을 통제하지 못하는 경우도 가끔 있다. 또 심지어 자신의 눈이 '불길한 눈'인지 모르는 사람조차 있다고 한다. 그러나 그것이 악한 기질에서 비롯된다고 하는 경우가 더 많다. 4세기에 성 바실리우스는 '불길한 눈'이 가져오는 결과를 이렇게 설명하였다.

… 시기심이 많은 사람이 한 번 흘끔 쳐다보기만 해도 불운이 찾아온다고 생각하는 사람들이 있다. 그래서 만개한 꽃처럼 건강하고 원기가 최고조에 달했던 사람들이 마법에 홀려 체력을 잃고 갑작스레 완전히 신체의 풍만함을 잃게 된다. 시기하는 자의 시

선을 받으면 그 풍만함이 사그라지고 살이 빠진다.[93]

불길한 눈은 또한 특히 가축 같은 동물에게 상처를 입힐 수 있고, 곡물이나 과실수를 말려 죽이고 사냥꾼이나 어부의 수확이 좋지 않도록 할 수 있다. 다시 말해 중요하지만 운의 영향을 많이 받는 활동이나 사람, 재산 등은 무조건 '불길한 눈'의 영향에 민감하다고 생각한다. 그것을 믿는 공동체에서는 사물이든 사람이든 높이 평가한다거나 성공이나, 행운에 대해 말하기를 아주 꺼린다. '불길한 눈'의 시기심을 자극하여 그런 눈을 한 누군가의 악의를 촉발하고, 그들이 재앙을 가져올까봐 두렵기 때문이다.

이러한 견해도 파괴적 초자연적 힘에 대한 다른 견해들처럼 역설적으로 불운에 처한 사람들에게 심리적인 도움이 된다. 불운한 사람들은 자신이 겪는 문제를 다른 사람 탓으로 돌릴 수 있다. 또 아무리 불합리한 생각일지언정, 자신의 삶이 제멋대로인 운에 좌지우지된다는 참담한 생각보다는 받아들이기가 더 쉬운 원인 설명을 제공받을 수 있다. 게다가 그 희생양들은 무기력하게 있지 않아도 된다. 즉 미래의 문제를 피하기 위한 조처를 취할 수가 있다. 그래서 '불길한 눈'에 대한 믿음이 발견되는 곳은 어디에나 전통적 대응책, 치료법, 그리고 보호해 주는 힘을 지닌 부적 등도 존재한다.

그런 수단은 스코틀랜드의 아일랜드어 사용 지역에서 쓰는 기도나 종교적 성격의 관례적 문구, 또는 가톨릭 국가들에서 쓰는 성수聖水나 메달에서부터 기독교 이전 시대의 이교에 뿌

---

93) Alan Dundes, ‘Wet and Dry: The Evil Eye’, in *Folklore Studies in the Twentieth Century*, ed. Venetia Newall, London and Totowa, 1980, p. 38에서 인용.

이 눈 그림은 지중해 연안 국가에서 수세기 동안 인간을 보호해주는 상징으로 사용되었다. 보통 '불길한 눈'에 대한 대응 마법의 수단이었다. 여기서는 포르투갈의 어선에 그려져 있지만, 집이나 자동차에 그려 놓은 것도 볼 수 있다.

남성의 공격적인 정력을 상징하면서 동시에 폭소를 유발하려는 남근 모습. 사악한 존재를 물리치는 데 막강한 힘을 발휘한다. 오스티아[94])에 모자이크 형 바닥으로 만들어져 있는 이것처럼, 고대 로마인들은 남근의 모습을 노골적으로 전시했다. 반면에 그보다 절제했던 기독교도들은 말이나 몸짓으로만 남근을 언급하거나, 뿔 장식품을 통해 남근의 모양을 변형해서 표현했다.

리를 두고 있는 유서 깊은 부적에 이르기까지 종류가 아주 다양하다. 그런 부적 중 하나가 '비슷한 것이 효과가 있다' 는 유명한 마법상의 원칙을 근거로 '불길한 눈' 을 물리치려는 자애로운 눈 형상이다. 지중해에서는 어선들의 이물에 그런 눈을 실감나게 그려 놓은 것을 볼 수 있다. 또 그리스와 터키에서 인기 있는 부적인 파란색 유리구슬에서도 파란색과 흰색 도안으로 그 형상의 윤곽을 만들어 부착해 놓은 것을 볼 수 있다. 고대 그리스와 로마, 그리고 무엇보다 고대 이집트에 그 디자

---

94) 이탈리아 테베레 강 입구의 고대 도시 - 역주.

인의 선례가 있었다. 마찬가지로 유서 깊은 것이 로마 제국 전역에서 행운과 다산을 기원하고 악한 마력을 물리치기 위해 드러내 놓았던 남근 형상이다. 이후 기독교에서는 그렇게 노골적인 성적 묘사를 비난했다. 하지만 남근을 변형하여 표현한 것이 틀림없는 부적들이 아직까지도 이탈리아에 아주 흔하다. 그곳에서는 산호나 호박琥珀이나 광을 낸 금속으로 다소 뒤틀린 뿔 모양을 만들어서 목걸이에 달고 부적으로 삼는다. 아주 최근에는 윤기 있는 붉은 플라스틱을 써서 만들기도 한다. 이것들이 빨간색 광채를 낸다는 점이 의미심장한데, 이는 '불길한 눈'의 소유자의 주의를 끌려는 것이다. 왜냐하면, 사람들은 그가 누군가를 처음으로 보는 시선에 그 눈의 힘이 집중되어 있고, 그 힘과 똑같이 막강한 것에 맞닥뜨리면 그 힘의 효과가 사라질 것이라고 생각하기 때문이다. 공격적인 성적 상징을 융합시키는 뜻에서 간혹 진짜 동물의 뿔을 사용하기도 한다. 그래서 몰타의 농장들에서는 흔히 뿔 달린 소의 두개골(또는 그 석고상)을 벽과 지붕에 진열해 놓는다.

사람들은 말로 읊는 관례적 문구도 보호력이 있다고 믿는다. 그것들은 성기나 항문에 대한 음란한 내용인 경우가 많다. 침 뱉기나, 마노 코르누타(mano cornuta. 다른 손가락은 오므리고 집게손가락과 새끼손가락을 뿔 모양으로 펼친 것)와 마노 피카(mano fica. 오므린 손가락들 사이로 엄지손가락을 내미는 것) 같은 외설스런 제스처도 마찬가지로 효과가 있다고 생각한다. 마법상의 목적을 이루기 위하여 성기나 엉덩이를 드러내는 따위의 성과 관련된 더 노골적인 행위도 농촌 사회에서 널리 이용되었던 것으로 보인다. 하지만 출판된 자료에 그런 행위가 언급된 경우는 아주 드물고, 그 이유가 무엇인지는 충분히 이해할 수 있을

것이다. 최근에 발칸 지역에서 실시된 연구에서는 1940년대에
까지도 알바니아와 세르비아와 보스니아 농부들이 위험한 일을
할 때면 악한 마법으로부터 보호받기 위해 의식 삼아 벌거벗은
몸을 드러냈다는 사실이 입증되었다. 예를 들어 힘든 길로 무
거운 목재를 운반할 때면, 악한 의도를 가지고 지켜보는 자의
주의를 돌리기 위해 벌거벗은 남자 한 명이 여봐라는 듯이 성
기를 드러내고 그것에 대한 농담까지 하면서 수레 옆에서 나란
히 함께 걷곤 했다. 알바니아의 엄마들은 자식들을 '불길한
눈'으로부터 보호하기 위해 손으로 자신의 성기를 문지른 다음
그 손으로 자식의 얼굴을 토닥거리기도 했다. 발칸 지역의 남
자 집시들은 짐을 끌지 못하는 말의 등에다 그와 똑같은 짓을
하곤 했다. 이렇듯 활력을 불어넣는 성적 힘에 폭소의 힘이나
공격적이고 경멸적인 표정의 힘까지 추가되어 악한 힘을 무력
화하는 결과를 낳는다.

'불길한 눈'에 맞서기 위해 사용하는 부적과 몸짓의 대부분
은 마녀에게도 효과가 있는 것으로 생각되었다. 그리고 그것들
보다 보호 효과가 더 큰 물건들이 집과 농장 건물, 특히 그 안
의 창문과 문이나 굴뚝 등 마녀가 들어올 수 있는 곳 근처에
진열되었다. 영국에서는 그런 용도로 조각된 참나무 기둥을 화
로 옆에 세우기도 했고, 문지방에 석회로 도안을 그려 놓기도
했다. 또는 말의 편자나 쇳덩어리 여러 개나 구멍이 난 돌들,
혹은 마가목의 잔가지나 국화의 일종인 천수국을 문 옆에 매달
아 놓기도 했다. 또 마당에 행운의 나무 여러 그루와 꽃을 심
었고, 토대나 벽에 뼈와 신발과 병을 넣어 건물을 짓기도 했
다. 영국이 아닌 다른 나라에도 어디나 이와 비슷한 마법의 물
건들이 있었다. 그리고 가톨릭 지역에는 그런 물건 이외에도

사르디니아의 '성 루시의 두 눈'이라는 조약돌이나 몰타의 '사도 바울의 혀'라는 부적처럼 종교적인 물건들도 있었다. 동정녀 마리아 메달과 여러 성인들의 메달도 물론 그런 예이다. 가톨릭적인 물건과 다신교적 유래에서 비롯된 부적을 나란히 진열해 놓는 경우도 흔히 볼 수 있다. 가령 승용차의 운전용 거울에다 가톨릭 교회에서 쓰는 로사리오 묵주와 성 크리스토포루스 메달, 그리고 남근을 상징하는 뿔을 모두 함께 매달아 놓을 수도 있다. 그 물건들은 각각의 유래가 서로 아주 다를지라도 기능적 측면에서는 서로 동등하다. 그리고 사용자들은 그것들이 서로 어울리지 않는다는 생각을 전혀 하지 않는 것이 틀림없다.

대응 마법

모든 예방책에도 불구하고 불운이 닥쳐와서 마녀의 마법이나 '불길한 눈'에 시달린다는 의심이 들면, 대응책을 실행해야만 한다. 민간 전승이 많이 전하던 지역 공동체에서는 흔히 희생자 본인이 무엇을 해야 할지를 알고 있었다. 버터 제조 용기에서 버터가 잘 '나오지' 않으면 그 안에 빨갛게 달군 부지깽이를 담그고, 수레가 진창에 처박혀 움직이지 않으면 수레바퀴를 채찍으로 후려치거나 칼로 긁고, 소들이 전염병으로 죽어가고 있으면 죽은 소에서 가슴을 도려내가지고 거기다 핀을 꽂아 천천히 돌려가며 굽는다. 또 사람이 아플 때는 병 하나에 환자의 오줌을 채운 다음 매듭 있는 실과 핀을 각기 몇 개씩 집어넣고, 이 '마녀의 병'을 화로 가까이에서 서서히 끓인다. 이 모

과거 밀라노의 포르타 토사 문 위에 부착되어 있던 조각. 치마를 올린
채 가위로 음모를 짧게 다듬는 여자의 모습이다. 음모 뽑기 시합을 하자
고 하면 골칫거리 요정들이 달아나버린다는 이탈리아의 민간 신앙과 관
련된 것으로 보인다. 밀라노의 스포르체스코 성 소장품.

네덜란드 트뷘터 지구 라트롭 소재 헛간. 지붕 꼭대기에 양식화된 모양의 말머리가 달려 있다. 그것이 행운을 가져다주고 마귀로부터 건물을 지켜준다고 한다.

든 것이 공격 수단이었다. 사람들은 마녀가 몸이 타는 것을, 채찍으로 맞고 따끔따끔 쑤시는 것을, 그리고 칼로 베어지는 것을 느껴서 그 고통을 피하려고 어쩔 수 없이 마법을 거두어들일 것이라고 생각하였다. 이런 의식들을 모른다거나 알고도 실패한 희생자들이 조언을 구할 수 있는 대상이 있다. '착한 마녀(white witch)', '지혜로운 아낙', '영악한 사람(cunning man)', '혼령술사', 또는 '마법사(wizard)' 등 다양한 이름으로 불렸던 이들이다. 과거 유럽 전역의 농촌 공동체에서 찾아볼 수 있었던 이런 부류의 사람들은 아프리카의 '마녀 치료사(witch doctor)'와 역할이 대개 비슷하다. 이들은 남자든 여자든 질병이 (마녀건 요정이건 마귀건) 초자연적 존재 때문에 생긴 것인지를 진단하고, 그 원인을 파악하며, 마법으로 치료해내는

모라비아와 슬로바키아에서
흔히 발견되는 철제 수탉
모형. 이것이 마귀와 유령,
그리고 마녀를 쫓아낸다는
이야기가 전해진다. 수탉은
어둠에 대한 빛의 상징이었
고, 쇠는 사악한 초자연적
존재를 물리치는 마법의 물
건으로 널리 인기를 얻고
있다. 브르노 소재 모라브
스케 박물관.

요크셔 주의 한 농장에 전하는 이른바 '마녀 쫓는 기둥'. 마녀가 굴뚝을 타고 내려
오거나 화로에 마법을 거는 것을 막아준다고 한다. 그림에서 보듯 수평으로 몇 개
의 줄을 그어놓고 그 위에 도안을 조각해 놓는다. 성 안드레아의 십자가에서 유래
한 도안이다. 라이데일 민속 박물관.

초자연적 능력이 있다고 명성이 나 있다. 밑의 글에서 케이스 토머스가 지적하고 있듯이, 진단과 치료 절차를 거치며 희생자와 '혼령술사'는 일종의 공모를 하게 된다. 희생자가 전부터 지니고 있던 생각이 옳음을 '혼령술사'가 확인해주는 것이다.

　　종종 고객이 인근의 마법사에게 찾아가 증상을 설명하고 진단해줄 것을 청하곤 했다. 마법사가 마법을 이용한 다양한 수단 중 한 가지에 의지하여 고객이 정말 마법에 걸린 건지 말해주고 그에게 못된 짓을 한 자의 정체를 드러내줄 것으로 기대했기 때문이다 … 환자 자신이 그럴듯하다고 생각지 않았다면, 마법사가 사악한 마법을 진단해낸다는 것이 설득력을 얻지 못했을 것이다. 그리고 그 못된 마녀가 누구인지 식별하는 문제에 대해서도 … 마법사가 했던 일이라곤 고작해야 고객이 이미 마음속에 가지고 있는 의심을 확인해주는 것뿐이었다 … 마법사는 고객에게 거울이나 광을 낸 돌조각을 보여주고 거기에 보이는 얼굴을 알아보겠느냐고 묻곤 했다. 혹은 고객에게 용의자 명단을 대라고 요구하고 죄인을 판별하기 위해 고안한 일련의 테스트를 실행할 수도 있었다. 한 명 한 명을 말할 때마다 고객의 반응이 어떤지를 주의 깊게 살피면서 말이다.[95]

일단 마녀가 누구인지가 파악되면, 마법사는 위에서 설명했던 종류의 대응 마법을 추천해 주기도 하고, 그 마녀의 얼굴을 할퀴거나 머리를 한 뭉치 잘라버리라고 조언하기도 한다. 또 마녀의 그림자나 발자국에 칼을 꽂아서 마법을 깨라고 조언할

---

95) Keith Thomas, *Religion and the Decline of Magic*, London and New York, 1971, p. 549.

영국에 있는 몇몇 오래 된 집들의 벽이나 마루 속에서 이 벨라민 병이 발견되었다. 그 안에는 실과 못, 핀, 동물의 심장이나 천으로 만든 심장이 담겨 있어서 이 병이 '마녀 쫓는 병'으로 쓰였음을 보여주고 있다. 그림에서 보듯 병 표면에 흉악한 모습을 그려 놓음으로써, 그런 목적으로 사용하는 이들에게 더 큰 인기를 얻었는지도 모른다. 런던 박물관.

수도 있었다.

　일부 '지혜로운 아낙'들과 '혼령술사'들은 공격적인 대응 마법보다 기독교적 상징에 뿌리를 둔 축복과 의식을 더 좋아했다. 중세부터 오늘날의 것에 이르기까지 그런 예가 무수히 많이 기록되어 있다. 여기서는 딱 두 가지면 충분하다. 첫번째는 1622년에 런던에서 사용되었다고 알려진 것으로서, 악의가 가득한 심장, 입으로 말한 마법의 주문이나 저주, 그리고 '불길한 눈'의 시선이 해로운 마법의 세 가지 원천으로 언급되어 있는 점이 흥미롭다. '세 가지 것이 그의 심장과 혀와 눈을 물었다. 선한 세 가지, 즉 성부, 성자, 성령이 그를 도울 것이다.' 다른 한 가지 방법은 1909년에 헤브리디스 제도의 노스 위스트에 살던 한 '지혜로운 아낙'이 행한 의식이다. 당시에 말 한 마리가, '불길한 눈'의 소유자라고 소문이 나 있던 어느 남자의 칭찬을 듣고서 바로 쓰러졌다. '지혜로운 아낙'은 삼위일체를 나타내는 실 세 가닥(까만 실은 성부, 빨간 실은 성자, 흰 실은 성령)으로 노끈 하나를 엮었고, 삼위일체의 이름을 빌려 그 끈을 말꼬리의 뿌리 부분에 감는 것을 말 주인에게 보여주었다. 그렇게 하자마자 말의 병이 나았다고 한다. 이 '지혜로운 아낙'은 열렬한 기독교 신자였다. 그녀는 삼위일체설의 상징체계에 의지하였을 뿐 아니라, 자신의 기도 중에 하느님이 계시를 내려준다고도 믿었다. 그래서 질병이 자연적 원인 때문에 생겼는지 아니면 마법에서 비롯되었는지를 하느님이 알려주고, 그에 따라 자신이 평범한 약초를 치료법으로 처방할지 의식을 벌여 마법을 깰지 결정한다고 믿었다. 그녀의 힘과 지식은 그녀처럼 신앙이 독실했던 아버지로부터 물려받은 것이었다.

　부적과 대응 마법, 그리고 기도는 실제 세계의 영역에 속한

라블레는 사람들이 어느 '지혜로운 아낙'에게 조언을 구하는 것에 대해 조롱어린 설명을 남겼다. 그녀는 마을에서 팡주스트의 시빌이란 별명으로 불리던 여자였다. 이 그림은 구스타브 도레가 라블레의 글에 덧붙인 삽화이다.

다. 그 물건과 행위와 말이 아무리 초자연적 결과를 낳는다고 하더라도, 그것들 자체는 물리적 실체로 존재한다. 현재까지 전하는 설명으로 볼 때 '지혜로운 아낙'과 '혼령술사'의 행위도 현실적으로 보이기는 마찬가지다. 예를 들어 그들은 최면상 태에 빠지지 않았고, 환영을 보지도 않았으며 혼령에 사로잡힌 징후도 드러내지 않았다. 그러나 간혹 어떤 공동체에서는 마녀의 마법을 무력화하려는 노력 자체가 '신화화'하였다는 증거가 발견된다. 달리 말하면, 그런 노력이 완전히 판타지화하는 증거이다. 16세기에 후반에 이탈리아의 프리울리에는 베난단티 (benandanti), 즉 '선을 행하는 자들'이라고 자처하면서 마녀에 맞서 싸운다는 일단의 사람들이 있었다. 그들의 활동을 연구한 사람이 카를로 긴즈부르그이다. 그들은 대망막大網膜[96](대중이 믿던 바에 따르면 이것은 늘 행운과 초자연적 능력의 징조였다)을 쓰고 태어나고, 또 천사의 부름을 받고 베난단티에 가입하는 꿈을 꿈으로써 다시 한 번 일반인들로부터 구별된 사람들이었다. 사계제일四季齋日[97] 동안 혼령이 되어서, 작물을 망가뜨리고 아이들을 죽이려는 마녀에 맞서 싸우는 것이 그들의 임무였다. 그들의 혼령은 회향초(茴香草, fennel) 줄기로 무장한 채 염소나 고양이, 또는 말을 타고 전투에 나가, 수숫다발을 휘두르는 마녀에 맞서 싸웠다. 그동안 그들의 몸은 깊은 최면상태에 빠져 침대에 누워 있었고, 3일간의 그 기간 내내 깨울 수가 없었다. 이 혼령이 벌이는 싸움의 결과에 따라 그해 추수의 성공 여부가 결정된다. 가입자들 자신이 보기에는 베난단티가 예수님과 자신들의 공동체에 봉사하는 것이었지만, 교회 측에서는 그들의 믿음을 비난하였다. 또 종교재판을 통해 그들이 악마적인 사바트를 연다는 혐의를 씌웠다. 그래서 그들을 다름 아닌 그들이 공격하던 마녀에 연루시켰던 것이다. '성 귀니포트'와 관련된 종교 재판과 몽테이유에서 있었던 '혼령들의 사신'에 대한 종교 재판(207~210쪽 참조)에서 그랬듯이, 기독교 교회 당국은 자신들로부터 공식적인 권한도 부여받지 않은 채지역 공동체를 위해 초자연적 존재들을 다루는 중개자 역할을 하던 사람들을 다시 한 번 억압하였다. 이는 영국의 식민지 통치자들이 아프리카의 '마녀 치료사'들을 억압하였던 것과도 꽤 비슷하다. 베난단티는 당연히 진압되었다. 하지만 마녀의 마법에 대한 두려움이 조금이라도 남아 있는 한, 다른 마을의 '영악한 사람'과 '선한 마녀'들은 계속 주민들의 욕구를 충족시켜

---

96) 태아가 머리에 쓰고 나오기도 하는 막 - 역주.
97) 일부 기독교 교회에서 한 계절마다 3일씩 단식을 하고 기도를 드리는 기간 - 역주.

현대 스코틀랜드의 '루켄부스' 브로치. 과거에 아기나 임산부를 마녀나 '불길한 눈'으로부터 보호하기 위해 착용케 했던 것이다. 현재는 중앙의 보석이 스코틀랜드 여왕 메리를 가리킨다고 전하지만, 로마 교회의 예수 성심聖心 상징이나 마리아 성심 상징에서 유래한 것일 가능성이 높다. 제6장 212쪽 도판 참조.

주었다. 그래서 현재까지 그들이 남아 있는 경우도 있다.

오스트리아의 프라이젱케테. 경련(프라이저) 등을 일으키는 마귀들부터 아기를 보호해준다. 빨간 줄에 배열해 놓은 것은 부적들이다. 그중 이 그림에 등장한 것은 심장 모양, 마귀를 쫓아내는 손짓을 하는 손 모양, 신성한 메달, 동전, 염소의 턱수염, 그리고 천으로 만든 브레페를이라는 작은 주머니 등이다. 이 주머니에는 성인의 그림과 기도를 적은 글이 담겨 있다. 빈 소재 오스트리아 민속 박물관.

8장 신화와 민속 축제

계절적 관습이나 연례 축제들의 개최 주기는 매우 복잡하다. 지역마다 서로 다르게 변형이 생기기도 하거니와, 역사적으로 서로 제각각인 몇몇 체계가 혼합되어 축제 시기가 결정되기 때문이다. 천문학에 입각한 달력을 따르는 경우는 아주 드물다. 물론 하지는 일자가 꽤 명확하게 6월 24일로 정해져서 그날 운동회를 열고 모닥불 행사를 벌이는 것이 사실이지만, 동지를 기념하는 날은 12월 말부터 1월 초까지 다양하다. 천문학에 따른 달력보다 더 큰 힘을 발휘하는 것은 연중 먹거리 생산 일정이다. 그 일정은 각 지역의 주요 산품이 무엇이고 기후가 어떤가에 따라 다양하게 달라진다. 주곡 작물 경작에 입각한 축제일 시기는 축산, 과실 재배, 어업, 와인과 맥주 제조에 입각한 경우와 유형이 다르다. 이 활동들 각각에서 서로 다른 축제가 생기고, 각 활동의 주요 작업(예를 들어 쟁기질)을 시작하는 시점이나 그 결실을 맺는 활동(곡물 추수, 포도 수확, 양털 깎기)이 기념거리가 된다. 먹거리가 부족하다가 풍부해지는 시기도 흔히 축제일 결정에 중요한 역할을 한다. 즉 늦가을에는 포도주와 맥주, 밀, 그리고 갓 도살한 고기 등을 많이 쓸 수 있기 때문에 여러 축제가 생길 수 있었다. 게다가 기독교 교회 달력에 따라 예수 강림절, 크리스마스, 사순절四旬節, 부활절, 성령 강림절 등의 주요 일자는 물론이고 성인 기념일과 수호성인 축제일이 제공된다. 이상의 모든 것 외에도 독립 기념일과 승전 기념일 같은 국가적 경축일이 추가된다. 그런 축일은 국가 당국이 제정한 것이므로 그 자체로 민속은 아니지만, 보통 공식적인 기념식과 함께 모닥불 행사와 무도회처럼 비교적 격식을 갖추지 않은 행사들도 벌어진다. 마지막으로 몇몇 나라들에서는 특정한 원칙 없이 일자를 정해서 실시하는 '은행 휴일'이 추가되었는데, 이에 따라 곧 지역마다 고유한 여러 관습(가령 기념 행렬, 축제 삼아 여는 장터, 운동회 등)이 생겨났다.

축제의 내용도 시기만큼이나 다양하다. 그리고 그 속에 공동체적 측면과 개인적 측면이 함께 녹아 들어가 있는 경우가 많다. 또 '순수한' 전통(그런 전통이 있기라도 한다면!)에 해당하는 것과 함께 정치적·사회적 영향이 모두, 혹은 둘 중 한 가지가 반영되어 있는 경우가 많다. 엄격히 말해서, 단일한 관습 한 가지가 곧 하나의 축제로 간주될 수 있는 경우는 절대 없고, 서로 관련을 맺는 여러 활동의 연합체로 봐야 하는 것이 축제이다. 그 활동들은 흔히 다채로운 목적을 달성해준다. 예를 들어 교회에 갈 뿐 아니라 소란을 피우거나 술에 취하는 것도 허용함으로써 종교적 축일을 기념할 수 있다. 또 의식 삼아 춤을 추는 것은 행운을 가져다주는 기념 행사의 의미도 있고, 훌륭한 기술을 드러내는 의미와 돈벌이 수단의 의미도 있다. 이 모든 면을 고찰하는 것은 이 책의 주제 밖의 일이다. 여기서는 유럽 민속에서 몇몇 입증 가능한 '신화적' 측면만을 골라 다루는 것으로 충분할 것이다.

기독교 이전 시대의 축제들은 계속되는가?

　기독교 이전 시대의 신들의 흔적이 분명하게 남아 있는 경우
는 아주 드물다. 청교도의 설교자들은 크리스마스를 주저 없이
로마의 사투르누스 축제와, 그리고 오월주(五月柱, maypole)를 고
대 페니키아의 신인 바알의 우상과 동일시하였지만 말이다. 중
세 성직자들은 특정한 춤이나 동물로 변장하는 행위를 '마귀에
홀린 것'이라며 공공연히 비난하였다. 그 비난이 곧 당시까지
다신교적 신앙이 남아 있던 증거라고 생각한 학자들이 여럿 있
었다. 하지만 그것이 결코 결정적인 증거는 될 수 없다. 중세
성직자들은 어떤 관습이 성경의 가르침에 반하는 여자 옷차림
의 남자들을 등장시킨다거나, 음란한 것을 표현한다거나, 술에
취하도록 고무한다거나, 불법 행위를 야기한다거나 하는 이유
만으로도 그것이 마귀에 사로잡힌 관습이라고, 혹은 저주받을
만한 것이라고 생각하기 쉬웠을 것이다. '마귀'를 숭배한다는,
즉 다신교적인 초자연적 존재를 숭배한다는 징후가 전혀 보이
지 않아도, 그들의 눈에는 그 모든 것이 '마귀에 홀린 것'으로
보였을 것이다. 여러 관습들이 이교적 태양 숭배나 풍작 기원
신앙에서 유래했음을 그 누구보다 굳게 믿었던 이들은 19세기
민속학자들이었다. 그러나 그렇게 확신해 마지않았던 그들조차
기독교 시기 유럽의 관습들을 설명하기 위해 주로 그 이전 비
기독교 사회의 관습과 유사한 점들을 근거로 삼았다.
　설사 고대의 신을 숭배하는 축제가 이후까지 남아 있다고 하

핀란드의 이오만씨 지역에서 벌어진 하지 모닥불 행사. 낡은 배를 땔감으로 쓰는 것에 별다른 의미는 없다. 단지 그것이 타르 재질이어서 잘 타기 때문이었다.

18세기 초반 영국에서 (오월제 때) 오월주를 세우는 모습이다. 16, 17세기 동안 오월주는 수많은 종교적 · 정치적 논쟁을 야기했다. 당시 청교도들은 그 관습을 공격했던 반면, 국교회의 고교회파 왕정주의자들은 장려했다. 이어 빅토리아 여왕 시대에 다시 부활하였지만, 아이들을 위한 눈요깃거리로 전락한 채 대륙 계통의 리본 춤도 추가되었다.

더라도, 그 형태가 너무 많이 바뀌어 있기 때문에 실제 유래를 파악하기란 거의 힘들다. 기독교 이전 시대에 다신교를 믿었던 아일랜드에서는, 한때 8월 1일이면 루나사(Lughnasad)라는, 즉 루의 '집회', 혹은 루의 '놀이'라는 축제가 열렸다. 루는 아일랜드와 갈리아 지역에서 숭배하던, 혈기 왕성하고 재주가 많은 젊은 신이었다. 그런데 현대 아일랜드에서도 8월 1일은 여전히 루나사라고 불린다. 그날은 전통적으로 그해 첫 감자를 수확하고 먹거리가 풍부한 시기를 반겨 맞아들이는 날로 되어 있다. 그러나 그날을 기념하는 행사는 전혀 없다. 그런데 최근까지도 7월 마지막 주나 8월 첫주 일요일에 열렸던 다른 축제가 하나 있다. '추수 첫주 일요일', '산간의 일요일', '화환의 일요일', '빌베리[98] 일요일' 등 여러 가지 이름으로 불리는 축제인데, 유독 어느 한 텍스트에서만 이 날을 '루나사 일요일(Lugnasa Sunday)[99]'라고 부르고 있다. 이날은 언덕배기처럼 지역적 경계가 되는 곳에서 신나는 모임을 열어 춤을 추고, 레슬링과 경주를 하고, 빌베리와 들꽃을 꺾고, 연인에게 청혼을 하고, 때론 짧은 결투를 하기도 한다. 일부 이야기들에 따르면 이날은 성 패트릭이 이교를 믿는 어느 통치자와 벌였던 전쟁을 기념하는 날이라고 한다. 성 패트릭이 그 적을 죽였다고도 하고, 황소를 죽였다가 소생시키는 따위의 기적으로 적을 개종시켰다고도 한다. 이 축제에 대한 민간 전승 전체를 철저히 분석했던 메리 맥 닐(Maire Mac Neil)은, 영웅 루가 성 패트릭으로 바뀌었을 뿐 다신교 시대의 루나사가 여전히 지속되고 있다는 결론을 내렸다. 그녀의 독창적인 주장에 따르면, 그 축제는 루가 해마다

---

98) 진달래과의 관목 – 역주.
99) 현재도 Lughnasad와 Lughnasa 두 가지로 표기된다 – 역주.

다른 신적 속성을 지닌 적수를 이기는 것을 기념하는 축제였다. 그는 적수에게서 빼앗은 전리품(밀과 황소)을 사람들에게 나누어 주었고, 그것은 곧 풍요로운 추수를 의미한다. 이러한 재구성은 역사적 타당성이 있을 가능성이 크다. 그러나 이 현대의 축제에 대한 것으로 그녀가 인용한 무수한 문서 자료와 구전 자료를 보면, 축제의 참가자들 중 자신들이 만끽하는 즐거움의 기저에 무언가 신화적 특질이 숨어 있다는 사실을 조금이라도 아는 사람은 하나도 없었다. 숙련된 학자의 눈을 통해서만 분간해낼 수 있는 신화적 요소란 이론적으로는 아주 흥미진진한 대상이다. 그러나 그렇다고 해서, 그 신화적 요소가 행사 참가자들에게 조금이라도 현재적 의미를 지녔다고 생각할 수는 없다. 유럽의 민담에서처럼, 관습에서도 주요 다신교적 신들에 대한 기억은 매우 철저하게 지워져버렸고, 그래서 그들이 존재했다는 흔적은 그저 희미하게, 왜곡된 채로만 남아 있다.

이와는 대조적으로 위상이 더 낮은 초자연적 존재인 요정과 혼령, 그리고 마녀는 계절 의식과 자주 관련을 맺고, 거기서 부정적인 역할을 맡는다. 사람들은 그들이 일년 중 특정한 시기에 더 무서운 악의를 드러낸다고 생각한다. 또 그 시기에 관습을 따르면 그들의 악영향을 무력화하고 대신 더 큰 번영과 행운을 얻게 된다고 믿는다. 위험이 훨씬 더 큰 그 시기는 기독교 교회 달력의 중요한 일자나 중요한 농사철과 딱 맞아 떨어지는 일이 많다. 영국의 민간 전승에서는 할로윈 데이가 좋은 예이다. 그날은 기독교 교회의 주요 축일인 '모든 성인의 날' 전날이다. 따라서 신성한 축일 전날 밤이면 위협적인 힘들이 풀려난다는 믿음이 널리 퍼져 있음을 알 수 있다. 유럽 대류에서는 하지제 전야와 발푸르기스 전야제(오월제 전날인 4월 30일)때면 마녀들이 집회를 연다고 믿는다. 그것을 영국의 할로윈 데이에 견줄 수도 있을 것이다. 더 과거로 내려가면, 켈트족 사회에서 11월 1일을 정월 초하루라고 생각하고 소를 겨울 숙소로 들여보냈던 것을 알 수 있다. 중세 아일랜드의 텍스트를 통해서도, 사람들이 할로윈 데이면 유령과 요정 등 모든 악한 존재들이 더 큰 힘을 발휘한다고 믿었던 것이 분명히 확인된다. 따라서 애초에 그들의 악의에 대응할 목적으로 관습적으로 모닥불 행사를 열고, 변장을 하고, 못된 장난을 하게 된 것이라고 생각할 충분한 이유가 있다. 물론 그런 목적은 이후에 희미해졌다.

선한 요정들도 특히 크리스마스나 크리스마스 관련 겨울 축제들 같은 일부 특정한 축제에서 역할을 맡는다. 계절에 맞추어 선물을 가져다준다는 요정들에 대해서는 다음에 설명하기로 한다. 특히 스칸디나비아 지역 농장의 가택 정령 니세와 톰프테처럼 크리스마스이브면 민간 전승에 따라 질 좋은 오트밀 수프 따위의 맛있는 음식을 주어야 한다는 요정들도 있다. 그것을 무시했다가는 그들의 분노를 초래하게 된다.

컬루시 : 액막이 춤

혼령을 물리친다는 목적이 아직도 분명하게 드러나 있는 의식 한 가지가 컬루시 춤이다. 남부 루마니아에서는 성령 강림절과 그날부터 일주일 동안 그 춤을 추는데, 그곳 사람들은 그 기간을 루살리이라고 하고 있다. 이 기간은 몇 가지 점에서

1966년, 서부 폴란드. '마르자나'를 물에 빠뜨리는 행사가 진행 중이다. 사순절 중 중간에 해당하는 일요일이면, 밀짚으로 만든 이 물체를 들고 마을을 빠져나가 태우거나 강에 빠뜨렸다. 사람들은 이 물체가 죽음과 겨울을 상징한다고 이야기했고, 이 행사로 다가오는 봄을 기념했다.

모라비아의 여성들이 구멍난 달걀로 목걸이를 만들어서 스므르트키라는, 죽음을
상징하는 인형을 장식하고 있다. 이 인형이 다 만들어지면 가지고 나가 태우거나
물에 빠뜨린다. 일부 지역에서는 수난 주일[100]에 봄을 맞이하는 의식으로 이 행사
를 치르고, 다른 지역에서는 추수를 마친 후 어느 일요일에 치르기도 한다.

'신년'과 흡사하다. 즉 겨울이 물러가고 날씨가 따뜻해지고, 들판에서 일을 시작하고, 첫 과실이 모습을 드러내고, 봄 청소를 시작한다. 그러나 마법의 차원에서는 위험한 때이다. 성령 강림절이면 죽은 자들이 생전의 집을 찾아오고, 루살리이 기간 내내 마귀와 (제4장 118~120쪽에서 설명한) 악한 이엘레가 부쩍 무서운 짓을 하기 때문이다. 그 주 내내 사람들은 금기에 따라, 그 철에 마땅히 해야 할 여러 가지 일을 하지 않고 지낸다. 즉 누구도 농장 일을 하거나, 과실수에 올라가거나, 집 청소를 하거나 하면 안 되고, 심지어 몸도 씻으면 안 된다. 그런 일을 했다가는 그것에 '혼이 나가서', 그것에 의해 현기증과 떨림 증상, 그리고 병적인 흥분 상태를 앓게 된다. 사람들은 금기를 지키는 것 외에도 마늘과 쑥을 소지하여 자신을 보호하려고 한다. 그러나 그들의 주요 방어 수단이자 혼이 나간 사람을 치료하는 유일한 방법은 컬루시라고 알려진 의식적 춤이다.

남자 일곱 명이나 아홉 명, 또는 열한 명으로 된 컬루샤리라는 집단이 이 춤을 춘다. 이들은 지도자에게 복종하겠다는 맹세를 하여서 형제로 맺어진 자들이다. 지도자는 마법의 치료 비법을 알고 있고, 의식이 정확하게 치러지도록 한다. 이 집단에서 중요한 사람 또 한 명이 이른바 '벙어리'이다. 마스크를 쓰고 광대 같은 모습을 한 그는 음란하고도 혼란스럽고 우스꽝스럽기도 한 몸짓과 집단 전체와 함께 추는 복잡하고 진지한 춤을 번갈아 춘다. 그의 기괴한 의상 중에는 보통 치마나 에이프런 같은 여자 옷이 언제나 조금씩 포함되어 있다.

컬루샤리의 나머지 남자들은 수가 놓인 흰색 셔츠를 입고,

---

100) 예수가 예루살렘에 들어간 것을 기념하는 날로, 부활절 직전 일요일이다 - 역주.

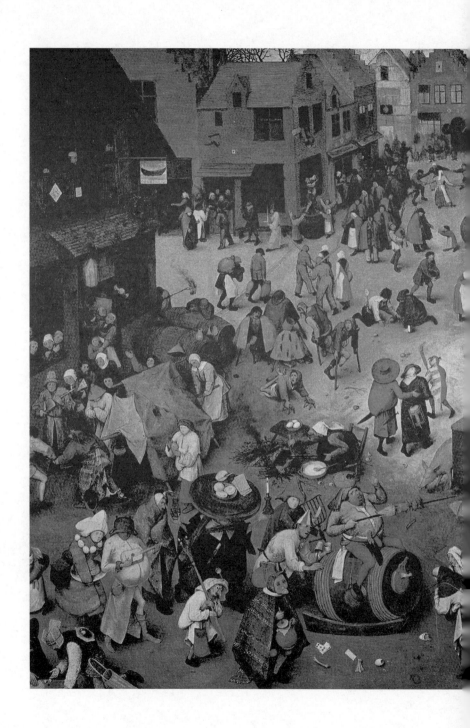

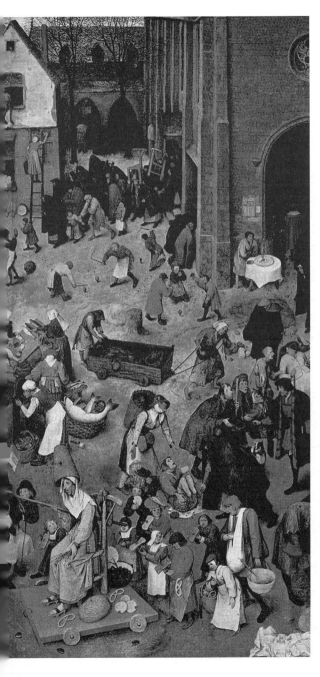

브뢰겔, 《카니발과 사순절
의   대 결 》(The Fight
between Carni- val and Lent.
1559). 그림 왼편에 여관
건물 두 개가 보이고, 각
건물 앞에서 민속극이 공
연 중이다. 가까이 보이는
건물 앞에 초라한 옷을 입
고 헝클어진 가발을 쓴 자
는 '더러운 신부'[101] 역을
연기하고 있다. 그보다 멀
리 보이는 건물 앞에서 여
러 사람이 궁사 한 명과
왕과 아낙 한 명이 '야수
인간'을 붙잡는 모습을 연
기하고 있다.

장식이 달린 모자를 쓰고 띠를 대각선으로 엇갈리게 맨다. 그들은 때론 시끄러운 소리로 악한 혼령을 쫓아버리기 위해 다리에 종을 달고 다니고 신발에 종소리가 나는 박차를 달기도 한다. 또 혼령들을 물리치는 냄새를 낸다고 믿었던 마늘과 쑥을 줄기차게 씹기도 한다. 그들은 나무 막대를 가지고 다니고, 악사들과 기수들이 그들과 동행한다. 18세기 자료들에는 그들이 그 전에 여자들의 모양새를 흉내냈었다고 되어 있다. 즉 칼을 지니고 다님으로써 남성적 요소를 유지하기는 했지만, 모두들 여자 옷을 입고 흰 베일로 얼굴을 가렸고 가성으로 말을 했다고 한다.

이 의식은 성령 강림절 전날인 토요일에 시작된다. 그날 컬루샤리의 멤버들은 은밀히 십자로 등 외딴 장소에 모인 후 서약을 하고 깃발을 치켜든다. 이로써 신성한 기간이 시작된다. 일요일 아침에 그들은 마을을 돌며 차례차례 집집마다 들러 마당에서 춤을 춘다. 사람들은 그들이 춤을 추는 집이면 어디나 행운과 건강이 찾아올 것이라고 믿는다. 그들이 도착하면 위험한 혼령들이 쫓겨나기 때문이다. 반대로 누구든 그들을 환영하지 않았다간 재앙을 맞이하게 된다. 이 연희는 복잡하고 보기에 즐거운 춤 몇 가지로 이루어진다. 또 우스꽝스런 막간극이 주기적으로 끼어든다. 가령 '벙어리'가 여자나 아이들 뒤를 쫓아가서는 나무로 만든 남자 성기로 그들을 때릴 수도 있고, 그와 함께 다른 춤꾼들이 해학과 음란한 농들이 어우러지는 짧은 극을 즉석에서 선보일 수도 있다. 사람들은 그들의 춤과 바보짓이 모두 지역 공동체의 활력과 건강, 그리고 행운의 원천이

---

101) 〈더러운 신랑의 결혼〉이라는 극에 등장하는 배역이다 - 역주.

1860년경 할로윈 데이에 입으로 물 속의 사과를 건져 먹는 모습. 과거에 할로윈 데이는 점을 보거나 가면을 쓰고 변장한 채 집집마다 찾아다니는 날이었다. 특히 스코틀랜드에서 그러했다. 지금은 주로 아이들을 위한 명절이 되었고, '트릭 오어 트릿'[102]이라는 미국적 놀이 형태를 띤 채 변장 관습이 유지되고 있다.

라고 생각한다. 그들은 가짜 남자 성기에 닿은 여자들이 이내 아기를 가지게 된다고 믿고, 춤꾼의 허리띠에 달린 마늘을 빼앗거나 옷에서 실밥을 뽑아낼 수 있는 여자는 남편이 바람을 피우지 못하도록 할 수 있다고 믿는다. 컬루샤리가 춤을 추는 곳의 한복판에는 관습적으로 소금, 밀, 마늘, 양모, 물 한 그릇이 놓인다. 풍작과 넉넉한 강우와 가축의 건강을 기원하는 의미이다. 연회가 끝나면 사람들은 컬루샤리에게 달려가서 일 년 내내 치료약으로 쓸 마늘을 얻는다. 이제 컬루샤리는 연회

---

102) 미국에서는 할로윈 데이에 아이들이 가면을 쓴 채 이웃을 방문해 '트릭 오어 트릿 (Trick or treat)' 하고 외친다. '맛있는 것을 주지 않으면 골려먹겠다' 는 뜻 - 역주.

1928년 루마니아의 장날 겸 축제 행사에 등장한 일단의 컬루샤리. 그중 한 명이 손에 든 목마를 타고 있다. 처음에는 목마가 이 관습의 고정 요소였던 것으로 보이지만, 20세기에는 찾아보기가 거의 힘들다. 컬루시는 '작은 말'이란 뜻이다.

의 대가를 받은 뒤, 다음 집으로 이동한다.

　누군가 루살리이 기간에 금기를 어겼다가 병에 걸려 마귀에 홀렸다는 증상을 보이면, 컬루샤리가 극적인 액막이 의식으로 그녀(보통 여자가 그렇게 되기 때문이다)를 진단하고 치료해야 한다. 그들은 이 의식을 사람들 앞에서 보란 듯이 벌이지 않고, 십자로나 마을 외곽의 다른 장소에서 벌인다. 이때 구경꾼은 누구나 적당한 거리를 두고 지켜보아야 한다. 환자를 땅바닥에 눕힌 채 컬루샤리는 그녀 주위를 돌며 춤을 추고 그녀의 몸 위를 뛰어넘는다. 그러다가 그들의 지도자가 컬루샤리 한 명을 유도하여 최면 상태에 빠뜨리면 춤을 멈춘다. 이때 그 지도자가 단지 하나를 깨뜨리고 닭 한 마리를 죽인다. 그러면 두 명의 컬루샤리가 부축하여 여자를 닭과 단지 위로 구부정하게 일으킨다. 의식을 잃고 있는 컬루샤리는 이제 환자에게 자신의

'야수 인간'으로 차린 오스트리아 광대. '야수 인간', 즉 털북숭이 야만인이고 반
은 짐승인 이 존재는 중세부터 오늘날에 이르도록 문학과 미술, 야외극, 그리고
민속극에 꾸준히 등장하였다. 그들은 사람이 물리치거나 길들여야 할 존재로 그려
졌다.

건강을 '주게 되고', 그러고 나면 그를 최면 상태에서 불러낸다. 이 모든 절차를 두 번 더 반복하면 치료가 완전히 끝난다. 환자는 그 대가로 삼 년 동안 루살리이 기간 내내 컬루샤리 모두에게 식사를 제공하거나, 그들의 다른 치료 의식에 참가하여 몸소 특별춤을 추어야 한다. 또는 이 두 가지를 모두 하기도 한다.

컬루샤리와 요정의, 즉 이엘레와의 관계에 대해서 이제껏 많은 논쟁이 있었다. 루마니아의 몇몇 학자들은 그들이 흰 옷을 입고 원을 이루어 발이 '나는' 것처럼 보일 정도로 빠르게 춤을 춤으로써 실은 이엘레를 인격화하거나 대변하는 것이라고 생각한다. 그들이 입었다는 여자 의상에 대한 오래 전 설명이 그런 주장에 강력한 근거로 작용한다. 어떤 컬루샤리들, 특히 연로한 이들은 제 입으로 "컬루시는 이엘레에서 생겨난다"고 주장하기도 한다. 애초에 요정들이 춤을 가르쳐 주어서 첫 컬루샤리가 생겨났다는 것이다. 이 점은 뛰어난 음악가나 치료사의 기술을 요정 선생이 가르쳐서 생긴 것으로 보는 일반적 경향의 예로 생각된다. 본인은 제4장에서(134쪽, 153~155쪽) 그 경향을 언급했다. 반면에 이 의식에 대한 가일 클리그만의 훌륭한 연구(《컬루시(Calusi)》, 1981)에서 지적하고 있듯이, 춤꾼들은 '이엘레가 사람을 해치러 오지 않도록 하기 위해' 연회를 벌인다는 것도 똑같이 강조하고 있다. 그들은 자신들이 초자연적 존재의 공격으로부터 마을을 지킨다고 생각한다. 어떤 식이 되었건 신화적 의미는 이 관습의 핵심을 이룬다. 또 루마니아의 이 전통에서 명백하게 표현된 신화적 의미를 확인함으로써 다른 곳의 변형되고 부식된 형태 속에서 그와 비슷한 특질을 파악하는 데 도움을 얻을 수 있다.

'착한 페르히타'들의 모습. 오스트리아의 잘츠부르크에서 찍은 사진이다. 국민 제복을 입고 장식이 달린 깃발과 화환을 들고 선 이들의 모습은 한겨울에 나타나는 혼령들의 관대한 면모를 대변한다. 114쪽의 사진에 나온 '무서운 페르히타'들의 모습과 대조를 이룬다.

한겨울에 선물을 주러 오는 이들과 보기(Bogy)

밤이면 찾아와 선물을 주는 존재나 위악적인 보기의 모습을 하고 찾아오는 초자연적 존재는 유럽 어디서나 한겨울 관습에서 아주 중요하다. 때론 그들에 대해 사람들이 이야기만 하기도 하지만, 남자나 여자가 변장을 하고 그들을 흉내내는 경우가 많다.

민속학자의 관점에서 그 한겨울에 방문하는 초자연적 존재들을 다룰 때 생기는 문제가 하나 있다. 그들에 대한 자료가 아주 많음에도 불구하고, 과거 세대가 그들을 얼마나 진지하게 믿었는지는 판단하기가 불가능하다는 점이다. 오늘날 그들은 어른들이 아이들을 즐겁게 해주기 위해(혹은 겁을 주기 위해) 써먹는 판타지 속의 존재들에 지나지 않지만, 200년 전에는 상

1905년경 F. D. 베드포드(F. D. Bedford)의 가이 폭스(Guy Fawkes). 한때 심각한 정치적 기념일이기도 했던 11월 5일이 이제 아이들의 명절이 되었다. 유서 깊은 행위 유형들이 다시 나타나 가면을 쓰고, 행진을 하고, 집주인이나 행인에게 돈을 달라고 하고, 조상彫像을 태우고, 즐거운 소리로 환호한다. 그 결과가 겨울에 개최되는 미니 카니발이다.

황이 달랐을 가능성이 높다. 실제로 일부 지역에서는 꽤 최근까지도 그 존재들을 두려워하는 분위기가 역력하다. 그리스인들이 믿었던 칼리칸차로이라는 기괴하고 무시무시하게 생긴 고블린도 마찬가지다. 그들은 칼리칸차로이가 크리스마스 전후의 12일 동안 자신들의 농장 근처에 잠복해 있고, 히솝풀이나 아스파라거스 다발 여러 개를 매달아 놓거나 오래 된 가죽 여러 조각을 태워서 무력화시키지 않으면 오줌을 누어서 물과 음식을 오염시킨다고 생각했다. 스칸디나비아에서는 엘프들을 환영한다는 표시를 미리 꼭 해두어야 했다. 그곳 사람들은 크리스마스이브와 12월 31일에 자신들이 모두 교회에 가 있는 동안

애버츠 브럼리 사슴뿔 댄스. 스태퍼드셔 주에서 찍힌 사진이다. 1686년에 처음으로 기록된 이 의식에서는 모리스[103] 댄서 여섯 명이 사슴뿔을 든다. 그리고 '여자'와 궁사와 바보 역을 맡은 인물이 한 명씩 등장하고 때론 목마도 등장한다. 또 사슴뿔을 든 사람들이 서로 위협하기는 하지만, 춤의 한 형태일 뿐 극은 아니다.

엘프들이 집을 공격하러 와서 잔치를 벌이고 춤을 춘다고 이야기했다. 그전에 집을 완벽하게 청소해 두고 불은 켜두고 문은 전부 열어 두어야 했다. 그리고 때론 그들이 먹을 음식을 내놓기도 했다. 아이슬란드에서도 부녀자들이 집을 떠나기 전에 정성껏 환영의 뜻을 표시한 다음과 같은 관습적 문구를 반복해서 읊곤 했다. "그들이 원하면 누구나 집에 오도록 해주세요. 떠나고 싶으면 누구나 떠나게 해주세요. 저나 저의 재산에 아무런 해도 끼치지 않도록 해주세요."

그러나 유명한 크리스마스 방문객들이 심심풀이 웃음거리에 지나지 않는 것이 더 일반적이다. 독일에서는 훌다, 또는 페르히타가 착한 아이에게 보답을 내리고 버릇없는 아이에게 벌을 내리러 온다는 존재이다. 일부 지역에서는 어른이 그 미신에 따라 그녀의 모습을 하고 아이들 방에 단 음식과 선물을 밀어넣고 간다. 훌다나 페르히타보다 더 재미난 짓을 하는 이들이 바이에른과 오스트리아에 전하는, 가면을 쓴 '베르히텐', 혹은 '페르히텐'이다. 이들은 빗자루와 쇠스랑과 쇠사슬로 무장한 채 무리를 지어 거리를 배회하며 한 집 한 집 들러 돈을 요구한다. 그 돈은 그들이 방문하며 가져다 준 행운의 대가이다. 이탈리아에도 예수 공현 축일 전날 밤에 선물을 가져다준다는 라 베파나('예수 공현'이라는 뜻이다)라는 자애로운 마녀가 있다. 그녀는 원래 베들레헴에 너무 늦게 당도해서 아기 예수의 탄생을 기리지 못한 여자였다. 그래서 영원히 떠돌아다니면서 아이들을 만날 때마다 선물을 주어야 하는 벌을 받았다고 한다. 토스카나 지방의 몇몇 지역에서는 여러 사람이 집단을 이

---

103) 영국 민속 무용의 일종 - 역주.

루어서 그녀와 그녀의 남편인 베파노, 그리고 그들의 시종의 모습으로 꾸미고 다닌다. 시종들은 모두 낡고 꾀죄죄한 옷을 입고 얼굴은 붉게 칠하고 낡은 줄로 만든 '머리'를 하고 다닌다. 반면에 베파나와 베포노는 등에 안감을 집어넣어 곱사등이 모습을 하고 다닌다. 악사들과 살아 있는 말이나 당나귀가 그들과 함께 한다. 그들은 들리는 집마다 춤을 추고, 가지고 온 (가상의) 선물에 대해 노래를 하고, 그 집에 사는 가족의 행운을 빌어준다. 그리곤 그 대가로 포도주 한 컵, 약간의 음식, 또는 약간의 돈을 받는다. 아이들은 나중에 양말 속에 든 사탕 등의 단 음식과 오렌지와 장난감을 발견한다. 그들은 그것이라 베파나가 갖다놓은 것이라고 생각하지만, 물론 그들의 부모가 주는 것이다.

성 니콜라우스로도 불리고 파더 크리스마스(Father Christmas) 로도 불리는 산타클로스야말로 선물을 가져다주는 것으로 가장 유명한 존재이다. 그가 주교 차림을 하고 있건, 혹은 붉은색 가운을 입은 할아버지 모습을 하고 있건, 그리고 기독교 교회에서 그를 기념하는 날인 12월 6일에 활동을 하건, 아니면 크리스마스이브에 활동하건, 그들은 다 같은 인물이다. 그는 원래 착한 아이에게 보답을 내릴 뿐 아니라 버릇없는 아이에게 벌도 내렸다. 그래서 독일의 몇몇 지역에서는 그가 비행이 기록된 '불량아 명단'과 매를 들고 다닌다고 한다. 반면에 다른 여러 나라에서는 그가 얼굴이 검고 웃기게 생긴 호브고블린과 함께 다니고, 그것이 맞아야 마땅한 아이들을 회초리로 때린다고 한다. 그 동행자는 '검은 피터', 크람푸스, 루프레히트, 한스 스크루프 등 여러 가지 이름으로 알려져 있다. 어른이 아이들을 재미있게 해주려고 가정이나 지역 공동체의 기념 행사에서 그 성인과 수행인의 흉내를 내는 일도 흔히 발견된다. 공식적으로 성 니콜라우스로 지정된 인물이 배를 타고 항구로 들어오는 암스테르담의 경우도 그런 예이다. 이 배는 스페인에서 항해해 오는 것으로 보인다. 그가 가정 전체를 이롭게 해주려고 행운을 선사하고 마귀를 쫓아낸다는 등, 그의 방문이 더 포괄적 의미를 지닌 관습으로 전환되는 경우도 종종 있다. 베르히테스가르덴에서도 예수 강림절의 첫번째 일요일에 종과 쇠사슬을 달고 가면을 쓴 남자 열두 명과 크람푸스 두 명, 그리고 성 니콜라우스가 모두 뛰어 다니며 집집마다 들러 기도를 읊고, 낼 수 있는 최대한의 소음을 낸다. 그래서 악한 혼령들을 쫓아낸다.

크리스마스 방문객이 아이들에게 행동을 바로 하라고 겁을 주는 위협적인 보기(Bogy)로 발전하는 수도 있다. 아이슬란드의 민간 전승에 전하는 것이 좋은 예이다. 거기에 등장하는 무서운 여자 트롤 그륄라는 꼬리가 열다섯 개이고, 그 꼬리마다 가방이 백 개씩 붙어 있고, 가방마다 말 안 듣는 아이를 스무 명씩 잡아넣고 다닐 수 있다. 그녀에게는 무시무시한 아들이 열세 명 있다. 그들은 크리스마스 전 13일 동안 하루에 한 명씩 나타나서 크리스마스와 예수 공현 축일 사이에 마찬가지로 하루에 한 명씩 되돌아간다. 이 모든 것들은 아마도 못된 아이들을 두들겨 패고 먹어치우기를 간절히 바랐던 것으로 보인다. 16세기부터 20세기 중반까지는 그륄라와 아들들이 등장하는 짐짓 공포를 자아내는 노래들이 전해졌다. 그러나 오늘날에는 자녀 양육 방법이 온순해졌기 때문에, 아이들은 그런 노래들보다 그륄라의 아들들이 베개 밑에 선물을 넣어 둘 것이라는 얘기를 들을 가능성이 더 많다.

한 해가 시작되면, 첫 쟁기질 같은 농사의 시작을 기념하기 위해 고안된 여러 관습을 치르게 된다. 또는 훗날의 풍작을 기원하는 많은 관습을 그때 치른다. 풍성한 사과 수확을 기원하며 건배하는 관습도 그런 예이다. 일반적 용어로 행운과 번영을 상징하고 보장해준다는 행위와, 악한 힘을 물리치려는 의도가 함축된 다른 공격적 행위들이 그런 관습들에 함께 통합되어 있다. 후자의 예로 총을 쏘거나, 소리를 치거나, 땅바닥을 동동 구르거나, 불을 지피는 행위가 있다. 일부 학자들은 모닥불 행사가 주로 태양 숭배의 유물인 것으로 보았다. 한겨울에 모닥불을 피우는 행사는 태양이 돌아올 것을 기원하는 의미이고, 한여름에 개최하는 모닥불 행사는 돌아온 태양을 경축하는 의미라는 것이다. 이 이론은 모닥불 행사의 기원에 대한 설명으로 아주 그럴듯하다. 하지만 실생활에 현재적 의미를 지닌 믿음으로서 불이 마귀를 쫓아낸다는 기능이 훨씬 더 중요하다. 그것은 과거에도 마찬가지였다. 독일에서는 전통적으로 '연기를 피우는 열이틀 밤'(12월 25일에서부터 1월 6일까지) 동안 '잔인한 사냥꾼' 유령을 물리치기 위해 집 안과 마구간에 향을 피운다. 19세기에 헤리퍼드셔 주의 농부들은 1월 5일 날 각 전답마다 모닥불 열세 개를 피워 '마녀를 불태웠고', 그때 사과주를 마시며 소리 내어 외치고 환호했다. 그들은 그렇게 하지 않았다간 수확이 결코 좋지 못할 것이라고들 했다. 한여름에 피우는 모닥불도 주로 마녀로부터 보호받는 효과가 있었다. 여러 나라에서 그 모닥불 연기 속으로 가축을 통과시켜 마녀의 마법이 일으키는 질병에 맞설 힘을 키웠다.

변장과 의식

민속을 다룰 때 생기는 골칫거리 중 한 가지는 유럽의 계절적 관습에 여러 형태로 끈질기게 등장하는 '변장'을, 혹은 '가장(假裝, mumming)' [104]을 어떻게 해석하느냐는 문제이다. 변장의 핵심은 의식상의 행위(집집마다 방문하는 것처럼 단순한 행위일 수도 있고 정교한 극이나 춤일 수도 있다)에서 변장을 함으로써 공연자가 누구인지가 은폐된다는 점이다. 공연자의 기호에 맡겨지지 않고 전통에 따라 선택되는 이러한 변장은 나뭇잎, 꽃, 동물의 가죽, 가면, 베일, 밀짚, 늘어뜨린 종이 장식, 얼굴을 까맣게 칠하는 칠, 여자의 옷, 그리고 이것들 중 아무 거나 조합한 것에 이르기까지 지역에 따라 다양하다. 그러나 카니발에서 개인적으로 입는 화려한 옷과는 달리 늘 싸고 쉽게 구할 수 있는 것들이다. 이 변장의 심층에 자리 잡은 상징적 의미에 대해서 열띤 논쟁이 벌어져 왔다. 어떤 학자들은 추한 변장으로 유령이나 마귀, 또는 요정이나 마녀에게 겁을 주어 그들을 쫓아내려는 것이라고 생각한다. 그 학자들은 또, 그 존재들의 마법을 깨기 위해 변장으로 폭소를 유발하거나 어떤 경우에는 관능적 모습까지 이용하는 것이라고도 생각한다. 다른 학자들은 변장을 통해 공연자들에게 부여되는 익명성을 강조한다. 그래서 그들은 변장이 공연자들을 일상 세계로부터 분리시키고 초자연적 존재와 접촉할 수 있게 해주는 장치라고 생각한다. 마치 성직자의 예복처럼 말이다.

어떤 변장들은 사실상 공연자를 초자연적 존재로 동일화한다

---

104) 영국과 아일랜드에 지금까지 전하는 전통극인 '가장극假裝劇'에서 공연자들의 차림새를 뜻한다 ─ 역주.

1906년 그리스의 스키로스에서 열린 카니발 가장행렬 참가자의 모습. 양가죽으로 된 가면 망토를 입었고, 차고 있는 것은 양의 목에 다는 종이다. 소녀로 가장한 남자 아이가 그의 '아내'가 되어 함께 다녔다. 트라키아 지방에서도 비슷하게 생긴 광대들이 거리에 밀을 뿌리고 다니고 집주인들에게 와인을 주었다. 그리고 나면 사람들이 그들을 물에 처박았다.

는 주장도 있다. 가령 공연자가 푸른 나뭇잎들을 옷처럼 입으면 봄채소의 정령을 육화하는 셈이 된다. 이상의 논쟁은 어쩔 수 없이 주로 가설에 의존하거나, 동떨어진 다른 문화와의 인류학적 유사점을 주된 근거로 삼아왔다. 공연자들 자신이 분장에 대해 믿는 바와 분장에 내포된 의미를 진술한 것이 일반적 결론의 근거로 삼기에는 너무 부족하기 때문이다. 또 그것들이 서로 너무 엇갈리기도 한다. 어떤 관습에서나 변장이 몇 가지 기능을 한꺼번에 충족시키고, 그중 일부 기능만이 '초자연적인' 목적이나 마법과 관련 목적을 위한 것일 가능성이 있다. 나머지 기능은 관객에게 (공포, 즐거움, 존경심, 당혹감 등의) 효과를 끼치거나 변장하는 사람 자신에게 (관습적 구속으로부터 일탈한다는 느낌, 힘이 충만하다는 기분, 느슨한 심리적 분열 상태 등의) 효과를 발휘하는 기능이 된다.

한 가지 재미난 변장으로 남자가 하는 동물 차림이 있다. 그 남자는 보통 몸을 천 속에 감춘 채 동물의 머리를 가지고 다니거나 뒤집어쓰고 다닌다. 영국에 전하는 그 모든 사례를 죄다 분석한 책이 E. C. 카우트(E. C. Cawte)의 《의식과 동물 변장》 (Ritual Animal Disguise, 1978)이다. 거기 실린 예로서 체셔 주 앤트러버스 지역에 전하는 '난폭한 말'과 웨일스 지방의 '마리 루이드'는 모두 턱이 관절로 연결된 말 모양의 두개골이다. 남자가 천 속에 몸을 감추고 허리를 굽힌 채 그 두개골을 짤막한 막대기 위에 얹어 가지고 다닌다. 또 켄트 주의 사례인 '씌우개 말' [105]은 머리가 나무로 되어 있고 '난폭한 말'보다 긴 막대기가 달려 있다. 마지막으로 더비셔 주의 '늙은 숫양'은 진짜

---

105) 손에 씌울 수 있는 구조로 되어 있다 - 역주.

곰으로 가장한 카니발 참가자. 프랑스 피레네 산맥 지방의 프라츠 드 몰로에서 찍
힌 사진이다. 2월 2일이 되면 '곰' 한 마리가 도시 전체를 휘젓고 뛰어다니면서
숯검정이 묻은 손으로 사람들을 더럽힌다. 그러다 여자 차림을 한 '이발사'가 그
를 붙잡아서 사슬에 묶어 데리고 간다. '이발사'는 '곰'을 이발시키는 흉내를 내
고 함께 춤을 춘다.

프랑스 타라스콩에 있는 암룡 라 타라스크. 왼쪽에 무릎 밑으로 내려오는 반바지를 입은 두 남자는 타라스케어르라고 부린다. 이들은 용을 호위하며 드럼을 치고 말도 안 되는 노래를 부르면서 파랑돌[106] 춤을 춘다. 이 타라스크를 만지면 복을 받는다고 한다.

---

106) 프랑스에 전하는 민속춤의 일종 – 역주.

Les feux de la Saint-Jean en Bretagne

1893년 브르타뉴 지방의 하지 모닥불 행사. 사도 요한의 날 이브에 열린다는 점에
서 이 행사에는 부분적으로 종교적 의도가 깃들어 있고, 뒤편에 보이는 것도 '골
고다'라는 야외 그리스도 십자가상이다. 또 댄서들이 지역 고유의상을 입는 것으
로 봐서 애향심도 작용한 것으로 보인다.

양이나 모조 양의 머리와 양가죽이나 자루를 이용하여 만든다. '마리 루이드'와 '씌우개 말'은 사람들이 크리스마스를 전후해 집집마다 가지고 다닌다. 11월 초에 열리는 '가장극假裝劇'에 아직까지 등장하는 앤트러버스의 '난폭한 말'은 그 극에 희극적 요소를 부여한다. 또 '늙은 숫양'은 크리스마스나 정월에 공연되는 연극에 등장한다. 거기서는 '도살자'가 그 '늙은 숫양'을 칼로 찔러 죽이고 '의사'가 그것을 다시 소생시킨다. 이 모든 공연에는 투박한 유머, 그리고 사람들을 짐짓 공격하는 척하는 행위가 포함되었다. 즉 그 동물들이 구경꾼의 뒤를 쫓고 그들에게 으르렁거리고, 자신의 조종자 배역을 맡은 사람을 발로 차는 따위의 행동이다. 계절적 민속 의식에서 자주 등장하는 테마인 죽음과 부활을 표현한다는 점에서, '늙은 숫양'이 특히 흥미로운 변장이다.

위에서 본 영국의 사례와 비슷한 동물 변장들이 유럽의 다른 여러 지역에서도 발견되고, 몇몇 초기 기독교 저술가들이 그것들을 비난하며 언급한 내용도 전한다. 아우구스티누스는 설교를 통해 이렇게 경고하였다. "말이나 수사슴의 모양새를 하는 등 아주 추잡한 짓을 한다는 소리가 들리면 그자를 아주 가혹하게 처벌하라." 그때에도 지금처럼 공연이 한겨울에 한 집 한 집 다니며 벌어진 것으로 보인다. 그래서 아를의 시자뤼스(470 ~542)는 정월 초하루에 동물의 머리를 뒤집어쓰거나 여자 옷을 입고 다니는 남자들을 비난하고, 청중들에게 이렇게 하라고 설득하였다. "수사슴이나 송아지나 다른 괴물이 절대 너희 집 앞으로 오지 못하게 해야 한다." 현대까지 동부와 중부 유럽에, 특히 독일과 오스트리아 여러 지역과 폴란드와 체코슬로바키아에 남아 있는 전통을 기술한 사람은 조르주 뒤메질이었다

《켄타우로스 문제》〔Le Probleme des Centaures〕, 1929). 그곳에서 말이나 염소, 또는 곰의 모습으로 꾸민 사람들은 집들을 돌며 먹고 마실 것을 내놓으라고 하였다. 그들은 야단법석을 떨며 행동했고, 아가씨들을 쫓아다니기를 즐겼다. 한편 스칸디나비아에는 과거에 '여자' 일행과 함께 결혼식에 등장했었던 율보크('크리스마스 염소'라는 뜻)가 있다. 그 '여자' 일행은 대부분의 전통 의식에서 그렇듯 치마를 입은 남자였다. 프랑스의 피레네 산맥에서는 쉬로우브타이드[107] 기간이면 곰과 말과 황소의 모습을 한 사람들이 나서서 노골적 성 묘사가 곁들여진 공연을 베푼다. 바이올렛 앨퍼드가 1928년과 1930년에 기록한 그 공연들 중에는 곰과 '여자'가 결혼을 하는 아를-쉬-테크라는 관습도 발견된다. 그중에는 또 라 술라에서 벌어졌던 춤꾼들의 정교한 행렬도 있는데, 그 행렬 도중에 말 한 마리의 '불알을 따버렸는데도'(실은 코르크 조각 두 개를 군중에게 던져준 것이었다) 말이 연달아 몇 번 기운찬 도약을 한 후 멀쩡하게 회복했다고 한다. 유럽 어디서나 다음과 같은 유형이 반복된다. 먼저 가짜 동물과 함께 '여자' 한 명과 기괴한 모습의 다양한 일행이 동행하고, 때론 엄숙한 가수와 춤꾼들이 동행하기도 한다. 또 그 수행인들이 갖은 애를 써서 가짜 동물에게 편자를 박으려 하고, 그것에 올라타려고 하거나 털을 깎으려고 하지만 보통 모두 실패한다. 조잡한 농담도 반복되는 유형이다. 마지막으로 가짜 동물이 죽은 후 소생한다. 많은 학자들은 과거에는 그렇듯 바보스러운 짓들과 그로써 행운을 얻게 된다는 이야기

---

107) 이 3일간의 기간 다음날이 부활절 전 일곱 번째 수요일(Ash Wednesday)에 해당한다. 참회의 기간 – 역주.

폴란드의 광대들이 크리스마스와 신년에 사용했던 염소 탈. 이런 식의 동물 가면
은 여러 나라에서 발견된다. 가령 앤트러버스의 말이나 마리 루이드 같은 목마는
가장 영국적인 예이다. 몸을 구부린 채 천 속에 몸을 감춘 사람이 진짜 두개골이
나 목제 두상을 올려놓은 막대기를 들고 다닌다. 그 머리에는 경첩이 달려 있어서
가죽 끈을 당기면 턱이 움직인다.

들 이면에 농사의 산출력을 증진하려는 더 구체적인 의도가 숨
어 있었다고 믿는다. 가짜 동물로 힘이 센 진짜 동물 수컷의
억제되지 않는 정력을 흉내냄으로써 말이다. 정말 그랬던 것인
지 입증할 도리는 없지만, 설득력 있는 해석이라 할 수 있다.

용 퍼레이드

반면에 물리쳐야만 하는 사악한 힘을 대변하는 다른 동물의 형상이 몇 가지 있다. 벨기에의 몽스에서는 삼위일체 축일이면 남자 몇 명이 조종하는 가짜 용이 퍼레이드를 벌인다. 이때 마귀, 나뭇잎으로 몸을 가린 '야수 인간', 목마, 광대 등이 용을 호위한다. 구경꾼들은 행운을 얻으려고 용의 털과 리본을 뽑으려고 하고, 그때 용이 꼬리를 이용해 공격한다. 그러다 결국 성 조지나 그 지역의 영웅인 질 드 신의 모습을 한 누군가가 가장 큰 광장에서 용을 죽인다. 프랑스의 메스에서도 생 클레망을 기리는 비슷한 퍼레이드가 벌어졌다. 메스의 첫번째 주교였던 그는, 지금도 대성당에 형상이 보존되어 있는 그라울리라는 용을 죽였다고 한다. 이런 퍼레이드들은 아마도 대혁명 이전 시기의 프랑스에서 가장 두드러졌던 가톨릭의 한 관습에서 비롯된 것으로 보인다. 당시에 추수 기도절[108]이면 그 관습을 따라 용의 형상이 포함된 종교적 행렬이 교구의 경계를 빙 돌았다. 그후 마지막에 그 용을 조각조각 박살냈다. 사탄을 상징하는 용이었기 때문이다. 이런 퍼레이드들은 모두 해당 지역 공동체 전체가 참가해야 하고, 공이 많이 든 의상과 돈을 많이 들여 견고하게 만든 용의 형상이 필요한 대규모 행사였다. 앞서 설명했던 전통적 겨울 관습에서 변장하는 이들이 집에서 만든 소박한 복장을 했던 것과 대조되는 점이다.

아마 남부 프랑스의 타라스콩에서 벌어지는 용 퍼레이드가 가장 흥미 있는 예일 것 같다. 거기서 라 타라스크라는 여자를

---

108) 가톨릭 교회에서 풍요로운 추수를 기원하며 기도를 올리는 기간 - 역주.

상징하는 용은 과거에는 남자 여섯 명이 텅 빈 몸 안에 숨어서 조종을 했고 요즈음은 바퀴가 달린 끌차에 얹어 끌고 다닐 정도로 무거운 목조 형상이다. 1840년에 만들어져 현재에도 사용되고 있는 형상은 1465년부터 만들어진 일련의 용 형상 중 마지막 것이다. 대혁명 전에는 이 라 타라스크가 일년에 두 번씩 꼬박꼬박, 즉 성령 강림절 다음날과 성 마르타의 날(7월 29일)이면 어김없이 등장했다. 그후로 아주 드물게 등장하다가 현대에 와서 다시 재현되었다. 성령 강림절 다음날과 성 마르타의 날에 벌어지는 두 전통 행사는 아주 대조적이다. 7월 29일이면 성 마르타를 상징하는 소녀 한 명이 유순한 괴물 용을 이끌고 교회로 가는 종교 행렬이 벌어졌다. 소녀는 조종자들이 용을 잠깐씩 딴 길로 이끌면서 그 턱으로 들썩들썩 소리를 낼 때마다 용에다 성수聖水를 뿌린다. 이 장면은 성 마르타가 론 강에 살면서 인간을 잡아먹던 용을 성수로 복종케 하면서, 거들을 이용해 포로로 삼은 채 끌고 갔고, 그래서 타라스콩 사람들이 죽이게 함으로써 그 지역을 구했다는 12세기의 한 전설을 재현하는 것이다. 그러나 이보다 성령 강림절 다음날에 벌어지는 행사가 훨씬 더 생동감 넘쳤다. 라 타라스크, 즉 용이 거리를 돌진하고, 남자들이 춤을 추며 그것을 따른다. 그 콧구멍에서 불꽃이 작열하고, 턱이 들썩거리고, 용이 나무로 된 꼬리를 사방으로 난폭하게 휘두르면 사람들이 쓰러졌다. 그 모습을 보고 군중은 환호했다. 마침내 성 마르타 교회 밖에 도달한 용은 세 번 절을 하고 집으로 갔다. 그날 사람들은 나머지 시간을 운동경기를 하고 술을 마시면서 시끌벅적하게 보냈다.

15세기와 16세기 교구 기록들에는 영국의 용 형상을 언급한 내용이 몇 가지 있다. 그 형상들은 성 조지나 성 마가렛을 기

1977년 쉬로우브타이드 기간 중 체코슬로바키아 브르제스트 지역의 광대들이 이 집 저집 돌고 있다. 이들이 쓰고 있는 가면이 무척 그럴듯하므로 어쩌면 진짜 곰 의 머리로 만든 것인지도 모를 일이다. 그 뒤를 그의 '아내'와 '조련사'가 따르 고 있다.

'노리치의 들썩들썩'. 1795년경 제작. 착용자가 머리에 쓰면 양 어깨에 닿는다. 이것을 쓴 채 줄을 당겨 턱을 들썩거리면서 걷는다. 잉글랜드에서는 성 조지를 다룬 극에서 용을 사용했고, 프랑스와 벨기에에서는 추수 기도절 행렬에 사용하였다. 뒤의 두 나라에서는 지금도 몇 개의 용 형상이 전한다. 노리치 캐슬 박물관.

리는(그 둘 다 용을 죽인 것으로 유명하다) 행렬이나 연극에 사용된 것들이었다. 그중 종교개혁 이후까지 보존된 용 형상이 '노리치의 들썩들썩'이다. 이 형상은 원래 14세기에 성 조지 길드의 종교적 용 형상이었다가 시민을 위한 것으로 발전하여 1835년까지 하짓날 개최되는 시장 취임 행렬에 등장하였다. 1795년에 제작되어 그때까지 사용된 형상이 지금도 보존되어 있다. 또 그 '들썩거리는' 형상을 모방한 다른 형상들이 20세기 초반까지 노리치 안팎에서 비교적 덜 격식을 차린 행사에 사용되었다. 그것들은 구경꾼들을 쫓아다니며 으르렁거리는 흉내를 내고, 들썩거리는 턱으로 동전을 삼키는 따위의 익살스런 행동을 해서 사람들에게 큰 즐거움을 주었다. 이런 용 형상들에는 한겨울에 하는 짐승 변장에서 보이는 것 같은 민속의 오랜 믿음이 반영되어 있지 않다. 또 그런 관습만큼 오랜 역사를 지니고 있지도 않다. 하지만 그것들은 기독교적 사탄 상징으로서의 역할보다 훨씬 의미가 큰 인기를 누려왔다. 용 형상들의 괴기스런 모양과 격렬하고 공격적인 행동 덕분에 카니발의 분위기가 형성된다. 그리고 그런 분위기에서는 잠시나마 비행이 허용될 수 있다.

불 위를 걷는 관습

가톨릭 국가들에서는 교회에 갈 뿐 아니라 잔치도 벌여서 신성한 기념일을 경축한다. 그런 나라들에서는 흔히 종교 의식과 세속적인 관습이 융합되어 복잡한 축제가 형성된다. 그곳의 참가자들은 그 축제를 통합된 전체로 경험한다. 하지만 공동체 외부의 관찰자들은 일부 기이한 요소를 보고 놀랍다는 반응을 보이기도 하고, 심지어는 그것을 비난할 수도 있다. 아마 그런 요소들 중에서 가장 극적인 것은 타다가 빨갛게 남은 뜨거운 잿불 위를 맨발로 걷는 신비롭고도 유서 깊은 기술일 것이다 (일본, 고대 로마, 인도와 폴리네시아 등 아주 다양한 문화에 전하는 기술이다). 유럽에서 그 기술은 그리스와 스페인 두 곳의 기독교 축제를 배경으로 현재까지 전해온다.

그중 그리스에서는 콘스탄티누스 대제와 그의 어머니 헬레나의 축일인 5월 21일에 그 두 성인의 성상에 경의를 표하는 기념행사가 테살로니키 근방의 랑하다스라는 마을에서 열린다.

1914년에 트라키아(지금의 불가리아) 코스티의 주민들은 피난을 오면서 이 성상들과 관습을 랑하다스 마을로 가지고 왔다. 그들의 전설에 따르면 코스티의 어느 교회가 불타고 있을 때 그 안에 있던 그 성상들이 큰 소리를 내어 신음했다고 한다. 그래서 남자들이 그것들을 구하러 불길 속에 뛰어들었고 하나도 다치지 않은 채 기적적으로 되돌아 나왔다. 그들의 후예들은 아나스테나리데스('신음하는 자들'이라는 뜻이다)라는 종교 단체를 만들었다. 그리고 지난 사건을 기념하기 위해 지금도 해마다 축제를 연다. 5월 21일 아침이면 그곳에서는 어리고 거세되지 않은 황소와 숫양을 도살해서 굽는다. 그 동안 커다란 북소리가 줄곧 울려 퍼진다. 그 고기는 아나스테나리데스가 먹지만 머리와 발굽과 가죽은 비밀리에 매장한다. 오후가 되면 사람들이 행렬을 이루어 교회에서부터 탁 트인 곳까지 두 성상을 운반한다. 그곳에는 미리 거대한 모닥불을 피웠다가 아직도 맹렬하게 타고 있는 잿불을 평평하게 골라 놓는다. 성상을 나르는 사람들이 그 잿불 위를 지나며 격렬한 북소리에 맞추어 춤을 춘다. 동시에 그들만의 독특한 신음 소리를 내고, '어린 콘스탄치온스'라는 전사에 관한 긴 발라드를 부른다. 이 발라드와 콘스탄티누스 대제의 인생 사이에는 아무런 공통점도 없지만, 그들은 그와 '어린 콘스탄치온스'를 동일시한다. 이 불 위의 춤은 잿불이 사그라지기 시작할 때까지 약 20분 동안 계속된다. 그후에는 선술집에서 음악과 음주가 이어진다. 그런데 동방 정교회에서는 이 축제를 '우상숭배'라고 비난한다. 아마도 일부 학자들이 이 축제와 다신교적 디오니시오스 신앙을 관련시켜 설명하였기 때문일 것이다. 그러나 그 점과는 상관없이 아나스테나리데스는 독실한 기독교 신자들이고, 두 성인이 자신들과 함께 하면서 자신들을 불의 위험에서 보호해준다고 굳게 믿는다.

한편 스페인에서는 6월 24일 산 페드로 만리쿠에서 벌어

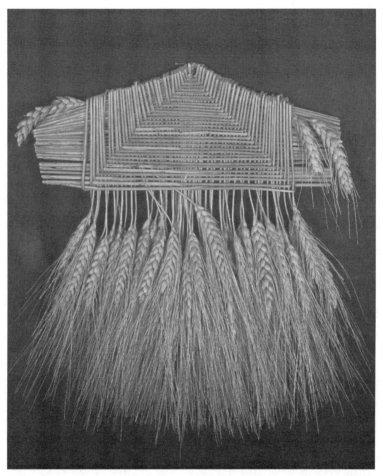

아일랜드의 밀 인형 중 한 가지. 이런 식의 밀 인형은 밭에 베지 않고 남은 마지막 밀단을 의식을 갖추어 수확해서 만들어야 한다. 그후 행운을 기원하는 뜻에서 일년 내내 농장 건물에 보관할 수도 있고, 새로 밭을 갈 때 고랑에 놓아둘 수도 있다. 런던 소재 호르니먼 박물관.

R. M. 도킨즈(R. M. Dawkins)가 카니발 극들에 대해 설명한 글에 추가된 스케치. 그 글은 1906년 그리스 트라키아 지방의 비자에서 벌어진 극들을 다루고 있다. 염소가죽을 뒤집어써서 얼굴을 감춘 광대가 같은 차림을 한 또 다른 광대를 '죽였다.' 죽은 광대의 '신부'가 울고 있고, 나머지 두 명은 감시하는 '집시' 이다.

지는 사도 요한 축제의 사전 행사로, 그 전날인 하지제 전야 (모닥불 행사가 흔히 벌어지는 날이다)에 불 위를 걷는 관습이 거행된다. 사람들은 그곳의 라 페냐 교회에 있는 동정녀 마리아의 보호 아래 이 관습을 치르는 것이라고 생각한다. 그리고 불 위를 걷는 이들은 동정녀 마리아에 대한 신앙 덕분에 자신들이 그 일에 성공한다고 여긴다. 그들은 대략 오후 여섯 시가 되면 거대한 모닥불을 피운다. 그리고 자정까지는 갈퀴로 잿불을 긁어내서 삼사 미터에 이르는 너비에 두께가 몇 인치가 되는 이글거리는 불 밭을 만들어 놓는다. 그 위를 남자들과 아가씨들이 한 명 한 명, 각기 다른 사람을 업은 채 맨발로, 빠르고 힘 있는 발걸음으로 걷는다. 한 사람 한 사람 그 위를 지날 때면 정적이 감돌지만, 끝나는 순간마다 요란한 음악과 환호가 울려 퍼진다. 그곳에 성직자가 한 명도 참가하지 않는 것은 아

죽은 광대가 다시 살아난 후 공연자들 전체가 쟁기를 끌며 마을 광장을 돈다.
(이 그림에는 보이지 않지만) 다른 남자 한 명이 씨앗을 흩뿌리며 그들의 뒤를 따른다.

마 그 행사를 부정한다는 표시인 것 같다. 그러나 다른 모든
사람이 그 자리에 함께 하고, 시장과 지방 의회와 섬세한 의상
을 차려 입은 몬디다스('순결한 이들'이라는 뜻이다)라는 아가씨
들이 온 무리를 이끈다. 그들은 추첨으로 그 지역의 젊은 처녀
들 중에서 뽑은 아가씨들이다. 다음날인 사도 요한의 날 아침
일찍 몬디다스는 장식용 빵이 담긴 광주리를 교회로 가지고 가
서 축복을 내리고, 그것을 머리에 이고 도시 외곽을 빙 돈다.
그 동안 시장과 지방 의회는 도시의 담장을 순회한 후 광장에
서 개최되는 경마 경기를 주재한다. 정오가 되면 몬디다스는
빵을 다시 교회로 가지고 가고, 모든 사람이 그곳의 장엄 미사
에 참석한다. 오후가 되면 몬디다스는 844년에 무어인을 싸워
이긴 이야기를 다룬 애국적 내용의 긴 시를 암송한다. 그후 그
날의 나머지 시간은 춤을 추며 보낸다.
　얼마나 오래 된 기원에서 유래했는지는 모르지만, 이렇듯 불
위를 걷는 관습은 현재 종교적 성격과 시민적 성격을 동시에

지닌 기념식 속에 확고히 자리 잡고 있다. 장식용 빵에 축복을 내린다든가 젊은 처녀들에게 무리를 이끌게 한다는 따위의 다른 특징들은 지중해 지역의 축제들에서도 흔히 발견된다. 현재 유럽의 불 위를 걷는 관습에 담긴 '신화적' 특질은 철저히 기독교적이다. 즉 그 관습을 통해 신앙의 힘을, 특히 해당 지역의 신성한 조상彫像(랑하다스에 있는 성상, 라 페냐 교회의 동정녀 마리아 상처럼)을 믿는 신앙의 힘을 입증하고, 성인들에게 경의를 표하기 위해 그 관습을 치른다. 불 위를 걷는 관습을 각기 고립시켜 다루고 그저 '다신교가 보존되고 있는 것'으로만 본다면, 현재적 의미를 지니면서 거기에 복잡하게 녹아들어 있는 특징들을 왜곡하는 셈이 될 것이다.

광대극과 추수 관습

유럽의 민속에서 기독교 이전 시대의 의식을 찾아내려 노력하는 학자들은 광대극과 추수 기념행사라는 두 가지 관습 범주에 각별한 관심을 기울여 왔다. 그 두 가지 관습에 인간이나 동물을 제물로 삼은 흔적이 있을 경우, 풍성한 산출을 기원하던 다신교적 신앙이 당시까지 '살아남은 것'으로 간주되는 경우도 흔히 있었다. 이러한 해석들은 만하르트와 프레이저가 활동하던 시대부터 2차 세계대전 이후까지, 거의 아무런 반대도 받지 않은 채 주류로 자리매김 되었다. 그러나 지금은 입증할 근거가 충분치 않은 추론으로 점차 많은 비판에 직면하고 있다.

'광대극', 혹은 '민속극'은 한 무리의 남자들이 특정한 시기에 거리나 값싼 술집이나 개인의 집에서 돈을 걸으며 공연하는 다양한 전통극을 폭넓게 지칭하는 용어이다. 익살맞은 내용의 이 극들은 공연시간이 짧고, 사람들을 웃기려는 투박하고 과장된 몸짓과 재담을 사용한다. 그리고 괴기스런 의상을 이용한다. 극의 플롯에는 늘 죽음과 소생이 포함되고 간혹 섹스와 출생도 포함된다. 20세기 초 발칸 지역에서는 그런 완벽한 예를 무제한적으로 발견할 수 있었다. R. M. 도킨즈(R. M. Dawkins)가 설명해 놓은 트라키아 지방의 한 카니발 공연도 그런 예이다. 이 공연에는 동물 가죽을 뒤집어 쓴 남자 한 명이 '신부'와 결혼하는 이야기가 나오고, 한 '노파'와 '집시'가 괜히 시시한 음란한 짓을 하는 모습도 나온다. 이때 노파는 결혼하지 않고 낳은 자기 자식을 나타내는 다발 하나를 지니고 다닌다. 그리고 변장한 사람이 등장하는 관습에서는 언제나 그렇듯이, '신부'와 '노파'는 여자 의상을 한 남자이다. 동물 가죽을 쓴 '신랑'은 맞상대에게 살해당하고, 신부가 그의 죽음을 애도한다. 그리곤 '신랑'이 갑자기 다시 살아난다. 공연이 끝나면 공연단은 쟁기 하나를 가지고 씨앗을 흩뿌리며 퍼레이드를 벌였다. 그때 그들은 '밀 한 부셸[109]에 10 피아스터[110]가 되게 해주시길!' 하고 외쳤다. 마케도니아에 전하는 이런 부류의 다른 연극들에서는 희극적인 의사가 등장해서 신랑을 소생시킨다. 그는 여러 나라의 버전에 되풀이해 등장하는 배역이다.

영국에서 현재까지 전하거나 과거 기록으로 남아 있는 민속극은 거의 전부가 이른바 '영웅 결투극' 유형에 속한다. 이 극들은 짐짓 과장되게 행동하는 전사들이 몇 쌍을 이루어 맞서는

---

109) 용량의 단위. 약 36 리터에 해당한다 – 역주.
110) 일부 국가에서 사용하는 화폐 단위. 피아스터는 동전이다 – 역주.

일련의 가짜 결투들로 구성된다. 주인공은 흔히 '조지 왕'이나 '성 조지'이고, 그의 적은 '대담한 칼잡이'나 '악한 왕자'이다. 싸움이 진행되다가 마침내 전사 중 한두 명이 죽어 나가 떨어지고, 희극적인 의사가 불려 와서 그를 다시 살려낸다. 그러면 익살맞은 인물 하나가 괴상한 변장을 하고 나와서 구경꾼들에게 돈을 건 후 극이 끝이 난다. 자주 변경되지 않고 꽤 안정적으로 유지되는 이 극의 대본에는 성적인 것이 전혀 등장하지 않는다. 하지만 야한 내용이 공연 중에 조금씩 가미된다. 가령 의사가 쓰러진 전사를 소생시키면서 그의 성기 근처에다 폭죽을 발사하기도 한다. 그렇다고 해서 그런 내용을 과대평가해서는 안 될 것이다. 현대의 '광대극' 팀들은 학자들이 자신들의 극에 대해서 오랫동안 다산을 기원하는 의식이라고 생각해왔다는 것을 아주 잘 알고 있고, 설사 남녀가 뒤섞인 관객 앞에서 음란한 유머를 해도 대중이 이제는 잘 참아준다는 사실까지 인식하고 있다. 공연 중의 야한 행동은 그저 그 두 가지 점을 반영한 것일 가능성이 높다.

영국의 의식 극의 또 다른 유형으로서 동 미들랜즈에 전하는 '청혼극'은 앞에 것보다 훨씬 드물게 발견된다. 하지만 오래된 원형이라고 추정되는 바에 더 가깝다. 거기서는 한 젊은 '여자'가 등장하여 두 명 혹은 그 이상의 남자들에게서 청혼을 받고는, 광대를 상대로 선택한다. 그리고 간혹 제 자식의 아버지가 광대라고 주장하며 그를 성가시게 하는 더 나이 든 '여자'가 등장하기도 한다. 이어서 싸움이 벌어지고, (광대나 그의 맞수인 또 다른 청혼자가 아니더라도) 누군가 죽고, 의사가 그를 소생시킨다. 죽음과 소생이란 테마는 북동 영국에 전하는 '칼춤'에도 자주 나온다. 거기서는 나머지 춤꾼들이 각기 들고 있는 칼을 서로 연결하여 춤꾼 한 명의 '목을 베어서' 죽인다. 그리고 패드스토우의 오월제 춤에서도 '패드스토우 목마'가 쓰러져 죽기를 반복하고, 그때마다 목마와 함께 하는 사람이 곤봉으로 찔러서 그 목마가 벌떡 일어선다.

프레이저는 초목의 신이 살해당했다가 소생한다는 테마가 민속에 아직까지 보존되어 있다는 유명한 이론을 제기했다. 그 이론의 핵심이 추수 기념 행사들이었다. 그는 유럽 여러 곳에 전하는 설명들을 모아 그 근거로 제시했다. 설명으로 제시된 추수 관습의 주요 특질들은 서로 상충하지 않고 일관된다. 즉 무시무시한 수사슴 따위의 동물 모습을 한 정령이 밀밭에 매복하여 밀을 지킨다(128~130쪽 참조). 사람들은 밀을 베는 작업이나 타작하는 작업, 혹은 그 두 가지 모두를 그 정령을 '죽이는' 일이라고 불렀다. 그리고 밀을 가장 천천히 베는 사람이나 밭에 있는 마지막 밀단이, 혹은 둘 모두가 그 혼령과 동일시되었고, 추수를 축하하고 행운을 기원하는 의식의 대상이 되었다. 그런 의식으로 다음과 같은 방법들이 널리 애용되었다. 마지막으로 남은 밀단은 꽤 멀리 떨어져서 낫을 던져 맞추어 벤다. 마지막 밀단이나 그것을 베는 사람을 화환으로 장식한다. 마지막 밀단의 줄기를 비틀어 사람이나 동물의 모양을 만든다거나 행렬을 지어 그것을 가지고 다닌다. 그 밀단을 가지고 있는 사람을 뒤쫓거나 조롱하거나 물에 적신다. 마지막 방법으로, 행운을 기원하는 뜻에서 일년 동안 그것을 진열해둔다. 프레이저와 그의 원조격인 만하르트가 주장한 바에 따르면, 이런 종류의 모든 기념행사는 고대에 곡물 산출력을 증진하기 위해 밀의 정령이 육화된 것이라 할 사람이나 동물을 제물로 바치던 행위가 온건한 모습으로 바뀐 관습이었다. 수확하고 타작하는 일꾼들이 주인이나

A. 헌트(A. Hunt)
작 크리스마스
광대들(Christmas
Mummers, 1861).
민간 관습은 당
대의 사회경제적
맥락과 무관하지
않다. 그림에서
보듯, 19세기 잉
글랜드에서 저임
에 시달리던 농
장 근로자들은
해마다 공연을
하고 귀족계층으
로부터 즐거이
돈과 술을 얻어
냈다.

무심코 지나치던 사람을 붙잡아 새끼로 묶어두는 행위도 그런 식의 관습이었다. 그들은 주인이 술값을 치러주겠다거나 케이크를 주겠다고 하거나 저녁에 추수 특별 만찬을 열어주거나 팁을 주겠다는 등의 약속을 할 때까지 그를 풀어주지 않았다.

늘 그렇듯이 프레이저도 자신의 주장을 확고히 받쳐줄 애매하지 않은 예를 찾기 위해서 한참 거리가 먼 문화에 기댄다. 이 경우에 그가 이용한 것은 에콰도르의 아메리카 원주민, 아프리카 서부 베닌 공화국의 베추아나족, 인도의 곤드족과 콘드족 등 전부 과거에 풍성한 수확을 기원하며 사람을 제물로 바쳤다고 알려진 종족들이다. 그가 유럽의 것으로 제시한 유일한 증거는 리티에르세스라는 프리지아인이 등장하는 고대 그리스의 한 전설이다. 그는 지나가는 외지인에게 밀단 베기 시합을 벌이자고 도전하고는 술을 취하도록 먹여서 밀단으로 포장한 후, 낫으로 그의 머리를 잘라버리고 그 시체를 강에 던져버렸다고 한다. 이후 마침내 헤라클레스가 다른 많은 이들에게 봉사했듯이 그에게도 봉사했다고 한다. 이것이 프레이저가 유럽의 것으로는 유일하게 근거로 댈 수 있었던, 실질적으로 비슷한 이야기이다. 그것이 그가 그렇게 큰 가치를 부여할 정도로 강력한 이야기인지는 여전히 의심스럽지만 말이다.

기능주의적 민속학자의 관점에서 보면, 고대의 유사한 것을 근거로 삼는 주장은 어떤 경우에도 적절치가 않다. 본인은 밀의 정령이 아이들에게 겁을 주어 곡물 가까이 가지 않게 하려는 보기(Bogy) 같은 존재에 지나지 않는다는 본 쉬도브의 반박을 이미 인용하였다(32쪽). 그리고 복잡한 추수 관습의 다른 면모들에 대해서도 쉽게 실용적 존재 이유를 파악할 수 있다. 예를 들어 주인이나 옆을 지나가는 사람을 거짓으로 위협하여 공

돈을 얻어 낸다면 노임을 보충받으니 환영할만한 일일 것이고, 거기에 수반되는 투박한 놀이 역시 즐거우리란 것도 의심할 여지가 없다. 또 결혼식 잔치의 통로를 막는 따위의 다른 민간 관습에서도 그처럼 재미난 '위협하여 얻어내기'가 벌어진다. 나빠질지도 모르는 날씨에 맞서서 경주를 하듯 수확물을 들여올 때의 긴박함과 두려움을 떠올려보라. 그러면 밀의 정령을 '죽인다'는 극적인 표현도 이해할 수 있게 된다. 그래서 조지 에와트 에반스도 추수를 가리켜 '준군사작전', 또는 '오랜 적에 대항하는 공격'이라고 했고, 그것들은 적절한 표현이 아닐 수 없다. 노동의 수고를 경쟁적이고 공격적인 스포츠로 바꾸고 사기를 진작하기 위해, 일하는 사람이면 누구나 '죽이고' 싶어 하는 밀의 정령을 '적'으로 인격화하는 것보다 더 확실한 방법이 어디 있겠는가? 마지막 남은 밀단을 베는 사람과(폴란드에는 '네가 수탉을 죽였구나!'라는 말이 전한다) 추수의 낙오자들도(프러시아에는 '추수 염소가 그놈을 들이받았다'는 말이 전한다) 그런 이유로 조롱받았던 것이다. 추수의 모든 작업을 안전하게 마치고 열광적인 승리감을 느꼈던 것도 그런 맥락이다. 또 힘든 일이나 운동경기에 열정적으로 빠져 있는 사람들 입에서는 공격적인 표현이 자기도 모르게 입을 통해 나오기 마련이다. 그래서 추수하는 사람들이 전통적으로 입 밖에 내는 농담과 속임수는 유래가 프레이저가 생각하는 만큼 그렇게 신비로운 것이 아니었을 것이다.

프레이저의 저술이 지금은 조금씩 힘을 잃고 있지만, 과거에는 학자들에게나 대중에게나 매한가지로 굉장한 호소력을 지녔다. 아직도 그의 《황금 가지》는 신화와 민속을 다룬 영어로 쓰인 가장 유명한 책임이 틀림없다. 그의 이론들이 전반적 대중

《추수 뒤의 귀가》. 1821년 토마스 롤랜드슨 작. 그 기원이 무엇이든 민중들이 즐기지 않는 민속 풍습은 곧 사라지기 마련이다.

의 의식에 영향을 끼쳤을 정도로 그는 무비판적 숭배를 받고 너무 오랫동안 모방되어 왔다. 그리고 오늘날 서유럽에서 민간 관습을 행하고 과거의 것을 재현하는 이들이 역으로 그의 이론을 반영하기까지 한다. 그러나 학자들 사이에서는 사태가 다른 방향으로 흘러가고 있다. 이는 건전한 반응이다. 하지만 민간의 믿음과 관습의 사회적·심리적 기능을 전면적으로 강조하는 와중에서도 우리가 결코 간과해서는 안 될 점이 있다. 많은 민간 관습과 믿음에서, '민중' 자신은 그것이 분명히 초자연적 문제를 해결하려는 시도라고 생각했다는 사실이다. 설혹 과거에 학자들이 바랐던 것처럼 민속의 신화적 요소가 항상 기독교 이전 시대의 문화에서 비롯된 것임을 증명할 수는 없다고 하여도, 그런 요소들은 그 자체로도 그렇고 역사적으로도 그렇고 아주 큰 가치가 있다. 그 요소 한 가지 한 가지가 이용 가능한 증거를 통해서나마 아주 신중하게 연구돼야할 만큼 중요하다. 긴츠부르그, 르 로이 라뒤리, 헤닝슨(Henningsen), 케이스 토머스, 그리고 그 외에도 여러 명이 입증했듯이, 심지어 서유럽에도 아직 사용되지 않은 문헌상의 근거가 역사 학자들을 기다리고 있다. 또한 여러 지역에서 근대화가 서서히 이루어진 동유럽에서는 지금도 흥미로운 현지조사를 많이 벌일 수 있다. 그리고 바람직하게도, 그 조사된 내용을 주요 언어로 작성하여 이용할 수 있게 될 것이다. 대중이 초자연적인 것과 불가해한 것을 믿는 또 다른 체계가 생겨나서 전통적인 '유럽의 신화'를 대신하고 기독교와 꽤 불편한 동거에 들어가리라는 것은 더할 나위 없이 분명하다. 그러나 그사이 전통적인 '유럽의 신화'는 곧 소멸하고 말 것이다. 이 책은 그것의 복잡성을 다소나마 탐구해보려는 짤막한 시도였다.

밀짚으로 만든 스웨덴의 추수 염소 코른뵈케. 여러 나라에서 밀의 정령이 고양이나 산토끼, 염소, 또는 황소나 말, 그리고 늑대 같은 동물 모습을 하고 있다고 생각했다. 그래서 지역마다 밀 인형으로 그 동물 모습을 나타내거나, 혹은 동물을 암시함으로써 밀의 정령을 표현하려고 하였다. 가령 웨일스 지방에서는 재료를 암말의 꼬리 모양으로 꼬아서 인형을 만들었다. 인간 형태의 인형에 대해서는 제1장 30쪽 참조.

1922년, 콘월 주 패드스토우의 '오비 오스'. 원형 구조물에 천을 씌우고 그 테두리에 머리와 꼬리를 단 독특한 '말'이다. 그 안에 든 사람은 이것을 어깨에 걸치고 마스크와 뾰족한 모자로 얼굴을 감춘다.

참고문헌

Alford, Violet, *The Hobby Horse and other Animal Masks*. Merlin in Press, London, 1978.

Anderson, George K., *The Legend of the Wandering Jew*. Providence, Connecticut, 1965.

Ashe, Geoffrey (ed.), *The Quest for Arthur's Britain*. Pall Mall Press, London, 1968.

Baring-Gould, Sabine, *The Book of Werewolves*. New York, reprint, 1973.

Briggs, Katharine M., *The Vanishing People: A study of Traditional Fairy Beliefs*. B. T. Batsford, London, 1978.

Briggs, Katharine M., *A Dictionary of British Folk-Tales in the English Language*(4 vols.). Routledge and Kegan Paul, London, 1970-1971.

Brown, Theo, *The Fate of the Dead: Folk Eschatology in the West Country after the Reformation*. D. S. Brewer/Rowman and Littlefield, Cambridge and Towota, 1979.

Burke, Peter, *Popular Culture in Early Modern Europe*. London, 1978.

345

Cawte, E. C., *Ritual Animal Disguise*. D. S. Brewer/Rowman and Littlefield, Cambridge and Towota, 1978.

Cacciara, Guiseppe, *The History of Folklore in Europe*. Philadelphia, 1981.

Cohn, Norman, *Europe's Inner Demons*. Sussex University Press/Heinemann Educational Books, London and New York, 1975.

Dorson, R. M., *The British Folklorists: A History*. Routledge and Kegan Paul, London, 1968.

Ellworthy, F. T., *The Evil Eye*. London, 1895.

Frazer, Sir James G., *The Golden Bough*, abridged edn. Macmillan & Co., London, 1922.

Ginzburg, Carlo, *The Night Battles: Witchcraft and Agrarian Cults in the Sixteenth and Seventeenth Centuries*. Routledge and Kegan Paul, London, 1983.

Helm, Alex, *The Mummers' Play*. D. S. Brewr/Rowman and Littlefield, Ipswich and Towota, 1981.

Henningsen, Gustav, *The Witches' Advocate: Basque Witchcraft and the Spanish Inquisition*. University of Nebraska Press, Nebraska, 1980.

Jarman, A. O. J., *The Legend of Merlin*. University of Wales Press, Cardiff, 1960.

Judge, Roy, *The Jack in the Green: A May Day Custom*. D. S. Brewer/Rowman and Littlefield, Cambridge and Towata, 1977.

Kligman, Gail, *Călușari: Symbolic Transformation in a Roumanian Ritual*. University of Chicago Press, Chicago, 1981.

Laudurie, E. Le Roy, *Montaillou: Cathars and Catholics in a*

French Villiage. Scolar Press, London, 1978.

Loomis, C. G., *White Magic: An Introduction to the Folklore of Christian Legend*. Cambridge, Massachusetts, 1948.

Macfarlane, Alan D. J., *Witchcraft in Tudor and Stuart England*. Routledge and Kegan Paul, London and New York, 1970.

Mullen, Redmond, *Miracles and Magic*. A. R. Mowbray and Co., London and Oxford, 1978.

Palmer, P. M. and More, R., *The Sources of the Faust Tradition*. Oxford University Press, Oxford, 1936.

Pegg, Bob, *Rites and Riots: Folk Customs of Britain and Europe*. Blandford Press, London, 1981.

Porter, J. R., and Russell, W. M. S. (eds.), *Animals in Folklore*. D. S. Brewer/Rowman and Littlefield, Cambridge and Towota, 1978.

Rees, Alwin and Brinley, *Celtic Heritage*. Thames and Hudson, London, 1961.

Russell, Jeffrey B., *A History of Witchcraft*. Thames and Hudson, London, 1980.

Schmitt, Jean-Claude, *The Holy Greyhound: Guinefort, Healer of Children*. Cambridge University Press, Cambridge, 1983.

Simpson, Jacqueline, *British Dragons*. B. T. Batsford, London, 1980.

Simpson, Jacqueline, *Legends of Icelandic Magicians*. D. S. Brewer/Rowman and Littlefield, Cambridge and Towota, 1975.

Summers, Montague, *The Werewolf*. Kegan Paul, London, 1933.

Thomas, Keith, *Religion and the Decline of Magic*. Weidenfeld and Nicolson, London and New York, 1971.

Thomson, David, *The People of the Sea*. Barrie and Rockliff, London and New York, 1965.

Ward, Donald, (ed. and transl.), *The German Legends of the Brothers Grimm*. Millington Books/Institute for the Study of Human Issues, London and New York, 1981.

색 인
(화보에 등장한 어휘도 포함됨)

옮긴이 이석연

1969년 서울 출생.

서울대학교 미학과 졸업.

현재 전문 번역가로 활동중임.

유럽 신화

2003년 9월 5일 초판 1쇄 발행
2013년 4월 10일 초판 2쇄 발행

지은이　재클린 심슨
옮긴이　이 　석 　연
펴낸이　윤 　형 　두
펴낸데　범 　우 　사

출판등록　1966.8.3. 제406-2003-000048호
413-120　경기도 파주시 문발동 525-2 출판단지
대표전화　(031)955-6900, 팩스 (031)955-6905

＊ 잘못된 책은 바꾸어 드립니다.　　교정·편집 | 이경민·김지선

ISBN　89-08-04203-2　04900　　　(인터넷) www.bumwoosa.co.kr
　　　89-08-04200-8　(세트)　　　(이메일) bumwoosa@chol.com